Arena Taschenbuch
Band 2107

Jo Pestum
1936 in Essen geboren,
studierte Malerei und freie Grafik.
Seit 1971 arbeitet er als
freier Schriftsteller und Filmautor.

Von Jo Pestum im Arena Verlag erschienen:
Tobi, die Torwartkatze
Tobi und die rosa Teufel
Tobi und die blauen Stürmer
Detektiv LUC LUCAS: Rätselhafte Fälle
Detektiv LUC LUCAS: Neue rätselhafte Fälle
Detektiv LUC LUCAS: Geheimnisvolle Fälle
Die rätselhaften Nikoläuse
Drei Könige auf Abwegen

Jo Pestum

Der Kater zeigt die Krallen

2 superstarke Kater-Krimis

In diesem Sammelband enthalten:
Der Kater zeigt die Krallen
Der Kater und der Tag des Tigers

Arena

In neuer Rechtschreibung

1. Auflage als Arena-Taschenbuch 2000
© Jo Pestum, 1972 und 1973
Der Sammelband enthält:
»Der Kater zeigt die Krallen«
»Der Kater und der Tag des Tigers«
Umschlagillustration: Johann Brandstetter
Umschlaggestaltung: Bachmann & Seidel
Gesamtherstellung: Westermann Druck, Zwickau GmbH
ISSN 0518-4002
ISBN 3-401-02107-9

Diese Kriminalgeschichten handeln
in den 70er-Jahren.
Damals hörten die jungen Leute
vor allem die Musik der Beatles
und der Rolling Stones
und die von Jimi Hendrix
und anderen Rockstars.
Die Mode war ein wenig anders
und die Haartracht auch.
Doch die Wünsche und Hoffnungen,
Freuden und Ängste der Jugendlichen
waren die gleichen wie die von heute.
Auch die Erscheinungsformen
der Kriminalität
waren nicht anders.
Viel Detektivarbeit also
für Kommissar Katzbach,
den Kater!

Der Kater zeigt die Krallen

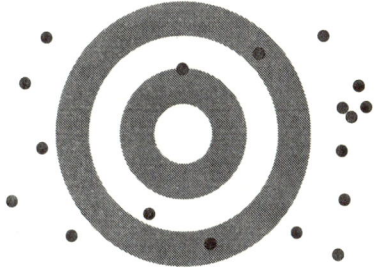

Inhalt

Nur etwas Blut unter den Nägeln

Um diese Zeit hasste Kommissar Katzbach seinen Beruf. Oft wurde er schon wach, bevor das Telefon schrillte. Dann starrte er gebannt und angewidert zugleich auf den Apparat und fühlte sich wie das Kaninchen, das auf den Biss der Schlange wartet.

An diesem Morgen riss ihn das Telefon aus einem angenehmen Traum, an den er sich später jedoch nicht mehr erinnerte. Katzbach zog den Hörer unter die Bettdecke, damit Isabel nicht aufwachte. Seine Armbanduhr war stehen geblieben. Katzbach meldete sich heiser. Vor dem Fenster waberte milchiger Nebel.

»Zentrale«, sagte eine Frauenstimme. »Moment, ich verbinde mit Inspektor Swoboda.«

»Wie früh ist es eigentlich?«, fragte Katzbach, aber die Angestellte aus der Telefonzentrale hatte schon umgeschaltet. Sekunden später meldete sich Inspektor Swoboda.

Katzbach dachte: Wenn ich diese pomadige Stimme schon höre!

»Es tut mir Leid, Kommissar, aber Sie sollten besser kommen. Sieht nach Mord aus. Ein Toter in einem Auto. Ganz junger Spund noch, sagt Picht.«

»Hat Picht gesagt, Sie sollen mich anrufen?«

»Jawohl, Kommissar. Ich soll Ihnen auch melden, es sei eine ziemlich rätselhafte Sache. Die Leute von der Spurensicherung sind vor zwei, drei Minuten losgefahren.«

»Ich komme«, stöhnte Kommissar Katzbach, »ich komme schon. Vielleicht verraten Sie mir freundlicherweise noch, wo das Ganze stattfindet, ja?«

»Am Aaper Wald. Fahren Sie die Ludenberger Straße hinauf. Wo es zur Rennbahn links geht, müssen Sie auch links abbiegen. Dann bis zum ersten Parkplatz vom Wildgehege. Genau da ist es passiert. Haben Sie's?«

»Geben Sie durch, ich sei in einer strammen Viertelstunde da! Ah, noch was. Wie spät ist es jetzt?«

»Genau 4 Uhr 21, Kommissar.«

Als Katzbach den Peugeot aus der Garage fuhr, sah er, dass Isabel am Fenster stand. Es schien, als ob sie noch etwas sagen wollte, aber Katzbach hielt nicht mehr an. Er nahm sich auch nicht die Zeit, das Garagentor zu schließen. Der Motor röhrte unwillig, als er sofort auf Hochtouren getrieben wurde.

Leere Großstadtstraßen. Nebelfetzen in den Hochspannungsleitungen der Straßenbahn. Nur die Zeitungsfrau mit dem kleinen Handkarren störte das Bild. Sie blieb stehen und tippte sich an die Stirn, als der Peugeot an ihr vorbeischoss. Am Ende der Grafenberger Allee wurde der Dunst dichter. Katzbach schaute auf die Uhr am Armaturenbrett. 4 Uhr 36. Er bog in die Rennbahnstraße ein. Die jungen Pferde auf den Koppeln drängten sich unruhig am Gatter. Offenbar hatte der Lärm im Wald sie nervös gemacht. Einen Augenblick lang war Katzbach versucht anzuhalten. Dann schlug er sich den Gedanken aus dem Kopf. Und er achtete auch nicht mehr auf das seltsame Gnomenheer der Weiden, das im Morgengrauen zu tanzen schien. Kommissar Katzbach war jetzt hellwach. Unruhe stellte sich ein. Er fuhr viel zu schnell für die schlechten Sichtverhältnisse. Er dachte daran, dass er sich in all den Jahren als Chef der Mordkommission nicht an den Anblick toter Menschen gewöhnen konnte.

Die Szene war wie zu Filmaufnahmen mit weißem Licht ausge-
leuchtet. Männer liefen zwischen abgestellten Autos hastig um-
her. Fast widerwillig stieg der Kommissar aus dem Peugeot. Das
Gesicht des Toten war friedlich und entspannt. In den Mundwinkeln, unterhalb des dünnen blonden Schnurrbärtchens, schimmerte eine Speichelspur. Blicklose Augen von unbestimmbarer Farbe
unter den halb geschlossenen Lidern. Schulterlanges Haar, wie
frisch gekämmt umrahmte das Gesicht. Der Kopf war ein wenig
nach links abgewinkelt und hing schwer in der knallgelben Kopf-
stütze. Der Tote saß auf dem Fahrersitz des grünen Porsche. Er
hatte ein sandfarbenes Hemd mit großen Brusttaschen, dunkelrote Kordjeans und schwarze Stiefeletten an. Hemdtaschen und
Hosentaschen waren nach außen gekehrt. Die Hände des Toten
waren mit grünem Draht am Lenkrad festgebunden.

»Er ist höchstens zweiundzwanzig«, sagte Inspektor Picht.

»War«, antwortete Katzbach, »war. Jetzt ist er gar nichts mehr.
Profiarbeit, ja?«

Der Inspektor nickte. Polizeirat Glinka kam asthmatisch atmend
aus dem Hintergrund.

»Morgen, Kater! Schöne Bescherung, wie?«

»Hallo, Doc! Wir beide treffen auch nur unter unerfreulichen
Bedingungen zusammen. Der Schlauch da war es, seh ich das
richtig?«

»Natürlich. Das würde wohl selbst meine Großmutter erkennen
und die ist blind.«

»Ich lache gleich«, knurrte der Kommissar. Dann verfolgte er mit
den Augen den schwarz-rot gesprenkelten Plastikschlauch, der ins
rechte Ausstellfenster geklemmt war. Die Fensteröffnung hatte
man mit Polierwatte sorgfältig abgedichtet. Der Schlauch führte
zum Auspuff. Er war stramm über das Rohr gezogen und mit
Isolierband zusätzlich befestigt.

Sie haben sich nicht einmal die Mühe gemacht, einen Selbstmord vorzutäuschen, dachte der Kater, sie müssen sich ihrer Sache sehr sicher gewesen sein, verdammt sicher. Er spürte die Herausforderung. Seine Handflächen wurden feucht. Im Buchenwald lärmten die Vögel.

»Wann ist der Tod eingetreten, Doc?«

»Mensch, Kater, Sie können Fragen stellen! Ohne Autopsie kann ich überhaupt nichts sagen. Vielleicht leisten Sie sich in Zukunft 'nen Hellseher. Ich muss an die Lungen ran, verstehen Sie? An die Lungen. Bei Kohlendioxid wage ich keine Zeitbestimmung für den Exitus. Das ist überhaupt bei Vergiftungen so eine Sache. Nee, tut mir Leid, Kater!«

»Zum Kuckuck, warum sind Sie so aufgebracht, Doc? Ich habe Sie etwas gefragt und Sie halten mir eine Predigt.«

Dr. Glinka biss sich mit den Zähnen auf die fleischige Unterlippe. Dann betrachtete er angestrengt seine Fingernägel.

»Warum machen die ihre Lampen nicht aus, Kater? Sagen Sie denen doch, Sie sollen die Lampen ausmachen!«

»Macht die Lampen aus!«, rief der Kommissar. »Es ist hell genug. Jochen, was ist mit den Spuren?«

»Fehlanzeige. Bis jetzt noch gar nichts.« Inspektor Picht legte seine Unterarme auf die Motorhaube des Porsche. »Der Motor ist höchstens eine Stunde aus. Das Blech ist noch ziemlich warm. Scheint so, dass der Motor gelaufen ist, bis kein Sprit mehr im Tank war. Wir prüfen das gleich.«

Inspektor Picht bot dem Kater eine Zigarette an, aber der nahm lieber eines seiner schweren Zigarillos. Er paffte ein paar Züge. Es schmeckte nicht.

»Wie Heu«, sagte Katzbach.

»Dann schmeiß das Ding doch weg!«

»Irgendwas muss man ja frühstücken«, grinste Katzbach unfreundlich. Dann wandte er sich wieder dem Arzt zu. »Sie wollten mir noch was sagen?«

»Tja, mir ist da eine Kleinigkeit aufgefallen, großer Meister.«

»Mir auch. Die Einstiche in den Armen. Und dann die Pupillen. Haben Sie die Pupillen gesehen? Das hat doch nichts mit dem Auspuffgas zu tun, oder?«

»Alle Achtung, Kater, Sie haben das also auch bemerkt. Wir müssen ein toxikologisches Gutachten machen lassen. Scheint ein reichlich komplizierter Fall zu werden. Na, dann beißen Sie sich mal schön die Zähne aus! Ich beneide Sie nicht.«

Der Kater dachte: Ich mich auch nicht. Aber er hatte keine Lust, das laut auszusprechen. Er sah eine Minute lang dem Arzt zu, der sich an den gefesselten Händen des Toten zu schaffen machte. Dann rief er Inspektor Picht wieder zu sich.

»Ist der Wagen schon untersucht worden?«

»Nur äußerlich. Wir wollten auf dich warten. Die Leute vom Streifendienst haben nur die Tür auf der Fahrerseite aufgemacht, um festzustellen, ob der Mann schon tot wäre. Sie sagten, sonst hätten sie nichts angefasst, sondern gleich das Mordkommissariat angerufen.«

»Sind die Beamten noch da?«

»Ja, sie helfen mit das Gelände zu durchsuchen. Soll ich sie holen lassen?«

»Später. Erst soll der Doc seine Arbeit machen. Dann schauen wir uns den Schlitten von innen an.«

»Ich wette, wir finden nicht mal ein Härchen. Sogar die Taschen haben sie ihm umgedreht. Ich bin gespannt, wie lange es dauert, bis er identifiziert ist. Warum haben sie ihn hier bloß so auffällig aufgebaut?«

»Mir hat vorhin jemand geraten, ich sollte mir einen Hellseher leisten. Mal sehen, vielleicht tu ich's noch. Du denkst auch, dass es mehrere waren?«

»Ich kann mir nicht vorstellen, dass ein Einzelner solch einen kräftigen Burschen einfach im Auto festbinden kann. Dann hätte es mindestens einen Kampf gegeben. Aber von äußerer Gewalt ist nichts zu sehen. Er muss übrigens freiwillig mit seinen Mördern hierher gekommen sein.«

Kommissar Katzbach knetete auf seinem Zigarillo herum. Es zog nicht richtig. »Freiwillig oder unfreiwillig: Der Doc weiß vielleicht eine Erklärung. Er meint, der Mann hätte möglicherweise unter Rauschgift gestanden. Er lässt jedenfalls eine Analyse machen. Wer hat den Toten eigentlich entdeckt?«

»So ein Vogelfritze. Drüben im Bereitschaftswagen nehmen sie gerade seine Aussagen auf. Er hat beim Rennbahn-Restaurant den Feuermelder eingeschlagen und die Feuerwache von der Münsterstraße hat unsere Funkstreife alarmiert. Ich bin kurz vor vier hier aufgekreuzt. Zwanzig Minuten nach der Funkstreife. Wachtmeister Endrichkeit – nein, warte mal, so ähnlich: Endruscheit. Ja, Endruscheit. Jedenfalls sagte er, er hätte den Motor nicht abgestellt. Der wäre wohl von selbst ausgegangen.«

Nur noch dicht über den Wiesen hielt sich der Nebel. Der Kater konnte jetzt am Horizont die ausladenden Gebäude der Nervenheilanstalt von Grafenberg erkennen. Er schätzte die Entfernung auf höchstens vier Kilometer. Aus dem Tierpark drang die strenge Ausdünstung der Wildschweine herüber. Ein Königreich für eine Tasse Kaffee, dachte der Kater. Das Zigarillo zog wieder. Dr. Glinka zwängte seinen massigen Oberkörper aus dem Porsche heraus.

»Sind Sie fertig, Doc?«

»In jeder Beziehung. Solche Spielautos sollte man verbieten. Ich werde mindestens ein Jahr mit schiefem Kopf rumlaufen müssen. Das sind Arbeitsbedingungen! Los, ihr könnt ihn herausholen. Oder ist der Fotograf noch nicht fertig?«

»Nein«, sagte Inspektor Picht, »der Fotograf ist noch nicht zu Ende mit der Knipserei. Wir brauchen noch Bilder von der rechten Seite und durch die Windschutzscheibe.«

»Schön, aber ich kann wohl abdampfen. Hören Sie, Kater, ich weiß noch nicht, wann Sie meinen Bericht kriegen. Wir bereiten die Obduktion vor, aber ich muss mich noch mit den Giftmischern ins Benehmen setzen. Klar? Ja, und dann habe ich bei dem Toten unter den Fingernägeln vom Mittelfinger und vom Ringfinger an der rechten Hand geronnenes Blut entdeckt. Aber der Tote hat selbst keinerlei Verletzung. Das nur als Kollegenhilfe. Wiedersehen!«

»Metzler soll sofort Proben von dem Blut sichern«, rief Katzbach Inspektor Picht nach, der auf den Polizeifotografen zuging. Picht nickte.

Die grellen Quarzlampen des Fotografen flammten auf. Katzbach trat zur Seite. Er schaute den Beamten zu, die in immer größer werdenden Kreisen den Tatort umrundeten. Er wusste nur zu gut, dass die Wahrscheinlichkeit gleich null war, auf diesem Parkplatz, der tagsüber von hunderten begangen und befahren wurde, ir- gendwelche Hinweise auf das Verbrechen der Nacht zu finden.

Um 7 Uhr 17 hoben sie den Toten aus dem Porsche heraus und legten ihn auf eine Bahre. Kommissar Katzbach sah das junge leere Gesicht unter sich, bevor die graue Decke darüber gezogen wurde. Der Kombi mit den blinden Fenstern wurde herangefahren. Der Rest ging sehr schnell. Die Beamten der Abteilung für Spurensi- cherung krochen in den Porsche hinein, um das Wageninnere nach Spuren abzusuchen.

Der Kater fühlte sich zum Kotzen elend. Er kannte das. Es war nicht eigentlich Mitleid. Es war das Bewusstsein, dass hier mutwillig Leben zerstört worden war.

Ein Polizist in grünem Lederzeug rollte auf tuckerndem Krad heran, stellte die schwere BMW ab und zog ein Blatt Papier aus der Handschuhstulpe.

»Hauptwachtmeister Fortmann. Eine Meldung für Sie, Herr Kommissar. Wir haben den Fahrer des Porsche ermittelt.«

»Den Fahrer?«

»Äh – ich meine – ich meine den Besitzer. Wir haben den Besitzer ermittelt. Hier.« Er reichte dem Kommissar das Blatt.

Der Kater las: Cornelia Nesch, Parkstraße 116, Holzbüttgen. Er verglich das Kennzeichen des Porsche mit den Angaben auf dem Blatt: GV-E 338.

Der Polizist sagte: »In Holzbüttgen hat man Grevenbroicher Kennzeichen, Herr Kommissar.«

»Wer hätte das gedacht!«, antwortete der Kater bissig. Und ein bisschen versöhnlicher fügte er hinzu: »Ich wohne immerhin selbst in dieser Gegend.«

Der Polizist stapfte zu seiner Maschine zurück. Katzbach betrachtete das Papier noch eine Weile. Cornelia Nesch. Nein, der Name sagte ihm nichts. Holzbüttgen war Einzugsgebiet von Düsseldorf. Viele Leute, die in Düsseldorf arbeiteten, wohnten da draußen im Grünen.

»He, Sie! Moment noch!« Der Kradfahrer drehte sich um. »Ist der Porsche als gestohlen gemeldet?«

Der Polizist verneinte. Und die Besitzerin wäre wohl nicht zu Hause, denn man hätte schon mehrmals versucht sie telefonisch zu erreichen.

»Telefonisch!« Katzbach war restlos sauer. »Vielleicht hat sie keine Lust, nachts ans Telefon zu gehen! Soll ja vorkommen. Vielleicht hört sie's gar nicht. Vielleicht hat sie Watte in den Ohren. Mann! Veranlassen Sie sofort, dass ein Streifenwagen zu der Dame fährt! Ich möchte sie um elf Uhr in meinem Büro sehen. Und falls Sie es noch nicht gemerkt haben: Es handelt sich um einen Mordfall!«

»Jawohl, Herr Kommissar, aber ich bin die ganze Nacht auf der Achse gewesen, da kann man schon mal . . .«

»Ist ja gut. Worauf warten Sie noch?«

»Was soll man der Frau sagen? Darf sie wissen . . .«

»Nein, sie darf nicht. Von mir aus können Sie ihr sagen, sie sei Miss Universum geworden oder hätte zwei Freikarten für die Fußballweltmeisterschaft gewonnen. Noch etwas?«

Vielleicht ist der Junge ihr Sohn, dachte der Kater. Vielleicht ist es ganz falsch, dass ich sie ins Präsidium bestelle. Warum bilde ich mir eigentlich ein, dass sie nichts mit dem Mord zu tun hat? Nur weil normalerweise kein Mörder sein Opfer im eigenen Wagen auf einem Parkplatz abstellt? Was war an diesem Fall schon normal? Zweifellos hatten die Mörder sich gar nicht die Mühe gemacht, den Toten zu verstecken, obwohl sie ihm andererseits die Taschen geleert hatten, um die Identifizierung zu erschweren. Warum? Katzbach überlegte, ob es nicht doch nur ein einzelner Täter gewesen war.

Die Männer der Abteilung für Spurensicherung packten ihre Geräte ein. Der Kommissar sah ihren Gesichtern an, dass sie nichts gefunden hatten. Der Polizeifotograf erklärte, er würde die Bilder sofort entwickeln und sie an den Erkennungsdienst weitergeben. Katzbach nickte nur. Er brannte ein neues Zigarillo an. Es wurde Zeit, dass er die Staatsanwaltschaft informierte.

Neugierige hatten sich eingestellt. Frühe Spaziergänger, Rentner, die im Wildpark Hirschkälber und Frischlinge füttern wollten, zwei dickliche Herren in himmelblauen Trainingsanzügen und mit verschwitzten Gesichtern.

»Jochen«, sagte der Kater, »die Leute sollen verschwinden. Ich möchte jetzt mit dem Mann sprechen, der den Toten entdeckt hat. Der ist doch noch hier?«

»Sicher. Aber du könntest ihn ruhig im Büro vernehmen. Was er zu sagen hat, hat er sowieso schon von sich gegeben. Frag mich bloß nicht, wie! So eine Quasselstrippe!«

Inspektor Picht gab dem uniformierten Beamten an der Parkplatzeinfahrt ein Zeichen, die Leute fortzuschicken. Dann prüfte er die Tatortskizze, die der Zeichner angefertigt hatte.

Der Mann schien nur darauf gewartet zu haben, endlich mit dem Kommissar zu sprechen. Er legte mit militärischer Zackigkeit die Hände an die Nähte seiner Knickerbocker und bellte: »Herbst, Arnold Herbst, Ornithologe. Zu Ihren Diensten, Herr Kommissar. Katzbach war doch der werte Name, ja? Also, das muss ich Ihnen sagen, Herr Kommissar Katzbach: Was hier geschehen ist, darf man wohl getrost als ungeheuerlich bezeichnen.«

»Man darf«, sagte der Kater. »Was tun Sie im Morgengrauen im Wald, Herr Herbst?«

»Ich bin Ornithologe!« Er sagte das so, wie der Kaiser von China vielleicht erklären würde, dass er der Kaiser von China wäre. Dann zupfte er den Kragen seiner Trachtenjacke zurecht und holte sehr tief Luft.

Katzbach unterdrückte ein Gähnen.

»Wenn Sie die Nonnenmeise belauschen wollen, verehrter Herr Kommissar, dann müssen Sie lange vor Tagesanbruch im Wald sein. Sie ist von Mitteleuropa bis nach Ostasien verbreitet, aber – und das macht den Vogel so äußerst interessant – sie ist ungemein scheu, die Nonnenmeise. Dabei singt sie so schön. ›Psitjä‹ und ›sisitjä‹ lockt sie, und wenn sie erregt ist, schimpft sie ›zjädädä‹. Ihren Gesang finden leider selbst manche Ornithologen uninteressant, aber wer die Zwischentöne in diesem ›Tjübt-tjübt-tjübt‹ zu deuten weiß, der hört ganz genau . . .«

»Herr Herbst, wenn ich Sie unterbrechen dürfte: Wann sahen Sie dieses Auto dort und was taten Sie, als Sie es sahen?«

»Ich hörte es, zuerst hörte ich es. Das war ja gerade das Empören-de. Ich dachte zunächst, ich traute meinen Ohren nicht. Ich hörte den Motor schon von weitem. Ich fragte mich, wer sich wohl erdreistete sein Auto im Wald abzustellen und den Motor einfach laufen zu lassen. Das wäre ja wohl der Gipfel. Ich sagte mir, dass muss ein Liebespaar sein. Auch das gibt es ja heutzutage: Liebes-paare im Auto. Ich schlich mich also näher . . .«

»Sie schlichen? Warum schlichen Sie? Beobachten Sie gern Liebes-paare?«

»Wo denken Sie hin! Sie! Also, ich schlich nicht eigentlich. Ich – ich pirschte mich heran, verstehen Sie? Man weiß ja nie, nicht wahr? Ich sagte mir: Na, denen geigst du mal deine Meinung, denen machst du klar, was du von Rowdys hältst, die die Vögel verscheuchen. Jetzt müssen Sie sich vorstellen, Herr Kommissar, wie ich erschrak, als ich das Gesicht sah! Mir blieb beinahe das Herz stehen.«

»Ach, Sie konnten das Gesicht des Toten sehen? Es war doch noch dunkel. Seltsam, finden Sie nicht?«

»Aber ich habe doch eine Taschenlampe! Hier.« Arnold Herbst zeigte seine kleine Stablampe vor. Er knipste sie mit etwas zittri-gen Fingern wie zum Beweis mehrmals an und aus.

»Woran erkannten Sie, dass der Mann tot war?«

»Das sah ich mit einem Blick. Ich war nämlich Sanitäter. So etwas sieht man sofort. Da hat man später ein Auge für. Erfahrung, wissen Sie.«

»Und Sie haben nicht versucht vielleicht doch erste Hilfe zu leis-ten? Ich meine, gerade weil Sie Sanitäter waren, hätten Sie das doch versuchen müssen. Waren Sie sich Ihrer Sache so sicher, dass Sie nicht einmal den Schlauch aus dem Wagenfenster gezogen haben?«

»Den Schlauch? Aber den hatte ich doch gar nicht gesehen! Ich war nur auf der Seite, wo der Fahrer – äh –, der Tote saß. Ich habe nicht einmal geprüft, ob die Wagentür offen war. Ich dachte mir: Da hat einer Selbstmord verübt, das musst du sofort melden. Ja, dann bin ich losgelaufen, um meine staatsbürgerliche Pflicht zu tun.«

»Wie spät war es, als Sie das Auto sahen?«

»Ich habe doch schon vorhin zu den Herren gesagt, dass ich prinzipiell keine Uhr trage! Aber es war bestimmt nach drei. Das weiß ich, weil ich die Kirchenuhr von Gerresheim gehört habe. Das trägt ja nachts sehr weit, müssen Sie wissen.«

»War das lange vorher, dass Sie die Uhr hörten?«

»Das weiß ich nicht so genau. Mag sein, dass es eine Viertelstunde vorher war. Aber das möchte ich nicht auf meinen Eid nehmen.«

»Sollen Sie auch gar nicht. Haben Sie sonst etwas Auffälliges bemerkt? Geräusche, Licht . . .«

»Eigentlich nicht. Aber wenn man bedenkt, dass da drüben die Klapsmühle liegt, kommen einem doch einige Gedanken. Das drängt sich einfach auf, finden Sie nicht?«

»Nein, das finde ich nicht. Aber ich bin ja nur ein Polizeibeamter und kein Hellseher.« Ich rede auch schon von Hellsehern, dachte Katzbach, idiotisch! Dann fragte er noch einmal, ob Arnold Herbst etwas gesehen hätte. Arnold Herbst hatte nichts gehört und nichts gesehen. Er war gleich zum Feuermelder gerannt.

»Woher wussten Sie eigentlich, dass vor dem Rennbahn-Restaurant ein Feuermelder ist?«, fragte der Kater.

»Weil ich dort immer mein Fahrrad ankette. Ich komme nämlich mit dem Fahrrad.«

»Herr Herbst, haben Sie Angst, wenn Sie nachts allein im Wald sind?«

»Angst?«

»Rede ich so undeutlich?«

»Ich habe noch nicht darüber nachgedacht. Brauchen Sie mich jetzt noch, Herr Kommissar?«

»Nein, danke. Aber halten Sie sich bitte weiterhin zu unserer Verfügung. Ihre Adresse ist notiert worden?«

Arnold Herbst beteuerte, er werde auch weiterhin seiner staatsbürgerlichen Verpflichtung nachkommen. Dann ging er sehr schnell davon.

Warum hat er es plötzlich so eilig?, dachte Katzbach.

»Komische Gurke mit seinem Strampelhöschen«, meinte Inspektor Picht.

»Sei doch nicht so intolerant, Jochen. Vielleicht findet er dich mit deinem ausgebeulten Beinkleid noch viel gurkiger.«

»Der Abschleppwagen kommt«, sagte Inspektor Picht.

Ein leerer Parkplatz in der Morgensonne. Freundliche Spaziergänger strebten dem Wildgehege zu. Es würde ein schöner Tag werden. Tiefer im Wald waren einige Beamte mit Suchhunden bei der Arbeit und weiter östlich an der Straße fragten die Kriminalisten die Bewohner der wenigen Häuser aus. Aber das war von hier aus nicht zu sehen. Nichts trübte das friedliche Bild. Ein maßlos fetter Dackel pinkelte an der Stelle, wo ein paar Stunden vorher ein Mord geschehen war. Das Leben geht weiter, dachte Katzbach sarkastisch und trat sein Zigarillo aus.

Katzbach und Picht stiegen in den Peugeot. Über Sprechfunk fragte der Kater an, ob man den Toten inzwischen identifiziert hätte. Nein, man wusste noch nicht, wer er war. Zwei Beamte in Zivil blieben zur Beobachtung zurück. Sie saßen auf einer Bank und aßen Äpfel.

»Als ob es eine Drohung für jemanden sein sollte«, murmelte der Kater und startete den Wagen.

»Wovon redest du?«, fragte Inspektor Picht.

»Von dem Mord«, sagte der Kater.

Eine Falle für Chris

Es war kurz vor der Mittagspause. Chris zog die Muttern der Lichtmaschine an und prüfte die Spannung des Keilriemens. Das Rad der Wasserpumpe eierte etwas. Das musste er dem Meister sagen, sonst war die Reparatur nur eine halbe Sache. Der Schlitten gehörte immerhin Horsti Hanisch, Libero bei Turu Düsseldorf.

»Hi, Chris!«

Chris zog seinen Oberkörper unter der Motorhaube hervor. Monteur Vöske stand hinter ihm, Schlappohr Vöske. Aber Schlappohr nannten ihn die Lehrlinge nur, wenn sie unter sich waren.

»Seit wann ist es üblich, dass sich Stifte ihre Liebesbriefe in die Firma schicken lassen?« Vöske grinste abscheulich. »Ist das die neue Masche?« Vöske zog einen Brief aus seinem Overall und wedelte Chris damit vor den Augen herum. »Darf Muttchen wohl nicht wissen, dass Sohnemann in Liebe macht, was?«

»Ich – ich weiß überhaupt nicht . . . Ich – einen Brief?« Chris stotterte verlegen. Dabei hatte er überhaupt keine Ahnung, wovon Vöske redete. Ein Brief für ihn?

»Ich drück mal ein Auge zu, Kleiner. Aber das passiert nicht noch einmal, klar? Sonst steh ich beim Alten. Wo kämen wir denn hin, wenn sich jeder Schnösel seine süßen Briefchen beim Pförtner abliefern ließe! Schluss damit, kapiert?«

Dann drückte Vöske Chris den Brief in die Hand und trollte, entsetzlich falsch pfeifend, zur Lackiererei hinüber. Süße Briefe! Unwillkürlich schnupperte Chris an dem gelblichen Kuvert. Parfümgeruch. »Herrn Christian Marquardt persönlich« war in sehr zierlicher Schrift mit grüner Tinte in Druckbuchstaben darauf geschrieben. Das Wort »persönlich« war zweimal unterstrichen.

Mit klopfendem Herzen riss Chris den Brief auf. Beim Lesen hielt er die Luft an.

»Lieber Chris, du kennst mich vielleicht nicht, aber ich kenne dich. Meinst du nicht, wir sollten uns richtig kennen lernen? Ich fände das einfach klasse. Komm heute um 20 Uhr in den ›Big Ape‹! Du erkennst mich leicht, weil ich einen weißen Pulli trage, auf dem hinten ›Jimi Hendrix‹ steht. Wirst du kommen? – Deine (?) Ellen.«

Es schellte zur Mittagspause. Chris hockte sich in die hinterste Ecke der Kantine und löffelte seinen Henkelmann leer, und als er damit fertig war, merkte er, dass er nicht einmal wusste, was er gegessen hatte. Chris traute sich nicht den Kopf zu heben, weil er ahnte, dass er in Schlappohr Vöskes feixendes Gesicht sehen würde. Er freute sich geradezu, als die Schelle scheppernd die Pause beendete. Chris dachte ununterbrochen an den Brief in seiner Brusttasche und ihm war ganz heiß. Die defekte Wasserpumpe hatte er längst vergessen.

Chris war noch nie im »Big Ape« gewesen. Ob der Schuppen sehr teuer war? Ganze fünf Mark hatte Chris bei seiner Mutter lockermachen können. Damit belief sich die Summe in seiner Hosentasche auf elf Mark und ein paar Groschen. Wie sie nur aussehen mag?, rätselte Chris und verzögerte seine Schritte. Er blieb vor Schaufenstern stehen und wusste ein paar Meter weiter nicht mehr, was er gesehen hatte. Er zerbröselte seine Monatskarte und fütterte damit die Schwäne im Kö-Graben, und als ihm das bewusst wurde, ärgerte er sich nicht einmal. Das Gefühl in seinem Magen lag ungefähr auf der Mitte zwischen angenehm und unangenehm. Chris erreichte das Kö-Center auf die Minute genau um 20 Uhr.

Der Kunststoffaffe über der dunkelroten Holztür des Lokals hatte einen Anstrich nötig. Chris erkannte das Lied sofort: »Babe, I'm gonna leave you«. Chris betrat zusammen mit einer Herde Gummi kauender Mädchen den »Big Ape«.

Blaue, violette und grüne Lichtbündel warfen die rotierenden Spotlights über die Tanzenden. Der Geräuschteppich der Band überlagerte alles. Leadgitarre, Bass, Keyboard und eine richtige Schießbude von Schlagzeug. Der Rotbärtige am Keyboard hatte ein Mikrofon vor dem Mund und schrie, dass die Halsschlagader weit heraustrat. Auf die große Trommel war »The Embryos« gemalt.

Plötzlich stand das Mädchen vor Chris, zeigte blitzende Zähne beim Lachen, warf die langen, schwarzen Haare aus dem Gesicht, drehte sich um und fasste Chris bei den Händen: »Jimi Hendrix« stand auf ihrem Pulli. Sie trug eine schwarze Samthose und der Pulli war so knapp, dass darunter der Nabel hervorblitzte. Ist die schön!, schoss es Chris durch den Kopf.

»Komm, Chris, ›Hit the road, Jack‹, lass uns tanzen, komm schon!« Sie hatten die Tanzfläche noch nicht erreicht, da geriet das Mädchen schon in einen verzückten Rhythmus. Chris wurde davon angesteckt und verlor all seine Hemmungen. Manchmal, nur so einfach zwischendurch, sagte das Mädchen etwas: »Chris-Chris-Christyboy.« Oder: »Lord Jim mit Silbersporen.« Oder einfach nur: »Yeah, yeah, yeah.« Und hin und wieder berührte sie Chris' Arm und Chris fand, dass sich das verdammt angenehm anfühlte. Sie tanzten sehr lange.

Dann hatten sie Glück und erwischten zwei Barhocker. Chris wollte Cola bestellen, aber das Mädchen bestand darauf, dass Chris sein Geld stecken ließ, weil sie ihn eingeladen hätte. Oder etwa nicht?

»Picco, zwei Cola mit Schuss!«, rief das Mädchen.

Sie kennt sich hier aus, stellte Chris fest. Es war ihm ein bisschen peinlich, dass das Mädchen die Getränke bestellte. Zum dreimal geschwänzten Teufelchen, hatte sie nicht die ganze Zeit den Ton angegeben? Was musste sie nur von ihm denken! Als ob das Mädchen seine Gedanken erraten hätte: Sie tippte Chris mit dem Zeigefinger auf die Nase und summte den Refrain des Songs mit. Dann lächelte sie plötzlich: »Du hast noch kein einziges Mal Ellen zu mir gesagt!«

»Ellen«, sagte Chris, »Ellen ist ein prima Name, finde ich.«

»Findest du das wirklich oder sagst du das nur?«

»Beim Bart meiner Urgroßmutter! Ich schwöre . . .«

Wohin schaute Ellen? Und wo war ihre Laune geblieben? Chris folgte ihrem Blick. Am anderen Ende des Tresens stand ein junger Mann, der dort vorher nicht gestanden hatte. Er hielt die Augen geschlossen und trommelte mit den Fingern den Rhythmus der Musik. Sein Haar war schulterlang. Es schien, als ob in dem blonden Schnurrbärtchen Schweißtropfen glitzerten. Der Mann trug ein sandfarbenes Hemd mit großen Taschen und dunkelrote Kordjeans.

»Wer ist das? Kennst du den?«

»Ob ich den kenne? Kennen ist zu viel gesagt. Wir haben uns mal gesehen. Er heißt Haschpappi. So wird er jedenfalls genannt. Bleib so sitzen, Chris, damit er mich nicht sieht. Ich schlage vor, wir hauen ab. Okay?«

»Wenn du willst. Aber die Cola!«

»Soll Picco selbst trinken. Komm, komm!«

Reichlich verwirrt folgte Chris dem Mädchen nach draußen. Ellen nahm seinen Arm. Sie sprachen jetzt nicht. Chris hätte gern etwas gesagt, aber er fürchtete, es würde etwas Dummes werden. Sollte er erklären, die Luft wäre sehr angenehm und man könnte deutlich den Mars flimmern sehen? Oder sollte er Ellen sagen, wie sehr er sich über ihre Nähe freute und wie neu das für ihn war, mit einem schönen Mädchen durch die Stadt zu gehen?

»Ich will mir später einen Alfa Romeo kaufen«, sagte Chris.

»Ja? Na ja«, entgegnete Ellen und Chris hatte den Eindruck, dass er eine völlig bekloppte Bemerkung gemacht hatte. Sie bogen von der Münsterstraße in die Jülicher Straße ein. Ellen war immer einen halben Schritt vor Chris. Der Druck ihres Armes hatte sich gelockert. Chris kam sich vor wie eine große Flasche, aber er wusste nicht, wie er sich verhalten sollte. In der Schlossstraße kamen sie an einem Hähnchengrill vorbei und Chris fragte, ob er etwas holen sollte, wenigstens Fritten. Doch Ellen hatte keine Lust.

Sie sagte: »Schade, dass der Sommer vorbei ist. Wir könnten sonst mal zusammen schwimmen gehen. Meinst du nicht?«

»Das fände ich eine Überwucht, wirklich.« Wohin kann man ein Mädchen einladen?, überlegte Chris fieberhaft. Fußball kam nicht in Frage. Kino? Wahrscheinlich lief gerade mal wieder nichts Tolles. Und dauernd zum Tanzen? Käse. Altstadtbummel? Reißt einen auch nicht vom Stuhl.

»Ist dir kalt?«, fragte Chris.

Sie waren vor einem dunklen Haus in der Lennéstraße angekommen. Über der Tür und über den Fenstern wölbten sich verrußte Stuckverzierungen. Im Haus brannte kein Licht.

»Bringst du mich noch nach oben?«, fragte Ellen. Es war etwas in ihrer Stimme, das Chris nicht zu deuten wusste. Er würde sie natürlich gern bis zur Wohnungstür begleiten, wenn ihre Eltern nichts dagegen hätten, sagte Chris, und außerdem müssten sie ja noch ausmachen, wann und wo sie sich wieder sähen. Die Treppenhausbeleuchtung funktionierte nicht.

»Du magst doch Jimi Hendrix«, flüsterte Chris. »Hast du ›Get that feeling‹? Würde ich dir gern mal leihen. Willst du?«

»Klar«, sagte Ellen. Sie redete überlaut. Chris wunderte sich darüber. In der zweiten Etage hielt Ellen an.

»Bis wann?«, fragte sie. Sie stand dicht vor Chris. Ihr weiches Haar war genau vor Chris' Nase.

»Wann hast du Zeit? Morgen?«

»Morgen nicht, Chris. Am Samstag. Geht es am Samstag? Um fünf im ›Big Ape‹?«

»Gemacht. Ich bin da. Du – du . . .«

»Weißt du nicht, dass man ein Mädchen zum Abschied küsst?«

Hoffentlich merkt sie nicht, wie aufgeregt ich bin, dachte Chris. Sein Mund berührte Ellens Gesicht.

Plötzlich krallte Ellen die Finger in Chris' Hemd und begann gellend zu schreien. Chris wollte zurückspringen, aber sie hielt ihn fest. »Hilfe! Der Kerl lässt mich nicht los! Hilfe!«

Da flammte das Licht auf. Chris sah noch die beiden Männer, die mit einem Mal in der Wohnungstür standen. Dann traf ihn eine Faust direkt hinter dem rechten Ohr. Chris konnte sämtliche Sterne sehen.

»Wir werden dir helfen Mädchen zu überfallen!«

Chris hörte die Worte wie aus weiter Ferne. Er spürte undeutlich, dass er hochgehoben wurde. Dann gingen bei Chris alle Lichter aus. Er fühlte nicht einmal den Schmerz.

Zuerst vernahm Chris eine Männerstimme. Er kannte diese Stimme. Der Mann hatte auch auf dem Flur gesprochen. Chris erinnerte sich sofort an alles. Er merkte, dass er auf einem Sofa lag. Er bewegte sich nicht, obwohl der Schmerz hinter seinem Ohr brannte. Ellen!

». . . ihn genau gesehen, hat sie gesagt . . . Haschpappi – doch die letzte Pfeife . . . Wie oft – Scheißkerl – immer gesagt . . . Das Kiffen lassen . . . Schon nicht mehr genug mit seinem Joint . . . Ellen gesagt, er spritze es sich jetzt in die Arme.«

»Sie ist sicher, dass er aufm Trip war? Große Scheiße! Und der Lord kann nicht länger warten. Grüner Porsche ist jetzt dran. Und der doofe Haschpappi . . . He, riskier mal 'nen Blick. Unser Frauenheld macht die Guckäugelein auf. Gut geschlafen, Freundchen?«

»Ich will hier raus«, sagte Chris und versuchte aufzustehen. Seine Beine waren noch reichlich wackelig. Chris biss sich auf die Lippen. »Er will raus! Hast du das gehört, Goethe? Er will raus!« Die Männer lachten wie Ziegenböcke. Goethe? Goethe hatte sich Chris eigentlich anders vorgestellt. Dieser Goethe trug einen etwas angeschmuddelten sandfarbenen Anzug. Die Hornbrille hatte er auf die Stirn geschoben und Chris musste unwillkürlich an einen doppeläugigen Götzen denken.

Der andere Mann hatte eine helle Wildlederweste an und trug darunter einen schwarzen Pullover. Mehr konnte Chris von ihm nicht sehen, weil er hinter dem Tisch saß. Nur die gebräunte Haut, die zu dem farblosen grauen Haar seltsam kontrastierte, fiel Chris besonders auf. Der Mann war im Verhältnis zu Goethe ziemlich schmächtig. Beide Männer rauchten Zigaretten. Der Raum war bis auf das Sofa, den Tisch und zwei Stühle völlig leer. Die Tapete an den Wänden strotzte von Dreck.

»Dann wollen wir mal zur Polizei gehen«, sagte Goethe. Chris verstand kein Wort. Wo war Ellen geblieben?

»Was glaubst du, was sie dir aufbrummen?«, fragte der schmächtige Mann. »Zwei Jährchen, drei Jährchen? Aber 'n Kerl wie du sitzt das auf einer Arschbacke ab, ist doch so, was? Bist ja noch schön jung.«

»Wovon – wovon reden Sie? Lassen Sie mich raus!«

»Jungchen, bist du so meschugge oder willst du uns hier verschiff-schaukeln? Wovon reden wir, fragt der! Sag's ihm, Tarzan!«

Tarzan, der kleine, schmächtige Tarzan mit dem dunklen Gesicht, drückte seine Zigarette auf der Tischplatte aus und stand auf. Chris bemerkte erstaunt, dass der Mann noch kleiner war, als er ihn sich vorgestellt hatte. Einen Atemzug lang dachte Chris an Flucht. Doch da schaute er genau in Goethes Gesicht und er vergaß den Gedanken wieder.

»Das Mädchen hast du überfallen, weißt du noch, du Frosch? Das Mädchen. Wir haben es beide gesehen, Goethe und ich, und wir werden das auch vor Gericht beschwören. Unter Eid muss man immer die Wahrheit sagen. Immer. Und wo wir's beide gesehen haben – mit eigenen Augen, na ja . . .« Er sprach den Satz nicht zu Ende, sondern lächelte Chris an. Chris hatte nie zuvor in kältere Augen geblickt. Er erschrak heftig.

»Aber ich hab sie doch gar nicht überfallen!«, schrie Chris.

»Du hast sie nicht überfallen? Dann haben wir wohl Pfannkuchen vor den Augen, Tarzan und ich, wie? Na, das erzähl nur der Polente. Mach denen mal so richtig mit schönen Worten klar, dass du ein liebes Unschuldslamm bist und dass die beiden Onkel hier sich das alles nur eingebildet haben. Ich frage mich nur, wozu hab ich 'ne Brille! Sag mir mal, Jungchen: Wozu hab ich 'ne Brille? Das Mädchen wird natürlich auch gegen dich aussagen. Sie muss es ja am besten wissen. Wollen wir jetzt, Jungchen?«

»Sie wissen genau, dass das alles – dass Ellen – dass – ach, das ist doch Wahnsinn! Das ist doch Wahnsinn! Ich wollte Ellen nur nach Hause bringen. Sie hatte mir einen Brief geschrieben. Und hier vor der Tür hat sie plötzlich . . . Da krallte sie sich plötzlich . . . Schauen Sie doch mein Hemd an. Hier! Warum wollen Sie mir einreden, dass ich Ellen . . . Wo ist sie überhaupt geblieben? Fragen Sie Ellen doch selbst!«

»Nur weiter«, kicherte Tarzan. Und Chris wusste, dass es sinnlos war. Goethe nahm ein Polaroidfoto aus der Jackentasche und hielt es Chris vor die Nase. Den Jungen darauf kannte Chris nur zu gut und das Mädchen auch. Es war keine schöne Szene.

»Für alle Fälle«, gluckste Goethe.

»Sie sind Schweine!«, heulte Chris los. Ihm war ganz schlimm zu Mute. Was sollte das? Warum hielten die Männer ihn gefangen? Und Ellen, was war mit Ellen, die ihn unbedingt näher kennen lernen wollte und ihm sogar einen Brief in die Firma geschickt hatte? Chris begriff nichts. Sprachlos und verzweifelt ballte er die Fäuste. Wenn er die Tür erreichen konnte: draußen würden sie ihn nicht mehr einholen.

»Hör mal, du Miststück!«, knurrte Tarzan. »Soll ich dir erst mal ein Pfund verpassen? Musst nur sagen, wenn du 'n paar in die Schnauze willst!«

»Was wollen Sie denn von mir!«, brüllte Chris aus Leibeskräften.

»Schrei noch mal so, dann wackelt die Heide«, sagte Goethe kalt.

»Aber was wollen Sie denn? Ich habe Ihnen doch nichts getan! Was bedeutet der ganze Zirkus?« Am liebsten hätte Chris sich auf das Sofa geworfen und die Ohren zugehalten. Aber die Wut war stärker als die Angst. Zorntränen liefen ihm über das Gesicht.

Goethe flötete süßlich: »Kommen wir zur Sache. Du hast haargenau zwei Möglichkeiten. Hör gut zu! Du spielst weiter den wilden Mann und wir verpassen dir 'ne Abreibung und bringen dich zur Polizei, weil du ein Mädchen überfallen hast. Dann weint sich dein armes, armes Mütterlein die Äuglein aus und dein Chef schmeißt dich aus der Werkstatt raus.«

»Woher wissen Sie . . .«

»Halt's Maul, wir wissen alles. Die zweite Möglichkeit wäre, du machst genau das, was wir sagen. Präzise nach Anweisung. Ohne

Faxen. Dann könnte es sein, dass wir vergessen, was wir vorhin auf der Treppe gesehen haben. Keine Polente, kein Ärger zu Hause, kein Rausschmiss. Na, ist das ein faires Angebot, du Frosch?«

»Meine Mutter – meine Mutter darf gar nichts erfahren. Lassen Sie bloß meine Mutter aus dem Spiel! Wenn meine Mutter auch nur einen Ton erfährt . . .«

»Ja, was dann? Was ist dann?«

»Lass doch, Tarzan! Unser Frosch wird doch vernünftig. Wirst du doch, Frosch, oder?«

»Sie sollen nicht Frosch zu mir sagen!«

»Bitte, bitte, lieber Herr Marquardt, wie darf ich Ihre Majestät anreden?« Goethe lachte keckernd, als hätte er einen königlichen Witz gemacht.

»Woher kennen Sie meinen Namen?«, wollte Chris wissen.

»Wasch dir doch die Löffel! Ich hab dir gesagt, wir wissen alles. Die guten Onkel sind nämlich Fachleute.«

Chris erkannte die Falle, die sie ihm gestellt hatten. Wenn seine Mutter etwas erführe: Das wäre das Schlimmste. Nein, sie durfte nichts erfahren! Die Falle war zugeschnappt.

»Was soll ich denn tun?«, fragte Chris tonlos.

»Siehst du, jetzt unterhalten wir uns wie erwachsene Menschen!« Goethe rieb sich den fast kahlen Schädel. »Du verstehst doch was von Autos«, sagte er, »das sehe ich doch richtig, seh ich doch, ja? Tja, und weil irgendwo ein prima Alfa Romeo steht, brauchen wir einen Spezialisten, der ihn uns aufmacht. Das Fensterchen hübsch ohne Glasscherben, kurzschließen – du weißt schon. Den Rest besorgen dann wieder die Onkel. Das wär's für den Anfang. Kickileicht.«

»Du willst dir doch später auch 'nen Alfa kaufen«, sagte Tarzan und bot Chris eine Zigarette an.

»Ich will nicht!« Chris stieß die Hand weg. Sie wissen wirklich alles, dachte er.

»Was willst du nicht?«, fragte Goethe.

»Ich will keine Zigarette!«

»Ach so. Ich dachte schon. Dann kann's ja losgehen.«

Mitternacht war vorüber. Chris fror in seinem dünnen Hemd. Er hockte neben Goethe im Fond. Tarzan steuerte den grauen VW. Chris kämpfte gegen die Müdigkeit an. Sein Kopf war völlig leer. Hinter der Bahnüberführung bogen sie von der Corneliusstraße ab. Chris kannte diese Gegend kaum. Gogrevestraße, las Chris, Vlattenstraße, Clarenbachstraße. Unbekannte Namen.

Plötzlich fuhr Tarzan langsamer. Unter einer Laterne parkte ein kadmiumgelber Alfa mit schwarzer Rallye-Motorhaube. Goethe stieß Chris in die Seite. Chris nahm den Schraubenzieher, den Tarzan ihm reichte. Die Straße war leer.

»Raus!«, zischte Goethe. »Mach schnell! Ist doch 'n Klacks für dich!«

Wie in Trance begann Chris an der Gummieinfassung des Ausstellfensters zu prockeln. Goethe sprang aus dem VW und riss die Kamera hoch. Klick! Und noch einmal: klick!

»Wird kein Preisfoto«, kicherte er, »aber fürs Familienalbum reicht's. Hier, das darfst du dir an die Wand nageln.«

Chris sah, dass Goethe ihm das Foto aus dem Treppenhaus in die Hosentasche stopfte.

»Wir brauchen's nicht mehr. Wir haben ja ein schönes neues gemacht. Für alle Fälle.«

»Quatschkopp! Steig ein!« Tarzan wurde unruhig.

Beim Einsteigen drohte Goethe: »Frosch, mach ja keinen fiesen Ärger! Halt dich ran und roll mit der Kiste die Straße weiter durch! Ganz langsam. Dann siehst du uns schon. Und mach leise! Mach bloß leise!«

Der VW fuhr im ersten Gang davon. Chris merkte, dass ihm der Schweiß am ganzen Körper ausbrach. Er arbeitete schnell. Die Wagentür bereitete ihm keine Schwierigkeiten. Ganz in der Nähe kämpften zwei Katzen miteinander. Chris kniete sich auf das Bodenbrett. Es war entschieden zu dunkel.

Als die Polizeisirene zu jammern begann, wollte Chris es erst nicht glauben. Gebannt starrte er in das kreisende Blaulicht. Er leistete keinen Widerstand.

Sie sperrten Chris in einen grau-weißen Raum, der an Krankenhäuser und Bedürfnisanstalten erinnerte. Sie hatten ihm eine Wolldecke gegeben. Chris schlief auf der gefirnissten Holzbank sofort ein und er verschlief auch die Zeit, zu der er sonst aufstehen musste, um zur Arbeit zu gehen. An seine Mutter dachte er nicht. Auch nicht an Ellen. Chris dachte an gar nichts. Er war nur entsetzlich müde.

Am Morgen wurde er in ein Büro geführt, wo ein Beamter in Uniform seine Personalien aufnahm. Dann verhörte ihn ein freundlich-lustloser Polizist, der nach Knoblauch roch. Chris gab aber keine Antwort. Den Polizisten schien das nicht sonderlich aufzuregen.

Ein anderer Beamter kam ins Zimmer. Er knallte seinem Vorgesetzten ein Foto auf den Schreibtisch.

»Was ist denn mit dem?«

»Den haben sie heute Nacht ermordet. Junger Kerl noch, nicht?«

Der verhörende Beamte zeigte Chris das Bild. »Da. So was passiert mit Leuten, die krumme Sachen machen. Man weiß nicht einmal, wer er ist.«

»Doch«, sagte Chris leise. »Ich weiß, wer das ist. Das ist Haschpappi. Ich habe ihn gestern im ›Big Ape‹ gesehen.«

Der Polizeibeamte schaute Chris aus Eulenaugen an und pfiff unhörbar durch die Zähne. Dann wählte er die Rufnummer von Kommissar Katzbach.

Manche Leute lügen

Es war zehn Uhr und sie wussten noch immer nicht, wer der Tote aus dem grünen Porsche war. Alle Polizeistationen hatten die Fotos bekommen. Das Ergebnis war negativ.

Katzbach kannte das. In dieser Phase zehrte jeder Fall an den Nerven der Kriminalisten: keine Spuren, keine Hinweise, nicht einmal konkrete Anhaltspunkte für die Recherchen. Wartezustand. Wann kommt der Stein ins Rollen? Es ist die Pflicht der Kriminalpolizei, den Stein ins Rollen zu bringen. Was tun? Warten. Was sind schon ein paar Minuten! Katzbach wusste genau, dass er zu viel rauchte. Aber wenn er all das lassen sollte, was schädlich war . . . Die Luft, die er atmete, war schädlich. Und es war auch schädlich, dass er so viel arbeitete. Also rauchte er. Es kam gar nicht mehr darauf an. Warum brachte Fräulein Jong nicht den Kaffee? Ah, da ging die Tür schon auf.

Aber es war nicht Fräulein Jong. Es war Dr. Steinkamp, Chefchemiker. Und in seinem Windschatten segelte Polizeiarzt Glinka in Katzbachs Büro. Glinka schnappte sich den Besuchersessel mit dem Skaiüberzug. Der Chemiker blieb stehen. Dr. Steinkamp legte die Stirn in Dackelfalten und schaute über den Rand der Brille hinweg den Kater an.

»Exitus so um zwei Uhr herum. Er hat nichts davon gemerkt. Er stand bis zur Halskrause unter Meskalin. Die Leber baut diesen Stoff nur langsam ab. Wir konnten erhebliche Spuren nachweisen. Meskalin ist das wichtigste Alkaloid des Anhaloniums. Echinokaktus. Schon mal gehört? In Mexiko nennt man ihn Peyotlkaktus. Aber ich muss betonen, dass die Spuren im Körper des Toten eindeutig auf der Basis synthetischen Stoffs beruhten.

Das ist deshalb erwähnenswert, weil im Grunde die synthetische Herstellung des Meskalins vom merkantilen Standpunkt aus sinnlos ist. Sein Rohstoff ist spottbillig, denn Peyotlkaktus kommt praktisch alle paar Meter im Grenzgebiet zwischen Texas und Mexiko vor.«

»Wie gefährlich ist Meskalin? Ich meine: Was bewirkt es spontan bei jemandem, der es sich spritzt?«

»Das spritzt man nicht, Kommissar. Meskalin nimmt man meist mit Wasser ein. Wenn es mit harmlosen Streckmitteln versehen ist, haut es keinen vom Stuhl. Sicher, das ist individuell verschieden. Halluzinationen. Schöne oder weniger schöne Träume. Aber unser Mann hat eine Dosis gekriegt, die ein Pferd fertig macht. So was ein Dutzend Mal und die herrlichste Schizophrenie ist da. Ich tippe, man hat ihm das Zeug eingegeben. Mit Gewalt oder ohne Gewalt, wer kann das wissen.«

»Aber die Einstiche in seinen Armen? Was sagen Sie zu den perforierten Unterarmen, Steinkamp?«

»Gerade das bringt mich zu dem Schluss, dass man ihm das Meskalin eingeflößt hat. Wer gewohnt ist sich Heroin zu spritzen, wird den Deubel tun plötzlich Meskalin zu schlucken. Das lehrt alle Erfahrung. Das ist so, als ob ein Bundesligaspieler wild darauf wäre, von heute auf morgen in der Kreisklasse zu kicken.«

»Na, Sie haben Vergleiche!«

»Aber er hat Recht!«, schaltete sich Dr. Glinka ein.

»Ich glaub's ihm ja. Was ist mit dem Blut unter den Nägeln?«

»Der Tote hatte Rhesusfaktor negativ. Das ist ziemlich selten. Das Blut unter den Nägeln stammt von jemandem, der eine Allerweltsblutgruppe hat: Rhesusfaktor positiv. Hier, es steht alles im Bericht. Vielleicht hilft es Ihnen, Kommissar.«

Dr. Steinkamp reichte dem Kater zwei eng beschriebene Bogen. Der Kater überlegte, was für ein Gefühl es wohl sein mochte, wenn jemand unter Rauschgift stand und an Sauerstoffmangel starb. Er wusste selbst nicht genau, warum er hoffte, dass der blonde junge Mann aus dem grünen Porsche eines leichten Todes gestorben war.

»Ist noch was?«, fragte Dr. Glinka und nahm sich eins von Katzbachs Zigarillos.

»Können Sie mit Picht zur Rauschgiftabteilung gehen? Ich möchte, dass Sie dort den ganzen Sachverhalt schildern. Ich habe das undeutliche Gefühl, dass wir von der Seite aus ein paar schlafende Hunde wecken können.« Dann betätigte Katzbach die Taste des Sprechkontaktes auf seinem Schreibtisch. »Hör mal, Jochen, zockel bitte mit unserem Doc zum Rauschgiftdezernat! Und nimm ein Foto des Toten mit! Die sollen mal ihre Fühler ausstrecken. Ich will endlich wissen, wer der Tote ist.«

»Okay, Kater!«

Der Mann klopfte gar nicht erst. Er stürmte ins Zimmer, knallte die Fäuste auf Katzbachs Schreibtisch und stopfte sich Unmengen Erdnüsse in den Mund. Streitsüchtig streckte er das Kinn vor. Seine Stirnlocke wippte aggressiv.

»Das nennt sich also Freundschaft!«, stieß er hervor. Der Kater wusste, dass Manni Nockel große Auftritte liebte. Darum rauchte er zunächst einmal weiter und ließ sich auch nicht bei der flüchtigen Durchsicht des Poststapels stören.

»Ich habe dich was gefragt, Kater!«

»Du hast mich nichts gefragt. Du hast lediglich eine Feststellung getroffen, mit der du vollständig Recht hast. Noch etwas? Oder muss ich dir erst sagen, dass ich viel zu tun habe?«

»Die Bevölkerung . . .«

». . . hat ein Recht auf Information. Himmel, immer die alte Leier. Ich kann das rückwärts pfeifen. Mensch, Manni, alter Lügner, wenn es was zu sagen gibt für die Presse, dann bist du mit Abstand der Erste, der die Informationen kriegt. Hatten wir das nicht abgemacht?«

»Kater, da passieren dicke Sachen. Es hat einen Mord gegeben. Aber du hüllst dich in Schweigen! Wie findest du das? Meinst du nicht, die Presse könnte vielleicht zur Aufklärung . . .«

»Quatsch mit Soße! Muss ich mir das anhören? Die Polizei ist bekloppt und die cleveren Zeitungsfritzen klären die Fälle: Das weiß doch inzwischen jedes mittlere Milchmädchen. Mir musst du keine Operetten vorzwitschern, mir doch nicht.«

»Ich brauche dringend einen Knüller für die ›Rheinische Post‹, Kater. Wir haben Sauregurkenzeit! Nessie zieht nicht mehr und der Bundesligaskandal ist auf die vierte Seite gerutscht. Nun spuck's schon aus! Was ist da im Busch?«

»Wir haben einen Toten gefunden. Es ist nicht auszuschließen, dass es sich um Mord handelt. Ende der Nachrichten.«

»Aber die kleine Jong hat mir gesagt, dass es was mit Rauschgift zu tun hätte!«

Katzbach dachte: Kann das kleine Luder nicht das hübsche Mäulchen halten! »Kann sein, dass Rauschgift eine Rolle spielt. Muss aber nicht.«

»Und was soll ich schreiben?«

»Nichts. Du sollst gar nichts schreiben. Verkneif's dir. Wenn du doch was schreibst, riskierst du eine Menge.«

»Ach, und ich dachte immer, wir lebten in einer Demokratie!«

»Hör auf, du Pflaume! Ruf mich heute Nachmittag an! Jetzt ist Sendepause. Klar?«

»Aber einen Tipp nimmst du noch an, ja? Wenn's was mit Rauschgift ist: Der neue Rauschgiftpapst von Düsseldorf heißt Mosch-mosch und residiert im ›Sweet Chariot‹. War umsonst, der Tipp. Und mach es weiter so spannend, James Bond!«

Stürmisch war auch Manni Nockels Abgang. Katzbach drückte die Ruftaste und sagte zu Fräulein Jong, sie sollte in Zukunft gegenüber Zeitungsleuten weniger redselig sein und außerdem eine Verbindung zu Kommissar Lipschitz vom Rauschgiftdezernat herstellen.

Lipschitz meldete sich brummig.

»Wer ist Moschmosch?«, fragte der Kater.

»Ein Großmaul aus Ägypten«, antwortete Kommissar Lipschitz.

»Wo findet man ihn?«

»Im Knast!« Lipschitz brüllte vor Lachen. Katzbach mochte Leute nicht sehr, die über ihre eigenen Witze lachten. »Im Knast! Der Junge hat fünf Jahre gekriegt!«

»Danke«, sagte der Kater.

Als Inspektor Picht und Assistent Degenhardt den Mann im modischen Anzug hereinbrachten, hatte Kommissar Katzbach den Bericht für die Staatsanwaltschaft noch nicht fertig. Der Mann – fliederfarben der Anzug, grün das Hemd, regenbogen-farben die Krawatte – schien ein bisschen verwirrt, machte aber andererseits einen äußerst selbstsicheren Eindruck. Katzbach erhob sich.

»Herr Lothar Lohmar«, stellte Picht vor. Er hob fast unmerklich die Augenbrauen. Der Kater sah das Zeichen. »Herr Lohmar hat sich bei der Wache in der Lindemannstraße gemeldet. Man hat ihm einen Porsche gestohlen. Einen grünen.«

»Die gleiche Farbe wie mein Hemd!«, kreischte der Mann und schaute den Kater aus stechenden Augen an.

»Katzbach«, sagte der Kater, »mein Name ist Katzbach. Nehmen Sie bitte Platz, Herr – Lohmar.«

»Kann ich rauchen?«

»Aber sicher. Wann haben Sie den Verlust Ihres Wagens bemerkt? Wo hatten Sie den Wagen abgestellt? War der Wagen ordnungsgemäß verschlossen?«

»Das sind drei Fragen.«

»Dann geben Sie mir bitte drei Antworten.«

»Drohen Sie mir? Ich muss doch sehr bitten! Vielleicht sollte ich sowieso erst meinen Anwalt verständigen. Warum hat man mich hierher gebracht? Ich erwarte eine Erklärung!«

»Weil es sich um . . .«

Der Kater unterbrach Inspektor Picht. »Weil sich die Autodiebstähle in der letzten Zeit häufen«, sagte er.

»Und was hat das mit mir zu tun?«

Für einige Sekunden war Katzbach sprachlos. Er sah Picht an. Der zuckte nur die Schultern.

Katzbach versuchte das Alter des Mannes zu schätzen. Dreißig Jahre, fünfunddreißig?

»Was das mit Ihnen zu tun hat? Sie machen mir vielleicht Spaß! Ich denke, Ihnen hat man ein Auto gestohlen. Und Porsche sollen doch gar nicht ganz billig sein. Oder täusche ich mich? Was haben Sie eigentlich für den Wagen bezahlt?«

»Was – was tut das denn zur Sache? Ich verlange . . .«

»Vielleicht lassen Sie den Kommissar mal die Fragen stellen«, warf Assistent Degenhardt ein.

»Sie können natürlich auch Ihren Anwalt verständigen«, schlug der Kater vor. »Möchten Sie mein Telefon benutzen?«

»Ich – ich weiß nicht . . . Was hatten Sie gefragt?«

»Ich hatte gefragt, wie teuer Ihr Wagen gewesen ist. Es handelt sich doch um Ihren Wagen?«

»Wie meinen Sie das?«

»Sind meine Fragen so kompliziert? Ich habe gefragt, ob der gestohlene Porsche Ihnen gehört.«

»Das sage ich doch dauernd. Deswegen bin ich schließlich zur Polizei gegangen. Fragen können Sie stellen!«

»Die Nummer ist GV-E 338, ist das richtig?«

Herr Lohmar nickte eifrig, gab dann aber seiner Haltung wieder jenen Hauch von weltmännischer Gelassenheit, die er offenbar zu seinem Äußeren für passend hielt.

Er hat Angst, dachte der Kater, an seinen Händen sieht man, dass er Angst hat. Und wie er an der Zigarette saugt.

»Zeigen Sie uns bitte die Zulassung!«, sagte Inspektor Picht.

»Wenn ich das könnte! Der Kraftfahrzeugschein hat im Handschuhfach gelegen!«

»Da lag er ja besonders gut«, sagte Katzbach.

»Sie können sich Ihre Ironie sparen!«

»Und Sie sollten sich Ihre Märchen sparen! Kann es sein, dass der verschwundene Porsche Frau Cornelia Nesch gehört? Überlegen Sie sich das mal. Oder bleiben Sie dabei, dass Sie der Besitzer sind?«

Das Telefon knarrte dazwischen. Ein reichlich verzweifelter Beamter der Abteilung für Spurensicherung am anderen Ende der Leitung: Sie hätten den Wagen schier auseinander genommen, aber da wäre nicht die geringste Spur zu finden. Es sähe so aus, als ob der ganze Wagen von innen mit einem nassen Tuch abgewischt worden wäre. Katzbach schluckte hinunter, was er eigentlich sagen wollte.

»Wirklich, Herr Kommissar, wir haben den Schlitten regelrecht auseinander genommen.«

»Dann sehen Sie zu, dass Sie ihn auch schön wieder zusammenkriegen. Hier sitzt nämlich ein Herr, der behauptet, der Porsche gehört ihm.« Der Kommissar hängte ein.

»Ist mein Wagen gefunden worden?«, fragte Herr Lohmar. Er sprang auf. Der Kater verzog das Gesicht. Es sollte ein Lächeln bedeuten, ging aber daneben. Ja, der Porsche wäre gefunden worden, nur müsste Herr Lohmar wohl oder übel noch ein Weilchen auf seinen kostspieligen Untersatz verzichten, weil jemand den Wagen als Mordwaffe missbraucht hätte.

Grenzenlose Verblüffung in Lothar Lohmars Gesicht. Katzbach beobachtete sein Gegenüber scharf. Das war nicht gespielt. Und dann erkannte der Kater verwundert, dass der Mann erleichtert schien. Oder war das eine Täuschung?

Inspektor Picht knibbelte mit dem Daumennagel Fliegendreck von der Fensterscheibe. »Mord«, sagte er, »Mord ist natürlich eine Sache, bei der man sich jede Antwort dreimal überlegen sollte. Es ist nämlich gar nicht so spaßig, wenn man in so was verwickelt ist. Ob wir noch einmal von vorn beginnen, Herr Lohmar?«

»Das – das ist ja ungeheuerlich! Also, ich schwöre . . . Mir werden Sie nichts, aber auch nichts . . . Nein, das ist ungeheuerlich!« Ungeheuerlich: Das hatte auch der Vogelbeobachter im Wald gesagt, der aus Prinzip keine Uhr trug. Offenbar ein beliebtes Wort. Fand Herr Lohmar das wirklich ungeheuerlich? Meinte er den Mord? Meinte er die Unterstellung, dass er am Ende etwas damit zu tun haben könnte? Katzbach blieb bei seinem Eindruck: Der Mann schien erleichtert.

»Wem gehört der Wagen?«, fragte der Kater barsch.

»Machen Sie uns bloß keine unnötigen Schwierigkeiten!«, sagte Inspektor Picht.

Lothar Lohmar schnipste unsichtbare Stäubchen von seiner Jacke.

Zweifellos wollte er Zeit gewinnen. »Und was ist, wenn ich die Aussage verweigere?«

Assistent Degenhardt war noch sehr jung. Er verlor die Geduld und schrie Lothar Lohmar an: »Dann sind Sie ein Idiot!«

»Er hat Recht«, bestätigte der Kommissar. »Wenn Sie die Aussage verweigern, müssen wir daraus schließen, dass Sie in den Fall verwickelt sind. Den Haftbefehl können wir im Handumdrehen hier haben. Jetzt sollten Sie wohl wirklich Ihren Anwalt verständigen, denn es wird langsam Ernst.«

»Sie . . . Sie wollen mich einsperren? Statt zu verhindern, dass mein Wagen gestohlen wird, wollen Sie mich in eine Mordgeschichte verwickeln! Das ist Polizeiwillkür! Ich werde Ihnen die Bildzeitung auf den Hals hetzen. Ich werde dafür sorgen, dass Sie wieder Streifendienst tun. Ich ziehe Sie dafür zur Verantwortung, dass man in dieser Stadt nicht einmal sein Fahrzeug in Ruhe parken kann. Ich werde dafür sorgen, dass Sie in Zukunft . . .«

»Parkuhren kontrollieren«, schlug Inspektor Picht vor. Assistent Degenhardt stand da, als wollte er im nächsten Augenblick Lothar Lohmar verprügeln.

Grotesk, dachte Katzbach, da verplempern wir Zeit mit diesem Hanswurst. Er war es satt. Und als er Piet Degenhardt befahl den aufgebrachten Zeitgenossen abzuführen, gab Lothar Lohmar endlich seine Starrolle auf und war plötzlich der miese kleine Schmarotzer, der heimlich den Porsche seiner reichen Tante Cornelia Nesch benutzt hatte, um in der Stadt anzugeben, und der Angst hatte, Frau Nesch hätte Strafanzeige gegen ihn gestellt. Er hätte den Wagen vor dem Haus von Bekannten in der Degerstraße abgestellt, das wäre gestern Vormittag gewesen. Heute wäre der Wagen plötzlich spurlos verschwunden gewesen. Mehr könnte er zu der ganzen Sache nicht sagen, außerdem sei er heilfroh, dass seine Tante nicht zur Polizei gegangen wäre und dass man den Wagen wieder aufgefunden hätte.

»Seltsam ist nur«, unterbrach der Kommissar, »dass der angebliche Dieb auch den Schlüssel hatte. Wie finden Sie das?«

»Den Schlüssel – ja, also den hatte ich stecken lassen. Man konnte nämlich gar nicht mit dem Porsche fahren. Das ist ja der Witz!«

»Bin ich zu doof, um das zu verstehen? Oder machen Sie's besonders spannend?«

»Ach was! Da war kein Tropfen Sprit mehr drin. Furztrocken, wenn ich das mal so sagen darf. Vom Dorotheenplatz aus habe ich die Kiste bis in die Degerstraße geschoben. Ich hatte kein Geld für Benzin. Das Mädchen aus dem Hundesalon an der Flurstraße kann das bezeugen, sie hat mir nämlich geholfen. So war das. Da muss ich den Schlüssel wohl einfach im Wagen gelassen haben. Konnte ja doch keiner mit fahren.« Herr Lohmar lachte sein schönstes Reklamelächeln.

»Ich würde ja auch gern lachen«, sagte der Kater, »aber ich finde es nicht so lustig, dass dann doch jemand mit dem Porsche gefahren ist. Da stimmt doch was nicht, wie?«

»Nicht wahr? Das ist mir nämlich auch aufgefallen!«

»Sie haben keine Erklärung dafür, Herr Lohmar?«

»Keine, Herr Kommissar, keine.«

»Wir haben die Reste im Tank untersucht«, warf Assistent Degenhardt ein. »Da war kein gewöhnliches Markenbenzin drin. So eine Suppe, wie sie große Firmen irgendwoher billiger kriegen. Autofirmen, Reparaturwerkstätten und so.«

»Vielleicht hat jemand ein paar Literchen nachgeschüttet, nachdem unser Freund so einladend den Schlüssel stecken gelassen hatte. Sachen gibt's!« Inspektor Picht klopfte sich gegen die Stirn.

Er schaute den Kater an und der Blick sollte bedeuten: Können wir dem Burschen die Geschichte abnehmen?

Kommissar Katzbach sagte: »Gehen Sie mit Inspektor Picht, Herr Lohmar, und geben Sie Ihre Aussage zu Protokoll! Und die Adresse Ihrer Bekannten in der Degerstraße brauchen wir auch. Degenhardt, übernehmen Sie die Nachforschungen!«

Katzbach kam nicht dazu, den Kaffee zu trinken. Fräulein Jong stellte den Anruf von Hauptwachtmeister Jänisch durch: »Herr Kommissar, wir haben letzte Nacht einen kleinen Autoknacker aufgelesen. Er behauptet den Toten auf dem Fahndungsfoto zu kennen.«

»Bringen Sie ihn sofort zu mir!«

War das der erste Schritt? Katzbachs Gedanken schweiften ab, bauten Theorien auf, entwickelten Zusammenhänge. Aber der Kater holte seine Gedanken zurück. Das Motiv für den Mord war noch nicht zu erkennen.

Die kleine Frau mit dem drahtigen Körper und dem welken Gesicht knüllte ein Taschentuch zwischen den Fingern. Die Wimperntusche hatte rings um die verweinten Augen schwarze Streifen gemalt. Frau Marquardt schaute starr aus dem Fenster. Sie sah ihren Sohn zwar nicht an und auch nicht den Kommissar, aber sie weinte jetzt nicht mehr.

Christian Marquardt erzählte seine Geschichte. Er redete ohne Betonung alles herunter. Seine Augen folgten den kreisenden Spulen des Tonbandgerätes, als gäbe es nichts Interessanteres als ein laufendes Tonband. Kommissar Katzbach unterbrach den Jungen nicht.

Chris berichtete vom Schlappohr Vöske, von Ellens Brief, von dem jungen Mann mit blondem Haar und kleinem Schnurrbart, der Haschpappi genannt wurde. Er erzählte von den Männern, die ihn im Treppenhaus mit ihrer Polaroidkamera geknipst und anschließend in die Wohnung gezerrt hatten. Er schämte sich zu sagen, dass sie ihn niedergeschlagen hatten. Und er schämte sich auch von Ellen zu sprechen. Er sagte nur, dass sie »ziemlich hübsch« wäre. Ihren Nachnamen wusste er nicht. Die beiden Männer hätten sich gegenseitig Tarzan und Goethe genannt, nein, andere Namen hätten sie in seiner Gegenwart nicht gebraucht. Chris gab sich viel Mühe, die beiden Männer genau zu beschreiben.

»Du bist schon ein reichlich großer Esel, dass du auf solch einen uralten Trick hereingefallen bist. Meinst du, die wären wirklich zur Polizei gegangen? Kein Stück! Dort hätte man sie gleich dabehalten. Über dieses dämliche Erpresserspielchen, bei dem man sich mit Hilfe eines hübschen Lockvogels einen Dummkopf einfängt, kann man schon seit Jahren bei der Polizei nicht mehr lachen. Das Theater hättest du dir ersparen können!«

»Aber ich dachte doch . . .«

»Nein, du hast überhaupt nicht gedacht. Das ist es ja. Jetzt musst du die Sache auslöffeln. Und eins will ich dir verraten: Du kannst Gott danken, dass dich jemand von seinem Fenster aus beobachtet hat, als du den Alfa aufbrechen wolltest. Du ahnst überhaupt nicht, in was du hineingeschlittert wärst.«

»Dass du einfach mit einem wildfremden Mädchen angebandelt hast!« Frau Marquardts Stimme vibrierte.

Der Kater konnte sich ein Grinsen nicht verkneifen. »Das ist der einzige Teil an der Geschichte, für den man Verständnis haben muss. Schließlich soll es schon des Öfteren vorgekommen sein, dass es einem Jungen den Atem verschlägt, wenn er ein hübsches Mädchen sieht.«

»Aber dass mein Junge kriminell geworden ist! Chris, warum musstest du mir das antun! Diese Schande!«

»Kriminell!«, sagte der Kater. »Sie sollten das Wort nicht gebrauchen.« Er wollte der Frau sagen, dass der Unterschied zwischen gut und böse und zwischen gesetzlich und ungesetzlich oft minimal wäre. Er wollte ihr sagen, dass es manchmal nur Zufälle wären, die den einen auf diese Seite und den anderen auf jene Seite des Gesetzes trieben. Er wollte ihr auch sagen, dass nach seiner Erfahrung die Guten nicht so gut und die Schlechten nicht so schlecht wären und dass die Umstände jeden Menschen zu jeder Tat verleiten könnten. Aber er sagte nur: »Ein Ausrutscher kommt in den besten Familien vor.« Katzbach fand seine Worte reichlich albern.

Dann rief Kommissar Katzbach bei der Ford-Werkstatt an und ließ sich mit dem Pförtner verbinden. Eine hechelnde Stimme sagte: »Hier Pförtner Neisinger. Bitte särr?«

»Ich hätte eine Frage. Wer hat gestern einen Brief für Christian Marquardt bei Ihnen abgegeben?«

»Bei mir? Sie spinnen wohl. Hier ist kein Brief abgegeben worden. Ich würde es sofort dem Chef melden, wenn sich die Lehrlinge Briefe in die Firma schicken ließen! He, mit wem spreche ich überhaupt?«

»Mit dem Weihnachtsmann«, sagte Katzbach. »Vielen Dank auch.«
Er legte auf und blickte Chris fragend an.

»Ich habe nicht gelogen!« Chris schrie es fast heraus.

»Es gibt ja noch mehr Leute«, sagte der Kommissar.

Er musste Tarzan und Goethe haben. Nichts war jetzt wichtiger. Haschpappi war im »Big Ape« bekannt gewesen. Gut, das konnte sofort erledigt werden. Picht konnte hingehen. Tarzan und Goethe und das Mädchen. Vielleicht waren sie beim Erkennungsdienst registriert. Das war leicht zu prüfen. In der Wohnung in der

Lennéstraße würde man nichts finden. Katzbach gab sich keinen Illusionen hin. Er würde nachforschen lassen. Aber mit Sicherheit hatten die beiden die Wohnung nur für ihr kleines Schmierentheater benutzt und dann alle Spuren beseitigt. Wahrscheinlich hatten sie herausgefunden, dass die Wohnung leer stand.

Gedankenübertragung? Plötzlich fiel Chris das Foto ein, das Goethe ihm in die Tasche gesteckt hatte. Sosehr er sich schämte: Er gab dem Kommissar das Bild.

Das Mädchen war nicht zu erkennen. Ihr Gesicht steckte hinter Christians Kopf. Ihre Hände hielten Chris am Hemd fest und Chris machte das blödeste Gesicht der Welt.

»Darf ich das Bild sehen?«, fragte Frau Marquardt.

»Lieber nicht«, antwortete Katzbach. Dann legte er das Foto vorsichtig auf ein weißes Blatt. Fingerabdrücke auf Fotopapier: ein Kinderspiel für seine Leute!

»Haben deine lieben Freunde gesehen, dass dich die Polizei erwischt hat?«

»Sicher«, sagte Chris, »auf jeden Fall haben sie's gehört. Das war ja wie im Kino. Mit Blaulicht und Sirene kamen die Bullen.«

»Chris! Sei nicht so primitiv in deinen Redensarten!« Frau Marquardt stand auf. Sie kam ganz dicht an den Schreibtisch. »Herr Kommissar, muss er – muss er ins Gefängnis?«

»Nein. Es wird eine Verhandlung geben vor dem Jugendrichter. Ich sehe keinen Anlass, Chris in Haft zu nehmen. Fluchtverdacht besteht ja wohl nicht.«

Chris ahnte nicht, dass er sich in Gefahr befand. Er ahnte auch nicht, dass zwei von Kommissar Katzbachs Leuten ihn nicht aus den Augen ließen. Er ging neben seiner Mutter über den Graf-Adolf-Platz. Sie sprachen nicht miteinander. Chris dachte an das Mädchen.

Inzwischen hatte Assistent Degenhardt im »Big Ape« den Namen des Toten erfahren. Picco, der nach mehrmaligem Klopfen in quer gestreiftem Schlafanzug an die Tür kam und knurrend fragte, ob man ihm nicht einmal am Vormittag eine Mütze Schlaf gönnte, warf nur einen Blick auf das Foto.

»Das ist Haschpappi van Einem, Paul van Einem. Ist 'n Holländer. Hat er wieder Joints geschnorrt?«

Ein langer Nachmittag

Chris stocherte in den Nudeln herum. Rausgeschmissen! Ganz einfach rausgeschmissen. Auf Autodiebe könnte die Firma sehr gut verzichten, sehr gut, und die Handwerkskammer wäre auch schon informiert. Per Einschreiben. Einen Dieb könne man der Belegschaft nicht zumuten. Wolle man auch nicht. Wenn das schon am grünen Holz geschähe. Kündigungsgrund genug . . . Ausbildung abbrechen . . . Am liebsten noch ein paar hinter die Löffel . . . Erziehungsberechtigten schriftlich in Kenntnis setzen . . . Jetzt raus hier . . . Der Chef wie ein riesenhafte rote Kröte hinter seinem Schreibtisch. Und dann Spießrutenlauf quer durch die Werkshalle: Aufgepasst, unser Automarder kommt!

»Du musst etwas essen«, sagte Frau Marquardt tonlos.

»Du isst ja auch nichts.«

»Mir ist der Appetit vergangen.«

»Mir auch.«

Das ist doch ein Witz, sagte sich Chris immer wieder, das ist doch alles gar nicht wahr, das kann doch nicht wahr sein. Blödsinn. Doch leider flüsterte die schöne Fee nur im Märchen irgendeinen Hokuspokus und die bösen Träume waren weggepustet. Hier gab es nichts zu zaubern: Die Lehrstelle war zum Teufel. Chris dachte, dass das vielleicht nicht einmal das Schlimmste wäre. Viel schlimmer war, dass seine Mutter heulte. Ich kann das nicht aushalten, dachte Chris, ich kann das verdammte Geheule nicht aushalten. Warum hört sie nicht endlich auf. Schön, ich sitze in der Scheiße. Schön, ich habe keine Ahnung, wie es jetzt weitergeht. Schön, alles schön. Aber warum muss sie ausgerechnet auch noch heulen! Chris stieß den Teller von sich. Seine Mutter verließ wortlos die Küche.

Chris bohrte sich die Gabel in die Handballen, bis er den Schmerz nicht mehr ertragen konnte. Tarzan! Goethe! Chris versuchte sich die Gesichter vorzustellen. Ich könnte sie erwürgen! Einfach mit den Händen. Er dachte auch an das Mädchen. Das Mädchen ebenfalls erwürgen? Die zuerst! Andere Gesichter: das Foto von Haschpappi, der mit seltsamen Augen ins Leere schaute, der Kommissar mit den dunklen Haaren und dem Lächeln, aus dem man nicht klug wurde, die Mutter, die vom Weinen eine rote Nase hatte und gleich mit dem lächerlichen Aktentäschchen losziehen würde, um Beiträge für die dumme Versicherung zu kassieren. Und da war das zornbibbernde Gesicht seines Chefs. Nein, er war ja nicht mehr sein Chef. Jetzt konnte er andere anbrüllen. Das war ausgestanden. Schlappohr Vöske, der Grinser: Der hatte jetzt Stoff für seine Kantinenauftritte. Chris konnte sich das ausmalen: »Also, stellt euch vor, ich überreiche unserem Romeo den Liebesbrief von seiner Tusnelda, und was macht der Freier? Knackt 'n Auto für seine Süße! Hähähä.« Und alle würden grölen, alle. Chris kniff die Augen zusammen.

Warum hatte der Pförtner eigentlich gelogen? Und woher wussten sie in der Firma überhaupt, dass die Polizei ihn geschnappt hatte? Die Mutter kam in die Küche zurück. Sie hatte sich die Nase gepudert. Es fiel ziemlich auf. Aber Chris sagte nichts.

»Was willst du denn jetzt machen? Hilfsarbeiter? Mit siebzehn? Falls dich überhaupt noch jemand einstellt. Dass mein Junge mir das antun würde, hab ich mir nicht träumen lassen! Das nicht! Eine Dummheit macht jeder mal, aber . . .«

»Hör endlich auf!«

»Ach, Christian, was soll denn jetzt werden?«

Jetzt fängt sie wieder an zu heulen!, dachte Chris. Er konnte es nicht mehr ertragen. Er schrie einfach los und seine Stimme kam ihm ganz fremd vor: »Ich werde Bankräuber! Ich geh in die Fremdenlegion! Ich leg einen um! Ich – ich . . . Scheiße, ich weiß nicht, was ich tun soll! Ich weiß es doch nicht!«

Erst als die Mutter längst gegangen war, merkte Chris, dass ihm die Tränen über das Gesicht liefen. Er hielt den Kopf unter den Wasserhahn und ließ das kalte Wasser minutenlang laufen. Sein Hemd wurde klatschnass.

Diese ekelhafte Küche mit den Wänden voll rosa Blümchen. Dieser widerliche Tisch mit kaputtem Resopal, Parmesankrümeln und kalten Nudeln. Chris stand auf und ging in sein Zimmer. Aber Mick Jagger und Franz Beckenbauer und James Dean feixten ihn von den Wänden an und Chris lief aus dem Haus und trabte die Ackerstraße hinunter. Erst am Worringer Platz blieb er stehen, weil ihm die Luft wegblieb. Natürlich wusste Chris, dass er seiner Mutter Unrecht tat. Hatte sie nicht immer für ihn gesorgt? Seinen Vater hatte Chris nie kennen gelernt. Was sollte jetzt werden? Nein, nicht darüber nachdenken! Goethe und Tarzan! Die waren an allem schuld! Chris schlug den Weg zur Lennéstraße ein. Dass ihm ein Mann folgte, merkte er nicht.

Der Kater schwenkte seine langen Beine aus dem Peugeot. Wetter zum Spazierengehen. Katzbach überquerte die Straße. Unter dem blauen Ford-Schild lehnte ein Mann in gestärktem Arbeitskittel.

»He, wo wollen Sie denn hin?«, rief er.

»Ich muss mit ein paar Leuten sprechen.«

»Sie sind der Weihnachtsmann! Ich erkenne Ihre Stimme wieder.«

»Donnerwetter! Da haben Sie aber ein gutes Ohr. Man findet selten, dass jemand Telefonstimmen wieder erkennt.«

»Sind Sie angemeldet?«

»Nein, bin ich nicht. Ich denke, die Herren werden auch so Zeit für mich haben.«

»Sie sind von der Polizei, ja? Kann ich mal den Ausweis sehen?« Der Kater holte seine Dienstmarke aus der Tasche. »Woher wissen Sie, dass ich von der Polizei bin? Sehe ich so aus?«

»Nee, eigentlich nicht. Aber wo Sie heute früh nach dem Jungen gefragt haben . . . Wie viel Jährchen kriegt er denn?«

»Andere Sorgen haben Sie wohl nicht, nein? Wer hat das eigentlich heute Morgen in der Firma erzählt, das mit dem Jungen? Sie wissen das doch sicher.«

»Keine Ahnung. So was spricht sich einfach rund.«

»Nein«, sagte Katzbach, »so was spricht sich nicht einfach rund. Einer hat das verbreitet und ich möchte von Ihnen wissen, wer das war.«

»Ich kann Ihnen das nicht sagen. Wirklich, ich . . .«

»Können Sie das nicht sagen oder wollen Sie das nicht sagen?«

»Ich sag doch, dass ich keine Ahnung habe, wer davon zuerst geredet hat.«

»So ein Blitzmerker wie Sie? Eigenartig. Sie wissen genau, was Sie sagen? Lassen Sie sich's noch mal durch den Kopf gehen. Ich werde Sie noch einmal fragen.«

»Dann kann ich Ihnen auch nichts anderes sagen. Ehrenwort, Meister, ich hab keinen blassen Dunst.«

»Dass gestern niemand einen Brief für Christian Marquardt bei Ihnen abgegeben hat, wissen Sie aber genau?«

»Da leg ich sonst was für ins Feuer. Und ich bin den ganzen Tag hier gewesen.«

Kommissar Katzbach ging durch das Tor. Er sah in der Rückscheibe eines Ford Turnier, dass der Pförtner in sein Kabüffchen eilte und nach dem Telefonhörer griff.

Im Korridor des eingeschossigen Bürotraktes roch es angenehm nach frischer Farbe. Hinter einer Holztheke hackte ein spindeldürres Mädchen auf seiner Schreibmaschine herum, schaute kurz auf und arbeitete dann weiter, als ginge es um einen olympischen Rekord. Roland Weinkauf erwartete den Kommissar am Ende des Ganges. Ein kahler Cholerikerkopf über dunkelblauem Nadelstreifenanzug. In der linken Hand mit dem massiven Achatring eine helle Zigarre. Herr Weinkauf taxierte den Kommissar von oben bis unten. Dann ging er voraus in sein Büro.

Statt einer Begrüßung sagte er mit rollender Bassstimme: »Es wäre mir angenehmer, Sie würden zuerst mit mir und dann mit meinen Angestellten sprechen, falls Letzteres überhaupt erforderlich ist. Ich schätze es nicht, übergangen zu werden. Ihre Legitimation, bitte!«

Wenn der wüsste, was ich alles nicht schätze, dachte Katzbach und holte zum zweiten Mal die Dienstmarke aus der Tasche. »Katzbach. Kommissar Katzbach.«

»Sie wissen ja, wer ich bin.«

»Nein«, lächelte Katzbach.

Das Katerlächeln irritierte Herrn Weinkauf sehr. Er kramte ein Taschentuch aus der Schreibtischschublade, schnäuzte sich umständlich und murmelte seinen Namen. Der Schreibtisch hatte die Ausmaße einer Tischtennisplatte. Reproduktionen von Seestücken an den Wänden: Segelschiffe, die Schlacht von Trafalgar, die Santa Maria. Die niedrigen Ledersessel schienen unbenutzt. Auf dem Schreibtisch stand ein Bronzetäfelchen: Fassen Sie sich kurz!

»Mir blieb natürlich keine andere Wahl«, orgelte Herr Weinkauf. »Da kenne ich kein Pardon. Kriminelle Elemente in meinem Betrieb – da mach ich kurze Fuffzig. Tue Recht und scheue niemand: Das ist meine Devise und damit bin ich immer gut gefahren. Anständiger Lebenswandel, dann bringt man es zu was. Sehen Sie an mir. Alles mit eigenen Händen aufgebaut. Und da wagt es solch ein Strolch . . . Ich will Ihnen sagen, woran das liegt, dass diese grünen Jungs auf die krumme Tour kommen!«

»Ach ja? Sie machen mich neugierig.«

»Zu viel Freizeit, zu viel Geld in der Tasche, nichts als Mädchen im Kopf. Herrgott noch mal, wenn ich an meine Erziehung denke! Straff – und 'n paar drüber, wenn es sein musste. Das hat noch keinem geschadet. Aber heute! Heute? Sagen Sie als Arbeitgeber nur mal 'n lautes Wort, kommen die Kerle schon mit der Gewerkschaft! Das sind Zeiten! So weit haben wir es gebracht!« Roland Weinkauf hieb mit der Faust auf den Schreibtisch, dass die Federschale tanzte. »Wissen Sie übrigens, dass er ein außereheliches Kind ist? Ich hab ihn trotzdem genommen. Und was ist der Dank? Da! Jedenfalls, ich brauch mir keine Vorwürfe zu machen. Ich habe meine Pflicht und Schuldigkeit getan.«

»Amen«, sagte der Kater angewidert.

»Was sagten Sie?«

Katzbach brauchte sich nicht zu wiederholen, denn das dürre Mädchen huschte herein und flüsterte Herrn Weinkauf etwas ins Ohr. Herr Weinkauf machte plötzlich ein äußerst betretenes Gesicht. »Ich habe wichtige Kundschaft draußen. Wenn Sie sich bitte kurz fassen würden.«

Der Kater tippte mit dem Zeigefinger das Bronzeschild an. Dann erklärte er, dass er gar nicht wegen Christian Marquardt gekommen wäre, sondern eigentlich nur wissen wollte, wer in der Firma die Nachricht von dem versuchten Autodiebstahl verbreitet hätte. Roland Weinkauf schnappte nach Luft.

»Wer das verbreitet hat? So was verbreitet sich von selbst!«

»Nein«, sagte Katzbach und er war es satt, sich fortwährend zu wiederholen.

»Was heißt nein? Ich sage Ihnen doch . . .«

»Entschuldigung, dass ich Sie unterbreche, aber einer muss zuerst davon geredet haben. Wer? Wer hat es zum Beispiel Ihnen gesagt?«

»Himmel, das weiß ich doch jetzt nicht mehr! Ich hab es in der Montagehalle gehört. Ich wollte wissen, warum der Junge nicht an seinem Arbeitsplatz war, da hat es mir jemand gesagt. Die anderen wussten es schon. So, und jetzt entschuldigen Sie mich. Ich habe ja schließlich meine Zeit nicht gestohlen.«

Der Kater verkniff sich die Antwort. Zwei dezent gekleidete Herren mit harten schwarzen Köfferchen warteten vor der Tür. Roland Weinkauf bat sie mit devotem Lächeln in sein Büro. Er sah, dass der Kommissar die Richtung zur Montagehalle einschlug, und er rief ihm nach, seine Leute hätten ihre Zeit auch nicht gestohlen.

Ohrenbetäubender Lärm schlug Katzbach entgegen. Ein Mann in blauem Kittel, der an einem Stehpult lange Zahlenreihen verglich, rief ihm zu, er solle gefälligst in der Reparaturannahme warten.

»Wo ist Vöske? Vöske!«, brüllte der Kater.

Der Mann legte den Kugelschreiber hin und kam näher. »Was wollen Sie denn von dem? Der ist nicht da. Zahnarzt. Hat 'nen Krankenschein. Ist um elf Uhr zum Zahnarzt gegangen.«

»Kommt er wieder?«

»Heute nicht. Hat noch 'nen halben Tag abzufeiern vom letzten Samstag. Was wollen Sie denn von Vöske?«

»Können Sie mir sagen, wo er wohnt?«

»Nee, kann ich nicht. Leo! Leo Czoske! Mal herkommen! Der kann es Ihnen sagen. Noch was?«

»Sie wissen nicht zufällig, wer hier zuerst davon erzählt hat, dass der Lehrjunge diese Nacht – na, Sie wissen schon.«

»Ich kann mich an gar nichts erinnern. Mahlzeit!« Argwohn: Wer will da was wissen? Immer raushalten, so erspart man sich Scherereien. Katzbach kannte das. Alle gingen in Igelstellung, wenn sie Unannehmlichkeiten witterten.

Ein Schwergewicht mit Schweißbrille auf der Stirn kletterte aus dem Montagetunnel. Wo Vöske wohnte? Kirchfeldstraße, Ecke Jahnstraße. Es wäre ein Backsteinhaus mit einem Obstgeschäft im Erdgeschoss.

»Vielen Dank«, sagte Katzbach.

»Wenn Sie ihn jetzt treffen wollen, gehn Sie da besser nicht hin. Jetzt ist er nicht zu Hause. Jetzt ist er im ›Silver Dollar‹. Ist in der Nähe. Da spielt er immer am Flipper.«

Katzbach bedankte sich noch einmal. Ein zweiter Monteur kam hinzu.

»Sie! Was wollen Sie denn von Vöske?«

»Ach, Sie wissen noch gar nicht? Vöske hat doch die Achttausend-Mark-Frage beantwortet. Ich wollte ihm das Geld bringen. Ich sage ihm, er soll Ihnen morgen einen ausgeben.«

Später meldete der Kater sich über Sprechfunk in seiner Dienststelle. Es gab nichts Neues. Katzbach hatte einen Auftrag für Picht.

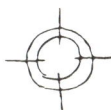

Im Quick-Grill kaufte Chris sich drei Reibekuchen. Nicht, weil er hungrig war. Er tat es im Grunde nur, weil er nicht wusste, was er mit sich anfangen sollte. Chris wollte sich an eines der Tischchen setzen, aber es war kein Platz mehr frei. Scheiße!, schimpfte Chris in sich hinein und steuerte das brusthohe Wandbord an. Er hatte es vorher gewusst: Es schmeckte nicht. Neben Chris schmatzte eine Frau an einer Brühwurst. Die Senfkleckse ließen bei Chris leichten Ekel hochkommen, aber er kaute weiter. Zeit gewinnen, das war es. Endlich die sich überstürzenden Gedanken ordnen. Es musste doch etwas geschehen! Nachdem Chris allen Mut zusammengenommen hatte, war er in das dunkle Haus in der

Lennéstraße eingedrungen, hatte aber fast erleichtert festgestellt, dass sich in der Wohnung nichts rührte. Ein gehbehinderter Greis, dem Chris im Hausflur begegnete, erklärte, die zweite Etage wäre seit Wochen unbewohnt. Die Beschreibung von Goethe und Tarzan sagte ihm nichts. Nein, die Männer hätte er nie gesehen.

Der Serviettenspender war leer. Chris wischte seine fetttriefenden Hände an einer Zeitung ab, die jemand liegen gelassen hatte. Ob der Mord im Aaper Wald schon gemeldet wurde? Chris schaute nicht nach. Er schaute dem Mädchen zu, das die »Hamburger« briet, und er ertappte sich dabei, dass er sich Ellens Gesicht vorzustellen versuchte. Den Mann in unauffälliger Kleidung, der drei Schritte neben ihm sein Bier trank, bemerkte Chris nicht.

Im Savoy zeigten sie einen Western mit Lee Marvin. Chris zählte sein Geld. Es reichte nicht für das Kino. Die Wut vom Mittag war wieder da. Nicht einmal zwei Stunden Vergessen von all diesem Beschiss konnte er sich kaufen. Lee Marvin und Jack Palance, alte Haudegen, lässig im Sattel. Jeder einen erlegten Wolf vor sich. Lächelnd, spöttisch lächelnd: Fürsten in Lumpen und Loden. Ja, die! Die hätten einer Type wie Weinkauf mit dem Colt das Maul gestopft. Lee Marvin wendet seinen Bronco: »Jetzt kauf ich mir Goethe und Tarzan und dann werde ich Schlappohr Vöske tanzen lassen. Caramba!« Aber Chris sah auch ein Foto im Schaukasten, auf dem es Jack Palance erwischt hatte. Verlass war auch darauf nicht. Aber besser eine Kugel in der Brust als aus der Lehrstelle rausgeschmissen! Ich fange an zu spinnen, dachte Chris.

Es war Feierabendzeit. Der Straßenverkehr nahm ganz plötzlich zu. Zeit, nach Hause zu gehen? Chris wusste nicht, wohin er sonst eigentlich sollte. Am Hauptbahnhof sah er zwei Arbeiter aus der Ford-Werkstatt. Chris versteckte sich hinter dem Zeitungskiosk und wartete, bis sie in die Straßenbahn gestiegen waren. Dann machte er sich im Laufschritt auf den Weg nach Hause.

Seine Mutter war noch nicht da. Sie kam selten vor 19 Uhr zurück. Den Brief, der unter die Tür geschoben worden war, bemerkte Chris erst, als er schon drauf getreten hatte. Herrn Christian Marquardt persönlich. Diesmal nicht unterstrichen. Aber es war Ellens Handschrift, da gab es keinen Zweifel. Chris fühlte seine Herzschläge in den Schläfen. Er atmete erst einige Male durch, bevor er den Brief aufhob. »Tretet mir mal vor das Schienbein!«, flüsterte er. Er sagte sich: Den Brief mache ich nicht auf, den schmeiße ich in den Lokus.

Aber er riss den Brief doch auf. Die Buchstaben flimmerten vor seinen Augen.

»Lieber Chris! Es ist alles ganz anders. Du musst mir das glauben. Bitte! Sie haben mich gezwungen. Ich konnte nicht ahnen, dass sie dir etwas tun wollten. Bitte, Chris, ich erwarte nicht, dass du mir verzeihst. Aber ich muss dich noch einmal sprechen. Es ist sehr, sehr wichtig für mich. Komm um 22 Uhr in den kleinen Park an der Grafenberger Allee! Ich werde auf dem Kinderspielplatz bei der Schaukel auf dich warten. Trotz allem – deine Ellen.«

Das ist doch wohl der Hammer! Die kann mich doch kreuzweise! Für wie beschlabbert hält die mich? Ich glaub, ich spinne. Ich gehöre doch in die Zwangsjacke, wenn ich das Spielchen mitmache! Chris fluchte noch eine Weile in sich hinein. Und je mehr er sich für den größten Schafskopf aller Zeiten hielt, umso klarer wurde es ihm, dass er Ellen treffen wollte.

Vöske hatte sein welliges Haar mit sehr viel Haarcreme so gelegt, dass es die maßlos abstehenden Ohren verdeckte. Er war nervös. Kaum hatte er seinen ersten Auftrag bekommen, da war schon eine Panne passiert. Und das würden sie ihm ankreiden! Am Ende verlangten sie sogar das Geld zurück. Oder sie würden ihn regelrecht – nein, den Gedanken wollte er nicht weiterspinnen. Sie durften ihm nichts tun. Was konnte er dafür, dass die Polizei den Jungen kassiert hatte? Goethe und Tarzan hatten den Wagen ausgesucht. Klar, die mussten am besten wissen, dass er mit der ganzen Sache nichts zu tun hatte, das lag schließlich auf der Hand. Na, alter Junge, wird schon werden!

»Noch 'n Alt für mich. Und 'nen Kurzen!«

Zum Flippern waren seine Hände zu unruhig. Vöske gab es auf. Er versuchte sich am Rotamint-Automaten und hatte eine hübsche Gewinnsträhne. Es waren nur vier Leute im »Silver Dollar«. Vöske kannte keinen davon. Der neue Barkeeper erwies sich als ausgesprochen wortkarg. Pech. Vöske unterhielt sich gern beim Spielen. So hob er auch mit einer kleinen Verbeugung das Glas, als der freundliche Herr, der ihm schon beim Tipp-Kick zugeschaut hatte, zu ihm an den Tresen kam.

»Schon Feierabend?«, fragte der freundliche Herr.

»I wo. Bisschen Urlaub. Kleines Tischfußball-Match gefällig?«

»Lieber nicht. Ich fürchte, dafür haben wir keine Zeit.«

»Keine Zeit? Wie darf ich das verstehen? Ich sag Ihnen doch, ich mache Urlaub.«

»Urlaub oder nicht. Manchmal kommt einem unvermutet etwas dazwischen. Kennen Sie den übrigens?« Der Mann holte ein Foto aus der Brusttasche und hielt es so, dass das Neonlicht der Martini-Reklame darauf fiel. Aus dem Rotamint klapperten kliek-klack-kliek-klack-kliek-klack sechs Groschen.

»Kenne ich nicht. Nie gesehen. Äh, das ist ja 'n Toter!«

»Leider. Und Sie kennen ihn bestimmt nicht?«

»Hundertprozentig nicht. Wüsste ich doch. So eine Matte und dann das Bärtchen – wär mir bestimmt aufgefallen.«

Was wollte der Kerl? Vöske schielte aus den Augenwinkeln. Der freundliche Herr hatte noch immer ein sehr freundliches Gesicht. Vöske wurde kribbelig. »Was soll denn die Fragerei?«

»Nicht wahr, Sie finden mich aufdringlich? Tut mir Leid. Wir haben's ja auch bald. Wer hat Ihnen eigentlich den Brief für Christian Marquardt gegeben, Herr Vöske?«

»Wer sind Sie? Ich sage gar nichts mehr! Ich kenne Sie ja überhaupt nicht!«

»Oh ja, schrecklich unhöflich von mir. Picht ist meine Name. Inspektor Picht.« Fast ein bisschen verlegen kramte der Kriminalbeamte in der Tasche seiner ausgebeulten Hose herum und hielt Vöske eine Dienstmarke vor die Nase. Darauf stand: Kriminalpolizei Nordrhein-Westfalen, Düsseldorf, 79.

Vöske hielt sich an der Theke fest. Dann zischte er: »Ihr seid eine Saubande!«

»Solche Schmeicheleien müssen Sie Kommissar Katzbach sagen. Der hört das nämlich besonders gern. Außerdem will er Sie interviewen. Trifft sich gut, nicht?« Picht lächelte weiter. Er fügte hinzu: »Rufen Sie am besten noch Ihre Frau an.«

»Meine Frau ist verreist.«

»Dann können wir ja. Herr Wirt, bitte zahlen!«

Kommissar Katzbach hörte zum vierten Mal das Tonband ab. Hatte er Christians Aussagen genug Beobachtung geschenkt? Hatte er etwas überhört? Waren da Worte, die Zusammenhänge ergaben? Goethe und Tarzan: Das hatte sich erledigt. Nachdem man geradezu klassische Fingerabdrücke auf dem Foto gefunden hatte, war die Identifizierung nur eine Sache von Sekunden gewesen. Alte

Bekannte mit neuen Namen. Man musste sie nur noch finden: Entwischen konnten sie nicht mehr.

Katzbach sah den roten Faden nicht. Nein, Goethe und Tarzan konnten kaum für den raffinierten Mord im Aaper Wald verantwortlich sein. Schlägertypen beide, benutzbar für konkrete Aufträge. Aber sie waren sicher nur Rädchen im Getriebe einer verbrecherischen Organisation – falls es hier eine solche gab. Aber auch da hatte Katzbach noch seine Zweifel. Was steckte dahinter? Welche Bedeutung hatte der scheinbar sinnlose Mord?

». . . war das Erste, was ich hörte, als ich zu mir kam. Er sagte, Haschpappi wäre die letzte Flasche – nein, nicht Flasche: die letzte Pfeife. Ich glaube, weil er wieder was mit Rauschgift gehabt hatte oder so. Ich konnte das nicht richtig verstehen. Er sagte, der Lord könnte nicht länger warten. Und ich habe gehört, dass er einen grünen Porsche erwähnte. Vielleicht hätte ich . . .«

Kommissar Katzbach schaltete aus. Er bestätigte die Ruftaste. Moses Lagebrink vom Erkennungsdienst meldete sich.

»Hören Sie«, sagte der Kater, »wenn die beiden anderen sich so blumige Namen ausgesucht haben, sollte es doch mit dem Teufel zugehen, wenn sich nicht hinter dem ›Lord‹ auch solch ein kleiner Märchenprinz versteckte. Vielleicht spendieren Sie Ihrem netten Computer mal ein Tröpfchen Alkohol oder geben Sie ihm einen freien Nachmittag. Aber das Mistding soll irgendetwas ausspucken über diesen Lord. Zusammenhang: Autodiebstähle. Dann unsere beiden Freunde – ja, und vielleicht Drogen. Verstanden? Schalten Sie auch die Sonderkommission für Autodiebstahl ein. Vielleicht taucht bei denen der Name auf.«

»Mach ich, mach ich alles. Aber warum kommen Sie eigentlich immer kurz vor Feierabend mit Ihrer Fragerei, Kommissar? Ich habe heute Kegelabend!«

Feierabend!, dachte der Kater, Kegelabend! Er ließ die Arme in den

Schultergelenken rollen und massierte seine Nackenmuskeln. Wo Picht nur blieb! Wann kamen endlich die Berichte über die Recherchen bei Moschmosch in der Strafanstalt? Sollte er selbst mit dem Ägypter reden?

Fräulein Jong brachte Schinkenbrötchen und lauwarmen Kaffee. Sie brachte auch einen Zettel mit einer Nachricht von Frau Katzbach. Isabel ließ mitteilen, dass Peter Mandelentzündung hätte. Auch das noch. Und der Boss wollte wissen, wie es mit den Ermittlungen im Fall Paul van Einem stünde. Außerdem waren keine Zigarillos mehr da. Das konnte ein schöner Abend werden. Später meldete Moses Lagebrink sich wieder. Fehlanzeige. Also war es höchste Zeit, Goethe und Tarzan zu fangen. Der Kater wusste zu diesem Zeitpunkt noch nicht, dass er schon sehr bald die Bekanntschaft dieser beiden ehrenwerten Herren machen würde. Erst um 21.12 Uhr meldeten sich die Beamten, die Chris Marquardt beschatteten. Der Tanz konnte beginnen.

Goethe macht einen Fehler

Der Spätsommerabend war empfindlich kühl. Am Güterbahnhof mischte sich der Qualm der Dampfloks, die quietschend rangierten, mit dem feuchten Dunst, der über der Stadt lag. Die Kastanienbäume verloren bereits die ersten Blätter. Christian schob sich einen Kaugummi in den Mund. Von der Wand des Johnen-Hauses grinste ihn eine Ford-Reklame höhnisch an. Chris schlenderte weiter. Er hatte noch viel Zeit.

Letzte Liebespärchen verließen den kleinen Park. Das Gras war feucht und durchnässte Christians Turnschuhe. Im schwer duftenden Ligustergestrüpp raschelte es unaufhörlich. Mäuse? Ein schulterhohes Drahtgitter umfriedete den Spielplatz. In der Dunkelheit sah der Aschenbelag wie Wasser aus. Chris wollte sich auf die Tritte der kleinen Rutschbahn setzen, aber sie fühlten sich zu feucht an.

Chris konnte die Zeiger seiner Armbanduhr nicht erkennen. Die Leuchtfarbe tat's seit Jahren nicht mehr. Aber es konnte noch nicht 22 Uhr sein. Chris trat gegen die Schaukel.

Eine verrückte Idee von Ellen, ihn hierher zu bestellen. Hatte sie denn keine Angst? Wenn er zum Beispiel nicht gekommen wäre, hätte sie ganz allein durch den finsteren Park laufen müssen. Aber es konnte auch sein, dass sie sich schämte. Vielleicht wollte sie ihr Gesicht nicht sehen lassen. Zu verstehen war das schon. Aber Chris nahm sich vor nicht weich zu werden. Noch einmal ging er die einzelnen Punkte seiner Rede durch. Die würde was zu hören kriegen!

Chris hüpfte auf der Stelle und schlenkerte mit den Armen. Warum hatte er seine Jacke nicht mitgenommen? Da kam jemand! Chris hielt den Atem an und lauschte. Schritte näherten sich und entfernten sich wieder: Ein Mann führte seinen Schäferhund aus. Dann war es wieder still im kleinen Park. Die Silhouetten der fernen Häuser wirkten wie Scherenschnitte vor dem tintenfarbenen Abendhimmel. Chris wartete.

Wie aus dem Boden gewachsen standen plötzlich die beiden Männer am Eingang des Spielplatzrondells. Chris fiel es wie Schuppen von den Augen. Dass er einmal auf Ellen hereingefallen war, war vielleicht zu verzeihen. Aber heute? Manche Leute haben eben ein Brett vor dem Kopf. Zu heiß gebadet. Was auch immer: Chris hatte große Angst, aber vor allem kam er sich unsagbar lächerlich vor. Dass die beiden Gestalten Goethe und Tarzan waren, hatte Chris sofort erkannt.

Den Platz hatten sie raffiniert ausgeklügelt. Es gab keine Möglichkeit zur Flucht, denn die Hecken, die den Platz umgrenzten, waren dicht und verfilzt. Chris war gelähmt vor Angst. Er brachte nicht einmal einen Schrei über die Lippen. In genüsslicher Langsamkeit schoben sich die beiden Männer näher: Sie waren sich ihrer Sache sicher. Für Sekunden kam Chris der verrückte Gedanke, auf das eiserne Klettergerüst zu steigen. Aber sie würden ihn wie eine reife Pflaume herunterschütteln. Chris konnte sie atmen hören.

Ich darf mich nicht in die Ecke drängen lassen, dachte er. Vielleicht kommt jemand und sieht, was hier vor sich geht. Und dem dicken Goethe laufe ich noch jederzeit weg, den tricks ich aus, dem schlage ich drei, vier Haken, den unterlauf ich einfach! Manche pfeifen im Keller, dachte Chris. Und ich bilde mir ein, ich könnte den beiden entkommen, wenn ich's mir nur einrede. Aber hinter Goethe, der mit ausgebreiteten Armen näher und näher kam, sicherte Tarzan, der schmächtige, schnelle Tarzan, den Ausgang. Goethe mit ausgebreiteten Armen: wie die Jesusgestalt auf dem Zuckerhut. Chris war selbst erstaunt über seinen Gedankenflug.

Dabei musste er sich unbedingt darauf konzentrieren, irgendwie zu entfliehen.

Chris tastete sich rückwärts um den Sandkasten. Er ließ Goethe nicht aus den Augen. Und er dachte an Ellen. Die kalte Wut wog einen Teil der Angst auf.

Jetzt!, dachte Chris. Er täuschte nach rechts an, rannte dann links um den Sandkasten herum, tauchte unter der Rutschbahn durch und erreichte den idiotisch stilisierten Eisenrohrelefanten, als Tarzan noch den schrägen Winkel zu den Kletterstangen abzulaufen suchte. Aber Chris hatte nicht mit Goethes Behändigkeit gerechnet. Als er die Hand an seinem Hals spürte, schrie er endlich auf, schrie, so laut er konnte, schrie noch, als Goethe ihm einen Lappen vor den Mund presste. Tarzan umklammerte ihn von vorn. Und obwohl Chris wusste, dass es sinnlos war, kämpfte er wie David gegen Goliath in doppelter Ausfertigung. Nur standen seine Chancen schlechter.

Tarzan stank aus dem Mund nach Zwiebeln. Vor allem dieser faulige Atem war es, der Chris letztlich den Mut nahm. Goethe drehte ihm die Arme auf den Rücken.

»Jetzt – jetzt kommen Sie sich wohl verdammt stark vor. Sie – Sie Armleuchter! Au! Hören Sie auf! Au!«

»Halt die Luft an, du Wanze! Halt bloß die Luft an! Und jetzt wollen die guten Onkel mal hören, was du alles den Bullen verraten hast, gelle! Hinterher bringen wir dich noch zu einem Onkel, der dich ganz dringend sehen möchte und der es absolut nicht ausstehen kann, wenn ein kleiner mieser Versager seine Pläne kaputtmacht. Spuck's schon aus, Söhnchen, los!«

Tarzan fragte: »Soll ich ihm erst noch eine schallern?«

»Hilfe!«, schrie Chris. »Hilfe!«

Dann war Goethes fleischige Hand vor seinem Gesicht und erstickte alle Schreie.

»Kriegst du's endlich in deinen Affenschädel, dass das kein Witz ist?«

»Der Volvo ist's«, sagte Degenhardt, »sie sind beide drin.«

»Welcher ist Goethe?«, fragte der Kater.

»Der Beifahrer. Das mickrige Männchen am Steuer ist Tarzan.«

»Humor haben die vielleicht!«

»Goethe heißt Goethe, weil er Goeke heißt, Claus Goeke.«

»Milder Humor. Zu mehr reicht es wohl nicht.«

Inspektor Picht, der auf dem Rücksitz hockte und seine Pfeife ausschabte, schaltete sich ein: »Zweite Garnitur. So spannend macht es immer nur die zweite Garnitur. Angeblich nennen sie sich auch die ›schrecklichen Zwillinge‹. Na, vielleicht machen sie damit ein paar Taschendieben Angst. Jedenfalls schätze ich, dass die Knaben höchstens so etwas wie Zwischenstation für uns sind. Drahtzieher, nee, Drahtzieher sind die nicht.«

»Handlanger«, sagte Katzbach, »natürlich nur Handlanger. Was hattest du denn gedacht? Aber die Handlanger werde ich auspressen wie Zitronen und notfalls ziehe ich denen die Hosen stramm. Ich bin es leid, dauernd Zeit zu verplempern.«

Degenhardt schrieb etwas auf einen Block. Er schaute auf die Uhr am Armaturenbrett. Dann sagte er: »Küffner ist dem Jungen auf den Fersen geblieben. Zuletzt hat er sich um 21 Uhr gemeldet. Da hat sich Christian auf den Weg gemacht. Es ist zweifellos die gleiche Richtung. Womit haben sie ihn diesmal wohl geködert?«

Picht hatte seine Pfeife in Brand gesetzt. Er summte: »Die Liebe, die Liebe ist eine Himmelsmacht!«

»Es gibt Leute, die lernen es erst spät. Kann aber auch sein, dass sie ihn bedrohen. Na, wir werden sehen. Weiß Küffner, dass wir unterwegs sind?«

»Sicher. Er hat zur Vorsicht noch zwei Männer angefordert.« Katzbach grinste. »Und die Steuerzahler müssen dafür blechen. Okay, vielleicht ist es besser so. Wir können uns kein Risiko erlauben. Ich will auch nicht stundenlang Indianer spielen. Unser

Kleiner hat nämlich die Mandeln geschwollen, da möchte ich zur Abwechslung mal vor Mitternacht zu Hause sein. Ich sehe auch keinen Grund, die Sache in die Länge zu ziehen.«

»Langsam sollte man wirklich dazwischenhauen«, murmelte Inspektor Picht, dem die Pfeife wieder auszugehen drohte.

Katzbach achtete darauf, dass er mindestens hundert Meter Abstand zu dem Volvo hatte. Assistent Degenhardt beobachtete die Verfolgten ständig durch sein Fernglas. Sie bogen in die Hans-Sachs-Straße ein. Der Volvo fuhr jetzt sehr langsam. Katzbach schaltete herunter. Noch vor dem Volvo kam der Peugeot zum Stehen.

»Runter!«, zischte Katzbach.

Goethe und Tarzan hasteten unmittelbar an den Kriminalbeamten vorbei. Sie tauchten in das Buschgewirr des kleinen Parks ein. Die Männer, die ihnen auf den Fersen folgten, beachteten sie nicht.

Der Kater huschte wie ein Schatten diagonal hinter Goethe und Tarzan her. Verabredungsgemäß blieb Degenhardt zurück. Picht folgte pustend dem Kommissar. Schwierig wurde es nur dann, wenn zwischen den Gebüschbanketten größere Lücken klafften. Liguster verbreitete schwülen Gestank.

Katzbach nahm sich viel Zeit. Er vermied jedes Risiko. Im Laufe der Jahre hatte er gelernt seine Nerven völlig unter Kontrolle zu bekommen. Warten gehörte zum Alltag und der Alltag war entscheidend. Alltäglich war auch das, was sie jetzt taten: kleine Ganoven verfolgen, die sich für größer hielten, als sie in Wirklichkeit waren.

An der Wiese wurde es problematisch. Da waren zwanzig Meter freies Gelände zu überbrücken. Katzbach spurtete los, als er spürte, wie rücksichtslos Goethe und Tarzan dem Kinderspielplatz zustrebten.

Chris Marquardt war die Gestalt, die sich von der Schaukel löste, als Tarzan und Goethe den Eingang zum abgezäunten Terrain erreicht hatten. Die Rechnung ging auf. Und Katzbach hielt Goethe und Tarzan für noch viel blöder, als sie ohnehin waren. Sie mussten sich doch denken, dass die Polizei Chris nicht mehr aus den Augen lassen würde, wenn er tatsächlich über seine Begegnung mit den Erpressern gesprochen hatte.

Dann überstürzten sich die Ereignisse. Goethe spielte den wilden Mann. Und Chris, ohne Zweifel in die Enge gedrängt, schrie um Hilfe. Der Kater biss sich auf die Zähne.

»Hilfe!«, schrie Chris. »Hilfe!«

»Kriegst du's endlich in deinen Affenschädel, dass das kein Witz ist?«, knurrte Goethe. Dann holte er zum Schlag aus.

»Das würde ich mir noch dreimal überlegen«, sagte Katzbach. Die Schärfe seiner Stimme ließ Goethes Hand erstarren. Tarzan duckte sich wie ein Terrier. Der Kater löste sich aus den Rhododendronbüschen und ging langsam auf Goethe zu. Der ließ Chris' Hals los.

»Haben Sie schon mal den Namen Goethe gehört? Na, wer war das?« Und wie ein Halbgescheiter antwortete Goethe: »Das war ein Dichter.«

»Aber ja«, sagte der Kater. »So ein richtig berühmter Dichter sogar. Und da fragt man sich mit verhältnismäßig gutem Recht, warum sich ein Clown wie Claus Goeke so nennen lässt. Sie sind doch ein Angeber, oder?«

Tarzan nahm brav die Hände hoch, als Inspektor Picht neben ihm auftauchte.

Doch Goethe machte den Fehler seines Lebens. Selbst später in der Landesstrafanstalt fragte man ihn verwundert, warum er sich mit der Kriminalpolizei und vor allem mit dem Kater in Handgreiflichkeiten eingelassen hatte. Goethe wusste auch später keine plausible Antwort. Vielleicht war bei ihm einfach die Sicherung durchgebrannt.

Er sprang den Kater an und holte zu einem mächtigen Schwinger aus. Plötzlich blühte ein Veilchen über seinem rechten Auge auf, dass er in die Knie ging. Aber ihm reichte es noch immer nicht. Doch bevor er wieder auf die Beine kam, fegte ihm Katzbach eine Ladung Sand ins Gesicht und dann, als Goethe wie ein Gorilla brüllend auf den Kommissar losstürzte, hatte der Kater jegliche Lust verloren und machte mit einem Kata-guruma dem Spiel ein Ende.

Goethe lag stöhnend im Sand und wusste nicht recht, ob er halb tot oder schon ganz tot war. Staunend wie ein Kind ließ er sich die stählernen Armbänder anlegen. Auf dem Weg zum Polizeiauto mussten ihn zwei Beamte stützen. Goethe hörte noch lange die Engel singen.

Chris ließ sich willenlos zu dem dunklen Peugeot führen. Er war damit beschäftigt, die Geschehnisse der letzten Minuten zu ordnen, doch sein Erinnerungsvermögen spielte nicht ganz mit. Chris schaute in die sich jagenden Wolken des Nachthimmels hinein und lachte und lachte.

Claus Goeke wusste, was die Stunde geschlagen hatte. Tarzan, der schmächtige Schläger, der mit bürgerlichem Namen Norbert Schleip hieß, legte wortreiche Geständnisse an den Tag. Nein, er hatte mit alldem überhaupt nichts zu tun, er war dort sozusagen arglos hineingeschlittert, er hatte nicht einmal eine leise Ahnung, was gespielt wurde. »Ich wollte nur für einen guten Freund dem Jungen 'nen Denkzettel verpassen. Ehrlich, Herr Kommissar!«

»Aber sicher. Ich glaube Ihnen natürlich jedes Wort. Denkzettel verpassen, so nennen Sie das also. Haschpappi haben Sie ja auch nur einen Denkzettel verpasst. Es gibt allerdings auch Leute, die nennen das ganz anders: Die sagen Mord!«

Ganz langsam ging Tarzan Schleip ein Licht auf, und als er erfasste, was der Kommissar ihm in die Schuhe schieben wollte, verschlug es ihm die Sprache und er schaute Hilfe suchend zu Claus Goeke hinüber. Aber der war stumm wie ein Fisch. Er hatte die Zungenspitze zwischen den Zähnen und versuchte das Gestell seiner Brille wieder zurechtzubiegen.

Die Hintermänner! Wer waren die Hintermänner? Wer war der Lord? Katzbach schaute auf die Uhr. Fast Mitternacht. Er richtete den Lichtstrahl der hellen Lampe auf Tarzans Gesicht. Sicher war Schleip nicht der Mörder, aber vielleicht wusste er etwas. Fakten waren nötig. Der Kater wusste nur zu gut, dass seine Theorie auf sehr wackligen Füßen stand. Wieder ein Schuss ins Blaue: »Warum haben Sie denn Ihre Freundin mit hineingezogen? Sie sind ja ein schöner Gentleman.«

»Wieso? Das ist doch gar nicht meine Freundin. Das ist doch Goethes Schw. . .«

»Halt die Schnauze, du Quatschkopp!«, bellte Claus Goeke und fixierte Tarzan scharf. Jetzt, wo er die Brille abgesetzt hatte, konnte man sehen, dass er schielte.

»Sie wollen uns natürlich nicht sagen, wo wir Ihre Schwester finden, oder?«

»Von mir erfahren Sie gar nichts. Was können Sie mir schon groß anhängen! Ich hab ja gar nichts gemacht. Nicht so viel!« Goethe schnipste mit dem Fingern und lächelte herausfordernd, soweit man mit einem geschwollenen Gesicht lächeln kann. Ein harter Brocken, dachte Katzbach.

Goethe setzte die Brille auf. »Was der Junge Ihnen erzählt hat, war natürlich alles gelogen. Ich bestreite alles. Klar, Tarzan, wir bestreiten alles! Vorhin im Park, das war nur so 'n kleiner Scherz. Wir wollten dem Jungen bloß 'n bisschen das Hemd zum Flattern bringen. Ja, und als Sie dann plötzlich auf mich losgingen, sagte ich mir: Da will dir einer was, das ist bestimmt einer, der's auf dein Geld abgesehen hat. So war das. Hätten Sie sich an meiner Stelle nicht verteidigt? Ich konnte doch nicht riechen, dass Sie von der Polente sind.«

»Im Grunde haben Sie einen Orden verdient, Goeke. Sie haben sich wie ein mustergültiger Bürger verhalten. Wirklich, Männer Ihres Schlages kann man gar nicht genug gebrauchen. Aber morgen, hören Sie, morgen werde ich ganz und gar keine Lust haben, Ihrer schönen Poesie zu lauschen, Herr Saubermann! Vor allem werde ich Sie morgen fragen, für wen Sie das alles machen: Leute erpressen, Autos knacken lassen, Denkzettel verpassen. Ich will dann astreine Antworten, verstanden? Sie haben die ganze Nacht Zeit, sich das durch Ihr schönes Köpfchen gehen zu lassen, Sie großer Dichterfürst. Wahrscheinlich ist es allerdings besser, Sie vergessen Ihren Künstlerspitznamen. Ihre Geschichten taugen nämlich nichts! Und unser Meister Schleip hilft mit beim Nachdenken, ja? Schluss für heute. Abführen!«

Hinter dem linken Scheibenwischer klemmte ein Zettelchen. Katzbach las Manni Nockels Mitteilung mit jenem Gefühl, das man normalerweise beim Zahnarzt hat.

»Wer wollte mich anrufen? Wer hat sein Versprechen nicht gehalten? So musste ich mir anderweitig meine Informationen beschaffen. Deine Schuld! Alles Schlechte! Manni.«

Das konnte ja heiter werden!

Auf eigene Faust

Siggi stürmte, ohne zu klopfen, herein. Er schwenkte eine Zeitung über dem Kopf und zielte mit dem Zeigefinger auf Chris: »Hands up, du Schrecken von Düsseldorf!«

»Siggi! Da spuck mir doch einer ins Benzin! Was willst du denn hier?«

»In deine Blauaugen schauen, du jugendlicher Täter!«

»Du machst mir Spaß! Kennst du noch mehr so schöne Worte? Jugendlicher Täter, ph!«

»Steht in der Zeitung. Mensch, Chris, du wirst berühmt. Ich sag's dir. Am Ende wirst du noch 'n Filmstar. Hier, lies das mal. Die meinen doch dich, oder?«

»Rätselhafter Mord«, das war die Überschrift, die in daumengroßen Lettern sofort den Blick auf sich zog. Darunter stand: »Wer erschoss Paul van Einem? – Rauschgiftsüchtiger in Autodiebstähle verwickelt?« Und hinter dem Schrägstrich: »Jugendlicher Täter brach Auto auf und erkannte den Toten.«

Chris tippte sich an die Stirn. So ein Zinnober! Das stimmte doch gar nicht.

»Jedenfalls stehst du in der Zeitung. Ich hab noch nie in der Zeitung gestanden. Ist doch was. Wie fühlt man sich denn als Pensionär?«

»Mensch, Siggi, willst du 'nen Schwinger? Wenn du gekommen bist, um mir auf die Nerven zu gehen, dann kannst du gleich wieder verduften. Mir reicht's so schon. Meine Mutter dreht sowieso langsam durch.«

»Nun mach dir doch nicht ins Hemd! Erzähl lieber! In der Firma gehen die wildesten Gerüchte, aber was Genaues weiß keiner.

Komm, spann mich nicht auf die Folter! Was war das mit der Kleinen?«

»Wie reden sie denn in der Firma über mich?«

»Ziemlich gemein. Besonders die Alten. Die Lehrlinge bewundern dich sogar ein bisschen. Bist du endgültig rausgeschmissen worden? Mein alter Herr sagt, da könntest du gegen angehen. Du brauchtest dir das nicht bieten zu lassen. Das wäre kein Grund für eine fristlose Entlassung und gerade einer, der in der Ausbildung ist, hätte gesetzlichen Schutz. Sag mal, wart ihr schon bei 'nem Rechtsanwalt?«

»Hör auf! In den Laden will ich auf keinen Fall mehr. Weinkauf könnte mir einen Teppich herrollen: Ich hab die Nase voll von dem Ekel.«

»Du wolltest mir was von dem Mädchen erzählen. Hübsches Biest?«

»Können wir nicht über was anderes reden?«

»Über was anderes! Da passiert mal was Tolles und du willst über was anderes reden. Chris, warum bin ich wohl gekommen!«

»Das frage ich mich auch. Ich dachte schon, weil wir . . . Na ja, weil wir doch immer ganz gut miteinander ausgekommen sind. Aber du bist ja nur neugierig. Pustekuchen. Haben dich die anderen geschickt, dass du mich aushorchst?«

»Hör schon auf zu spinnen. Außerdem ist heute Samstag. Für euch Pensionäre ist das ja unerheblich, aber für uns Werktätige . . .«

Mit einer Beinschere holte Chris den Redner von den Beinen, doch Siggi hatte zweifellos nur auf die Aufforderung zum Tanz gewartet. Zuerst ging die Stehlampe zu Bruch, dann riss mit hässlichem Knirschen Siggis Hemd. Wortlos und grimmig wälzten sich die beiden auf dem Boden: Chris versuchte Siggis linken Arm auf den Rücken zu drehen und Siggi war besonders damit beschäftigt, einen doppelten Nelson anzusetzen. Das Bücherbord kippte um.

Jackie Ickx im Formel-I-Ferrari auf dem Poster neben der Couch hatte plötzlich einen schwarzen Fleck von Siggis Absatz auf dem weißen Sturzhelm. Chris genoss die Keilerei wie ein Vollbad. Allen Ärger der letzten Tage legte er in den Versuch, Siggi in den Schwitzkasten zu kriegen.

Frau Marquardt stand fassungslos in der Tür und fragte, ob sie die Feuerwehr oder lieber gleich das Irrenhaus anrufen sollte. Erst da gaben die zwei Kampfhähne auf und ließen sich schwer atmend auf den Teppich fallen.

»Hast du Glück!«, keuchte Siggi. »Gerade wollte ich dich fertig machen.«

»Ich kichere schrill. Du warst doch schon so gut wie groggy!«

»Wie wäre es mit unentschieden?«, fragte Frau Marquardt, die kopfschüttelnd die Kampfstätte betrachtete. »Wie die Kälber! Wirklich, wie die Kälber! Wer räumt das denn wieder auf?«

»Och, das machen wir selbst«, beteuerte Siggi.

»Die Lampe kriege ich schon wieder hin«, sagte Chris.

Später brachte Siggi seine Neuigkeit an und die machte Chris erst einmal sprachlos. Vöske war von der Polizei verhört worden! Schlappohr Vöske!

»Der hat geflunkert, Chris! Mit dem Brief, das war gestunken und gelogen. Kein Mensch hatte einen Brief für dich beim Pförtner abgegeben. Kleiner Scherz von Vöske. Er hat den Brief mitgebracht.«

»Scherz ist gut! Ich kann leider nicht lachen.«

»Kapierst du denn nicht, Junge? Das bedeutet doch, dass Vöske mit den Fritzen unter einer Decke steckt, die dich hopsgenommen haben. Klingelt es langsam bei dir?«

Hopsgenommen! Für Siggi schien das nichts weiter als ein spannender Jux zu sein. Siggi war ja auch nicht gefeuert worden. Siggis Mutter heulte nicht die ganze Nacht. Aber Vöske: Hatte Vöske ihm das wirklich eingebrockt?

»Woher weißt du, dass die Polizei Schlappohr Vöske verhört hat?«

»Der Barmann aus dem ›Silver Dollar‹ hat angerufen, dass jemand Vöske abgeholt hätte. Da legst du die Ohren an, was?«

»Ich kann das noch gar nicht glauben, Siggi.«

»Bist du schwer von Begriff! Kannst du nicht mal eins und eins zusammenzählen? Also, wenn mich jemand so reingelegt hätte, dann würde ich hier nicht auf der faulen Haut liegen und kleine Brötchen backen. Mann, ich würde dem . . .« Siggi deutete mit der Faust an, was er machen würde.

Chris angelte mit den Zehen seine Schuhe unter der Couch hervor. Große Reden schwingen, das war leicht. Aber konnte er wirklich etwas unternehmen? Zweimal war er böse reingerasselt. Sollte er sich noch einmal vor der Polizei blamieren? Und was hatte der lange Kommissar gesagt? Dass er nur ja nicht versuchen sollte Detektiv zu spielen, weil es sich um Gangster handelte, die nicht einmal vor einem Mord zurückschreckten. Plötzlich war Haschpappis leeres Gesicht vor seinen Augen. Nein, das war kein Jux.

Als ob Siggi Christians Gedanken erraten hätte, meinte er: »Willst du warten, bis die Polizei was unternimmt? Da kannst du schwarz werden. Die reißen sich so leicht kein Bein aus für dich! Was ist? Willst du was unternehmen?«

»Großmaul! Und was schlägst du vor?«

»Das Großmaul nimmst du zurück!«

»Meinetwegen. Also, ich höre.«

»Ich weiß, wo Vöske samstags manchmal Schwarzarbeit macht. Fischer hat's mir verraten. Gebrauchtwagenhandlung Lord. Besuchen wir das liebe Schlappohr doch mal bei seiner Arbeit!«

Lord? War das Zufall? Goethe und Tarzan hatten von dem »Lord« gesprochen. Konnte es nicht sein . . . Ja, eins und eins zusammenzählen. Nein, das konnte kein Zufall sein!

»He, träumst du? Ich spreche mit dir!«

»Mir ist gerade eine Idee gekommen«, sagte Chris und zog die Schuhe an.

Auf der Oberbilker Allee kamen ihnen junge Leute mit rot-weißen Fortuna-Fahnen entgegen. Die Straßenbahnen waren überfüllt. Chris fragte Siggi, ob er nicht lieber zum Fußballplatz gehen wollte, aber Siggi schnaufte nur verächtlich.

Sie erreichten den Höher Weg kurz nach 14 Uhr. Durch den Lattenzaun sahen sie, dass auf dem Gelände der Helios-Autoverwertung zwei Männer in Arbeitsanzügen an einem Motorblock hantierten. Vöske war nicht dabei. Allerdings war nur ein Teil des ausgedehnten Geländes zu übersehen. Aus dem windschiefen Wellblechschuppen tönte Radiomusik. Einer der Männer pfiff entsetzlich falsch mit: »Ich küsse Ihre Hand, Madame . . .«

»Sollen wir?«, fragte Siggi.

»Sicher. Und wenn Vöske da ist, stellen wir uns ganz doof und fragen, wie es mit dem Brief wirklich war, verstanden? Wir hätten vom Pförtner gehört, bei ihm wäre kein Brief abgegeben worden. Aber keinen Ton davon erwähnen, dass Vöske von der Polizei verhört worden ist!«

»Für wie dämlich hältst du mich eigentlich! Also: avanti!«

Das Blechtor war nur angelehnt. Es duftete stark nach Kamille. Zwischen dem rostenden Autoschrott lagen abmontierte Teile: Kotflügel, Türen, Räder, Achsen. Auf einer Fiat-Motorhaube trippelten gurrend vier fette Tauben herum. Die beiden Männer schauten nicht auf, als die Jungen sich näherten.

Dafür stand plötzlich ein piekfein gekleideter Mann vor Chris und

Siggi. Er musste aus dem Wellblechschuppen getreten sein. Hellbeige Hose, dunkelbrauner Blazer und eine silberne Schalkrawatte zu schwarzem Hemd. Der Mann mochte ungefähr 40 Jahre alt sein, vielleicht auch etwas älter. Er hielt eine Colaflasche in der Hand.

»Was wollt ihr denn hier? Es ist geschlossen!«

»Wieso denn? Herr Vöske . . . Ich meine, wir möchten gern zu Herrn Vöske. Er wollte uns . . .« Chris sah unter dem Emailleschild mit dem Helios-Schriftzug den Namen Eberhard Lord auf einer Plastiktafel.

»Herr Vöske ist doch hier?«, fragte Siggi und schaute suchend in die Runde.

»Wer seid ihr überhaupt?«

»Kollegen von Herrn Vöske!« Siggi warf sich in die Brust. Der Mann fixierte ihn scharf, beäugte dann Chris von oben bis unten. Chris fühlte sich nicht besonders wohl in seiner Haut.

»Was wollt ihr überhaupt, hm?«

»Herr Vöske meinte . . .«

Der Mann unterbrach Chris unwillig. »Hier gibt es keinen Herrn Vöske. Was redet ihr für 'n Blech! Habe ich nicht gesagt, dass wir geschlossen haben?«

»Sind Sie denn nicht Herr Lord? Also, Vöske hat wirklich gesagt, er arbeitet manchmal hier, und wenn wir einen guten Gebrauchtwagen suchten, sollten wir samstags hierher kommen, weil wir hier . . . Na ja, weil wir hier nicht übers Ohr gehauen würden.«

»Wir werden nämlich beide nächsten Monat 18«, warf Siggi ein. »Verstehen Sie? Bei der Fahrschule sind wir schon angemeldet. Bis 2 000 Mark können wir gehen. Wir haben nämlich gespart. Da wollen wir uns schon mal umschauen nach 'nem gut erhaltenen Schlitten. Und weil Vöske gesagt hat . . .«

»Ich kenne keinen Vöske«, sagte der Mann schroff. »Woher wisst ihr meinen Namen?«

Chris wollte sagen: Weil Vöske ihn uns genannt hat. Aber das verkniff er sich lieber. »Weil es da auf dem Schild steht«, sagte er.

»Können Sie uns etwas zeigen?«, fragte Siggi kleinlaut.

»Nein, kann ich nicht. Hier werden nur Wagen verschrottet. Habt ihr keine Augen im Kopf? Wenn ihr wirklich Kollegen von Vöske seid, dann müsst ihr doch wissen . . .« Herr Lord biss sich auf die Lippen. Chris folgte seinem Blick. Und er erschrak ein bisschen, als er merkte, dass einer der beiden Männer lautlos herangekommen war.

»Ist was, Chef?« Keine schöne Stimme. Chris glaubte die lauernde Frage durchzuhören: Machen die beiden Ärger?

»Hast du schon mal den Namen Vöske gehört, Baschkert?«

»Noch nie!«, antwortete der Mann viel zu schnell.

»Die zwei wollen sich bei uns Gebrauchtwagen ansehen, Baschkert. Wie finden wir das?«

»Ja, wie finden wir das, Chef? Ich will mal sagen, ich finde das ganz komisch. Die wollen vielleicht ganz was anderes, Chef. Die sind vielleicht oberschlau.«

»Ja, seid ihr oberschlau?«, fragte Herr Lord und stellte die Colaflasche ab. Er pfiff auf zwei Fingern. Erschreckt flatterten die Tauben auf. Chris und Siggi sahen, dass auch der andere Arbeiter gelaufen kam.

Und dann taten sie etwas, was sie zwar später peinlich verschwiegen, das aber entschieden am angebrachtesten erschien: Sie machten sich ruck, zuck aus dem Staub.

»Ein geordneter Rückzug hat mit Flucht nichts zu tun«, keuchte Siggi.

»Diese Weisheit stammt aber nicht von dir. Und beschissen ist mir trotzdem zu Mute.«

»Nicht umdrehen, Chris! Ich glaube, die schauen uns nach.«

»So tun, als wenn gar nichts wäre! Ach, ist das nicht ein wunderschönes Wetter, Herr Nachbar? Sehen Sie doch nur, wie lila gestreift der Himmel ist!« Chris fuchtelte mit den Händen in der Luft herum. Siggi tat ungemein interessiert.

»Lila mit Lala getupft. So richtig herrlich. Zum Mäusemelken. In der Tat, Herr Nachbar, bei Ihnen ist der Himmel besonders schön!« Und weil in diesem Augenblick eine glänzende Boeing den Lande-anflug in der Lohausener Schneise begann, konnten sich Siggi und Chris überzeugend streiten, ob es sich um eine 727 oder um einen Jumbojet handelte. Erst als sie ganz weit weg waren, drehte Chris sich vorsichtig um. Aber von den Männern war nichts zu sehen.

Chris bekam vor Schreck fast den Schluckauf, als plötzlich der VW neben ihnen bremste. Inspektor Picht kurbelte die Scheibe herunter.

»Die Herren haben es wohl auf eigene Faust versucht, ja? Einstei-gen, hopp, hopp. Der Kommissar wird seine helle Freude haben!« Der Gedanke an den Kommissar schlug Chris auf den Magen.

Bis hierhin reichte das Licht der Straßenlaternen nicht. Nur die Funzel vom Druckereigelände, die mit rhythmischem Jaulton im Wind schaukelte, gab ein bisschen Helligkeit. Inspektor Picht machte mit der Hand ein Zeichen: Die Luft war rein. Da turnte Katzbach geschmeidig über den Lattenzaun und Sekunden später hatte ihn die Dunkelheit verschluckt.

Der Kater verharrte eine Weile, bis sich seine Augen an die Finsternis gewöhnt hatten. Dann tastete er sich vorsichtig auf das freie Gelände hinaus, huschte über die Aschenpiste des Schrott-platzes und tauchte erst da seitlich in das Durcheinander von Autoschrott ein, wo Picht am Nachmittag die BMWs mit den völlig verbeulten Karosserien erspäht hatte. Er fluchte in sich hinein, als er sich das Knie an dem Metallpaket aufschlug, das vor Tagen noch ein Auto gewesen war und das die hydraulische Presse auf ein Minimum seines Volumens zusammengedrückt hatte. Die Bleche unter seinen Füßen glucksten dumpf. Einmal schoss unmittelbar vor Katzbach eine Ratte in einen Haufen abmontierter Reifen hinein. In den Kamillenduft mischte sich der Geruch von Hitze und Benzin.

Katzbach ließ sich viel Zeit. Er beobachtete eine Weile das Wellblechhäuschen, aber dort rührte sich nichts. Seine Beamten hatten ohnehin herausbekommen, dass nachts niemand auf dem Gelände der Helios-Autoverwertung blieb.

Es dauerte nicht allzu lange, bis der Kater entdeckte, wonach er suchte: blinde Stellen, wo einmal Fahrgestellnummern gewesen waren! Der Kater spitzte die Lippen. Bei dem Mercedes-Wrack das Gleiche. Die Fabrikatsnummern waren bei allen Wagen entfernt worden. Die Feilspuren an den Motorblöcken schienen frisch zu sein. Katzbach fuhr im Schein der winzigen Stablampe darüber. Silberner Staub blieb an seinem Finger haften.

Katzbach verschwand, wie er gekommen war. Er vermied es, die Fläche vor dem Schuppen zu betreten, denn es war nicht auszuschließen, dass dort die Asche geharkt worden war.

Inspektor Picht gab von der anderen Straßenseite das Stoppzeichen. Aus südlicher Richtung näherte sich mit hoher Geschwindigkeit ein Auto. Der Kater presste sich dicht gegen den Zaun. Der Wagen brauste vorbei, und als Katzbach hörte, wie der Fahrer an der nächsten Kreuzung herunterschaltete, stemmte er sich am Zaun hoch, setzte einen Fuß auf und sprang hinüber.

Picht ging schon voraus zu dem Peugeot, den sie 200 Meter weiter stadtwärts abgestellt hatten.

»Und?«, fragte Picht.

»Wie ich es mir gedacht hatte. Er verschachert Kraftfahrzeugpapiere und Fabriknummern. Ganz schön clever, unser Zeitgenosse. Es sieht so aus, als ob er sich nur mit der einen Seite des Unternehmens beschäftigt. Intakte Wagen habe ich nicht gesehen. Er macht das raffiniert.«

»Ich habe am Nachmittag auch keine reparierten Wagen gesehen. Nur den Plunder überall. Nun wird es heiß, Kater.«

»Ich bin nicht so sicher. Ich habe Sorge, dass die Jungen ihn hellhörig gemacht haben. Mir gefällt das nicht, Jochen. Ich habe ein dummes Gefühl im Hinterkopf.«

»Katerinstinkte!«, spöttelte Inspektor Picht.

Der Kommissar startete den Wagen. Dann meldete er sich über Sprechfunk. Assistent Degenhardt antwortete unmittelbar. Er hatte den Anruf offenbar längst erwartet.

»Eine dicke Überraschung, Kommissar. Sie werden es nicht raten!«

»Es ist ja auch genau die richtige Zeit zum Rätselraten. Damit verbringe ich meistens meine Nächte!«

»Pardon, Chef, aber es ist wirklich spannend. Lord hat sich gemeldet.«

»Der hat aber ein Tempo drauf!« Katzbach war in der Tat verblüfft. Der Besuch der beiden Jungen hatte ihn also aus seiner Höhle gelockt. Aber noch war nicht abzusehen, ob das als positiv oder als negativ zu bewerten war. »Was wollte er?«, fragte der Kater und brannte ein Zigarillo an. Picht mühte sich mit seiner Pfeife ab.

»Er hat einen Diebstahl gemeldet. Stellen Sie sich das vor, Kommissar, einen Diebstahl! Man hätte ihn beklaut! Zwei Leute vom zuständigen Revier sind draußen bei ihm. Als sie losfuhren, haben sie uns informiert.«

»Und unsere Leute?«

»Sind natürlich noch in Angermund. Sie haben Lords Grundstück nicht aus den Augen gelassen. Auch während seiner Abwesenheit am Abend waren sie auf dem Posten. Lord hat gegen 21 Uhr 15 zusammen mit seiner Frau und dem Köter das Haus verlassen. Sie sind auf die B 288 gefahren und haben die Richtung nach Düsseldorf genommen. Unser Mann hat sie dann aus den Augen verloren, weil er das Tempo nicht mithalten konnte. War nichts zu machen.«

»Mist!«, brummte der Kater.

»Was sagten Sie, Chef?«

»Ich habe Mist gesagt.«

»Ach so, ich hatte schon Mist verstanden.« Degenhardt amüsierte sich offenbar. Katzbach nahm sich vor den Assistenten bei passender Gelegenheit zur Socke zu machen. Er fragte, ob es völlig ausgeschlossen wäre, dass in Lords Abwesenheit jemand das Haus oder den Garten betreten haben könnte. Degenhardt betonte, die Beamten hielten das für unmöglich.

»Was ist denn eigentlich gestohlen worden?«

»Geld«, sagte Assistent Degenhardt. »Geld und Geschäftspapiere. Hübsch, nicht?«

»Sehr hübsch. Warten Sie auf uns. Wir sind in zehn Minuten da. Noch was: Die Beobachtung von Lords Haus kann eingestellt werden.«

»Aber, Chef!«

»Kann eingestellt werden!«, schnauzte Katzbach. »Ende!«

»Junge, Junge«, murmelte Picht paffend. »Du hast ja eine ganz besonders gute Laune, Kater.«

»Kunststück! Mein Sonntag ist zum Teufel!«

»Wie schade für dich.« Picht rauchte seelenruhig. Er fuhr erst hoch, als der Kater sagte: »Dein Sonntag natürlich auch.«

Katzbach fühlte sich hundemüde. Er fuhr in den Hof des Präsidiums ein. Der Polizist am Eingang salutierte stramm.

»Nussknacker!«, brummte der Kater.

Schüsse am Sonntagmorgen

Der Umweg über Kaiserswerth kostete eine Viertelstunde. Aber Katzbach liebte die melancholisch anmutende Landschaft östlich des mittelalterlichen Vororts der Großstadt. Und zumindest dieses spärliche Sonntagsvergnügen wollte er sich leisten. Satte Weiden, auf denen schwarz-weißes Jungvieh graste. In den Espenbeständen spielte der Wind. Am Horizont, im Zielpunkt der schnurgeraden Zäune, gleißte ein seltsames, mit Zinnen bewehrtes Haus in der Morgensonne. Ein Schloss? Ein Kloster? Ein Gutshof? Auf der Windmühle, der man die Flügel amputiert hatte, pendelte eine Wetterfahne. Ein Mann in gestreiftem Bademantel hängte Babywäsche auf. Hinter der Hainbuchenhecke schossen Kinder mit Pfeilen nach den überreifen Birnen und auf dem kleinen Teich über dem gestauten Bach zeigte sich ein schillernder Erpel seinen Enten von der besten Seite. Piet Degenhardt schnippste seine Zigarettenkippe ins Wasser und kurbelte das Wagenfenster wieder hoch.

»Banause!«, schnauzte der Kater.

Die Enten zankten sich schnatternd um die Kippe. Am Ende der schattigen Lindenallee waren die ersten Häuser von Angermund zu erkennen. Inspektor Picht hatte die Wegskizze auf den Knien und sagte dem Kater an, wie er zu fahren hätte. Eberhard Lords hufeisenförmiger Bungalow lag weit außerhalb des Ortes. Sie hielten um 10 Uhr 12 vor dem geschmiedeten Parktor. Auf dem Sandweg, der zum Haus führte, wartete ein Mann in hellblauem Freizeitdress.

»Das ist Lord«, flüsterte Degenhardt. Die drei Männer stiegen aus dem Peugeot. Lord kam ihnen entgegen. Das Tor war nur angelehnt.

»Ich erwarte Sie seit geraumer Zeit!«, rief Herr Lord.

»Die Polizei kommt bekanntlich immer zu spät«, antwortete der Kater mit jenem Lächeln, bei dem nur die Zähne zu lachen schienen. Die Kriminalbeamten nannten ihre Namen, Eberhard Lord setzte offensichtlich voraus, dass man ihn kannte.

Da kam kläffend ein junger Boxerhund aus dem Haus gefegt, stemmte die Pfoten in den Sand, überschlug sich und sprang an Inspektor Picht hoch. Er seiberte stark.

»Vielleicht pfeifen Sie mal Ihren Hund zurück«, sagte Picht.

»Der gehorcht sowieso nicht«, antwortete Lord.

»Sein Pech«, knurrte der Inspektor und trat nach dem Hund, der jaulend den Rückzug antrat. »So dicke haben wir's nicht, dass wir uns alle nasenlang neue Hosen kaufen können.«

»Sie sind aber nicht sehr tierlieb!«, rief eine schlanke Frau in honigfarbenem Morgenrock, die auf hochhackigen Pumps auf die Terrasse trippelte. Ihr Haar war pechschwarz gefärbt.

»Nein«, sagte Picht, »bin ich auch nicht. Mir geht's wie den Briefträgern.«

»Komm, Jupp!«, schmeichelte die Frau. »Komm zu Frauchen!« Aber der Boxer zog es vor, zwischen den dichten Farngewächsen zu verschwinden. Roter und weißer Phlox strömte angenehmen Duft aus. Den östlichen Trakt des Hauses zierte ein grau und blau gehaltenes Mosaik, das langhälsige Vögel im Flug darstellte. Die Fenster reichten bis zur Erde. Aus dem Haus drang Radiomusik. Katzbach erkannte den Bolero von Ravel. Irgendwo surrte ein Ventilator.

»Die Herren sind von der Polizei«, sagte Lord. Seine Frau stellte er nicht vor. »Wollen wir reingehen oder sollen wir draußen sprechen?«

»Gehen wir ins Haus«, schlug der Kommissar vor. »Ich möchte gern den Schrank sehen, den man aufgebrochen hat.«

»Das ist doch heute Nacht schon alles aufgenommen worden! Ich verstehe überhaupt nicht . . .«

»Wenn Sie bitte vorgehen würden«, unterbrach der Kater. Herr Lord gehorchte achselzuckend. Katzbach und Picht folgten ihm. Assistent Degenhardt blieb auf der Terrasse.

An die geräumige Diele, die mit Schieferplatten ausgelegt war, schloss sich das Wohnzimmer von der Größe eines Tanzsaals an. Auslandende Stilmöbel, schwere Ledersofas, an den seidenbespannten Wänden Gobelins mit Jagdszenen. Herr Lord schob eine Ziehharmonikatür auseinander. Sie kamen in das Arbeitszimmer, dessen Parkettboden zum größten Teil mit naturfarbenen Berberteppichen bedeckt war. African look: Felle, Trophäen, Waffen, Statuetten. Katzbach erinnerte sich solch einen Kapitänsschreibtisch auf dem Foto des Bildzeitungs-Chefredakteurs gesehen zu haben. Auf dem brusthohen Mahagonischrank sperrte ein präparierter Mini-Alligator sein spitzes Maul auf. Katzbach fand das alles reichlich albern, nur die Pfeifensammlung imponierte ihm. Eberhard Lord deutete auf das Schloss des Schrankes. Deutlich waren Kratzspuren zu sehen.

»Fingerabdrücke sind nicht gefunden worden«, sagte Lord.

»Jedes Kind weiß, dass der standesgemäße Einbrecher Handschuhe trägt«, antwortete Katzbach.

Inspektor Picht kniete sich hin und untersuchte das Schloss. Die Kratzer waren rings um das Schlüsselloch verteilt. Tiefe Kratzer, für jeden deutlich sichtbar. Picht sah den Kater an. Sein Blick schien zu bedeuten: Siehst du auch, was ich sehe? Katzbachs Gesicht blieb ausdruckslos. Eberhard Lord nahm ein Blatt Papier vom Schreibtisch.

»Hier, das ist der Durchschlag von der Liste, die ich der Polizei gegeben habe. Es ist alles aufgeschrieben, was gestohlen wurde. Der Geldbetrag war nicht bedeutend. Rund 2 500 Mark in Hunderterscheinen. Der Verlust der Geschäftspapiere wiegt natürlich schwerer.«

»Natürlich«, sagte Katzbach. Er spürte, dass Lord ihn von der Seite musterte. Auf die Liste warf er nur einen kurzen Blick. Inspektor Picht stand vom Boden auf und setzte sich auf einen fellbespannten Schemel. Die Musik im Haus brach ab.

»Bankauszüge und Kaufverträge sind auch verschwunden?«

Lord bestätigte das. Seine Hände spielten mit einem Onyxaschenbecher. Die Hände wirkten ungewöhnlich kräftig.

»Ich frage mich nur«, sagte Katzbach gedehnt, »was jemand mit Ihren Papieren anfangen kann.«

»Nicht wahr? Das frage ich mich auch. Vielleicht hat der Einbrecher einfach alles gegriffen, was er in die Finger bekam. Es war ja dunkel.«

»Woher wissen Sie das? Sie haben kurz nach 21 Uhr das Haus verlassen. Da war es noch nicht richtig dunkel. Wann der Einbruch verübt wurde, wissen wir leider nicht. Wie spät war es eigentlich, als Sie wieder zurück waren?«

»Ich habe nicht auf die Uhr gesehen.«

»Ungefähr. Vor Mitternacht?«

»Auf jeden Fall. Warum ist das wichtig?«

»Weil wir die Tatzeit wissen müssen, um nach dem Täter suchen zu können. Ist doch klar.«

»Vielleicht finden sich die Papiere demnächst auf irgendeiner Müllkippe. Die Sachen sind ja wertlos für einen Fremden.«

»Und wenn es kein Fremder war?«

»Was . . . Was wollen Sie damit sagen?« Lord machte ein äußerst verblüfftes Gesicht. »Daran habe ich noch gar nicht gedacht. Aber wer sollte denn . . .« Dann schüttelte er energisch den Kopf. »Das ist völlig unmöglich!«

»Vielleicht war es die Steuerfahndung«, warf Picht ein. Aber Eberhard Lord reagierte nicht darauf.

Der Kater fragte: »Können Sie sich jemanden vorstellen, für den die gestohlenen Papiere von Interesse wären?« Und er dachte: Natürlich wissen wir alle, wer die Unterlagen brennend gern hätte, aber darum sind sie ja verschwunden.

»Keine Ahnung«, antwortete Lord. »Hören Sie, das ist doch absurd. Rechnungen, Quittungen, Verträge über Autoankäufe, Kraftfahrzeugbriefe – was da eben so anfällt. Wen soll das schon interessieren!«

»Das habe ich Sie doch gefragt!« Katzbach dachte: Er ist ein viel schlauerer Fuchs, als ich zunächst annahm. Er ist nicht nur ein Angeber. Ich darf ihn nicht unterschätzen. »Warum haben Sie Kraftfahrzeugbriefe im Schrank?«, fragte der Kater scheinbar arglos und er beobachtete Lords Gesicht genau.

Lord hatte sich jedoch ohne Zweifel auf die Antwort vorbereitet. Er zögerte nicht den Bruchteil einer Sekunde. Nichts in seiner Miene war zu finden, was auf Angst oder Unsicherheit schließen ließ. Er erklärte, dass tagtäglich Unfallwagen und schrottreife Fahrzeuge angeliefert würden, manchmal ein Dutzend am Nachmittag. Er kaufe das ganze Zeug komplett zum Pauschalpreis auf – mit Papieren, versteht sich! – und einmal in der Woche schicke er jemanden zum Straßenverkehrsamt, um die ausgeschlachteten Autos abmelden zu lassen. »Das Abmelden berechne ich dem Kunden natürlich.«

»Was zahlen Sie denn im Durchschnitt für ein Unfallauto?«

»Ich wüsste nicht, was das zur Sache tut!«

»Sie wollen es mir nicht sagen? Sehe ich das richtig?«

»Sie sehen das richtig, jawohl. Und ich möchte Sie ersuchen keine Fragen zu stellen, die den Rahmen Ihrer Kompetenzen sprengen. Soviel ich weiß, sind Sie hier, um einen Diebstahl aufzuklären. Bitte, bleiben Sie also bei der Sache und vertrödeln Sie nicht meine und Ihre Zeit mit abwegigen Fragen! Ich empfinde es als empörend, dass man sich von jedem Polizeibeamten nach seinen Einkünften ausfragen lassen muss!«

Katzbach lächelte. Natürlich erkannte er die Herausforderung, selbstverständlich fühlte er, dass Eberhard Lord jetzt den Stier bei den Hörnern fassen wollte, um endlich herauszubekommen, was der Kommissar von ihm wusste. Katzbach ließ sich nicht provozieren. Er lächelte noch, als er die beiden dunklen Stellen sah, die den hellen Lichtstreifen unter der Tür zum Wohnzimmer unterbrachen.

Plötzlich machte Katzbach zwei, drei große Schritte und riss die Tür auf. Er blickte in das maßlos entsetzte Gesicht von Frau Lord. Sie biss in ihre Faust, um das Zittern zu verbergen. Jäh schoss ihr das Blut in den Kopf.

Erst jetzt verlor Lord ein bisschen die Nerven. Es sah einen Augenblick lang so aus, als ob er seine Frau schlagen wollte. Inspektor Picht stand auf.

Lord fauchte: »Wann hörst du endlich auf dich in Dinge einzumischen, die dich einen Dreck angehen! Versuch was zu lesen, wenn dein Spatzenhirn nicht ausgelastet ist! Aber misch dich – verdammt noch mal! – nicht ein!«

Frau Lord eilte mit einem kleinen Schrei aus dem Zimmer. Inspektor Picht schaute den Kater fassungslos an.

Katzbach sagte: »Zumindest in unserem Beisein sollten Sie Ihre Frau nicht so behandeln. Ich dulde das nicht!«

»Ach, Sie dulden das nicht!« Spott und Wut und sehr viel Hass: Lords Gesicht hatte sich zur Grimasse verändert. »Sie dulden das nicht! Und das wagen Sie mir in meinen eigenen Wänden zu sagen!«

»Sie ahnen gar nicht, was er alles wagt«, sagte Picht.

Die Schüsse fielen in dem Augenblick, als sie auf die Terrasse traten. Als Katzbach die Gestalt im Geäst der Eiche jenseits der Gartenmauer und die Funken der Morgensonne auf dem Fernrohrvisier wahrnahm, blieb ihm nicht einmal ein Atemzug Zeit, um mit einem Hochsprung in die Dahlienstauden aus dem Schussfeld zu kommen. Er riss Lord mit zu Boden. Inspektor Picht rollte über die Marmorplatten der Terrasse. Die Schüsse fielen fast gleichzeitig und rissen zwei hässliche faustgroße Löcher in die Betonwand, ziemlich genau in Kopfhöhe. Jaulend quarrten die Querschläger am Giebel entlang. Es roch wie angebrannt.

»Degenhardt!«, schrie der Kater.

Er sah, wie Degenhardt quer durch die Beete sprintete. Aber als er fast die Mauer erreicht hatte, sauste ihm plötzlich der kleine Hund zwischen die Beine. Degenhardt geriet ins Straucheln und verlor entscheidende Sekunden. Ein vielpferdiger Motor heulte auf. Zu spät!

Kommissar Katzbach stand fluchend auf und wischte sich die Erde von den Ellenbogen. Dann beugte er sich zu Eberhard Lord hinunter, der das Gesicht in die Hände vergraben hatte und am ganzen Leib zitterte.

»Stehen Sie auf!«, befahl Katzbach barsch. »Er ist weg.«

Picht war zur Straße gerannt. Aber er konnte nicht einmal mehr eine Staubwolke sehen. Degenhardt hatte noch immer seine liebe Not mit dem Boxer.

Picht rief: »Wenn jetzt nicht endlich jemand diesen widerlichen Köter wegschafft, mache ich es!«

Ein verrücktes Bild!, schoss es Katzbach durch den Kopf. Lord lag noch immer am Boden und Picht und Degenhardt rannten einem Hund nach und dabei hatte ein Unbekannter gerade zwei Schüsse auf sie abgegeben mit der mutmaßlichen Absicht, zu töten!

»Jochen!«, brüllte Katzbach, »zum Wagen! Gib durch, sie sollen versuchen ihn abzufangen. Richtung Kalkum! Nun lauf endlich!«

Dann eilte der Kater in den Bungalow zurück. Er suchte in allen Räumen, aber er konnte Frau Lord nicht finden. Nur der betäubend süßliche Duft ihres Parfüms hing im Schlafzimmertrakt. Katzbach lief zur Garage. Sie war abgesperrt. Eberhard Lord schaute sprachlos zu. Katzbach verlangte den Garagenschlüssel und bekam ihn widerspruchslos.

Die Kühlerhaube des Ford Mustang war kalt, der Mini-Cooper war anscheinend sehr früh am Vormittag schon bewegt worden. Aber jetzt waren beide Wagen da.

»Haben Sie noch ein weiteres Auto?«

»Nein. Wir haben nur diese beiden Wagen. Warum?«

»Wo könnte Ihre Frau jetzt sein?«

»Im Haus. Wo sollte sie sonst sein?«

»Ich habe nicht die geringste Ahnung, wo sie sonst sein könnte. Sie haben eine herrliche Art, meine Fragen mit den gleichen Fragen zu beantworten. Im Haus ist Ihre Frau jedenfalls nicht. Aber ich wüsste gern, wo sie ist. Bitte, denken Sie nach! Hat sie Bekannte hier in der Gegend?«

»Ich weiß nicht. Ich weiß es wirklich nicht. Sie kennt sicher ein paar Leute. Aber Bekannte . . . Nein, ich glaube, Bekannte hat sie nicht. Sie wird schon wiederkommen.«

Katzbach trat jetzt ganz nah an Lord heran. »Mir will es nicht in den Kopf, dass Sie bisher mit keinem Wort die Schüsse erwähnt haben, Herr Lord! Mit keinem Wort! Wollen Sie nicht wissen, wer geschossen hat? Oder wissen Sie es bereits? Ich denke seit gestern viel über Sie nach, Herr Lord, und wenn Sie wüssten, was ich denke, dann würde Ihnen das bestimmt nicht gefallen. Ich frage mich, wie lange Sie noch durchhalten. Denn dass Sie über kurz oder lang aus der Rolle fallen, ist sicher. Und lassen Sie sich einen guten Rat geben: Jeder ist höchstens halb so groß, wie er denkt. Das soll eine Warnung sein!«

»Sie wollen mir drohen?«

»Ich will Sie warnen. Hören Sie ruhig zu, wenn ich was sage.«

»Wann sind Sie endlich hier fertig?«

Zauberlehrling, dachte Katzbach, er wird die Geister nicht los, die er gerufen hat. Laut sagte er: »Hier sind gerade Schüsse gefallen und Sie fragen mich, wann wir endlich fertig sind? Mann!«

Wortlos drehte Katzbach sich um. Er sah, dass Picht und Degenhardt schon dabei waren, die Spuren der Geschosse zu verfolgen. Es war wichtig, dass sie die Patronen fanden, selbst wenn sie noch so sehr deformiert waren nach dem Einschlag in den harten Beton. Kommissar Katzbach ging den Sandweg hinunter zum Parktor. Draußen hatten sich ein paar Leute angesammelt. Katzbach fragte, ob sie die Schüsse gehört hätten. Zwei Männer im Reitdress bejahten. Sie erklärten, sie hätten die anderen Leute herbeigerufen. Katzbach fragte sie nach Frau Lord. Alle kannten sie, aber nur einer hatte sie am Morgen mit ihrem Wagen gesehen. Das war kurz nach acht Uhr gewesen. Später hatte sie niemand gesehen. Katzbach bemerkte, dass Eberhard Lord von der Terrasse her zuschaute. Katzbach bat die Leute zur Seite zu treten.

»Wir warten hier, bis die Polizei da ist!«, sagte der ältere der beiden Reiter bestimmt. »Und Sie bleiben am besten auch da. Wer sind Sie überhaupt?«

Fast schon ein wenig drohend war die Haltung der Umstehenden. Sie kannten Katzbach nicht, also schien er ihnen verdächtig. Fremde waren immer verdächtig. Katzbach kannte das. Die Leute nahmen ihn in die Mitte.

»Ich bin von der Polizei«, sagte Katzbach ungehalten. Er zeigte seine Dienstmarke. Der ältere Reiter nahm sie ihm aus der Hand und betrachtete sie genau. Dann murmelte er: »Nichts für ungut.«

Mit hoher Geschwindigkeit näherte sich ein grüner Polizei-VW. Was auch immer der Anlass gewesen war, vielleicht eine Mischung aus Verantwortungsbewusstsein und Sensationsgier: Jemand hatte jedenfalls die Polizei verständigt. Zwei junge Beamte stiegen aus.

Im gleichen Augenblick, als der erste der beiden Polizisten aus dem Wagen kletterte, drängte sich ein Junge aus dem Hintergrund nach vorn. Er hielt eine Patronenhülse auf der flachen Hand, als wäre sie der Heilige Gral.

Mit großen Augen blickte er den Kommissar an.

»He!«, rief der Polizist argwöhnisch. »Was geht da vor? Sie, hallo, Sie! Was hat Ihnen der Junge gerade gegeben? Zeigen Sie mal her!«

»Es ist eine Geschosshülse«, sagte der Kater, »wahrscheinlich von einer ziemlich altmodischen Waffe abgefeuert. Solche Munition wird heute kaum noch benutzt. Ich bin übrigens Kriminalkommissar Katzbach und es wäre mir lieb, wenn Sie und Ihr Kollege die Leute hier zum Weitergehen bewegen könnten. Es sei denn, jemand hat eine Beobachtung mitzuteilen. Hat jemand gesehen, wer geschossen hat? Hat jemand das Fahrzeug erkannt, mit dem der Schütze geflohen ist?«

Katzbach konnte an der Lippenbewegung des Polizisten sehen, dass er seinem Begleiter das Wort »Kater« zuflüsterte. Die Leute entfernten sich unter Protestgemurmel. Nur der Junge, der die Patronenhülse gefunden hatte, blieb zurück.

»Ja?«, fragte Katzbach.

»Ich kann Ihnen sagen, was für ein Wagen das war.«

»Hast du ihn gesehen?«

»Nein, aber gehört. Ich war hinter unserer Scheune. Da drüben, sehen Sie?« Er zeigte auf ein Fachwerkgebäude, dessen Flächen mit hellrotem Backstein ausgefüllt waren. »Ich konnte den Motor genau hören. Ein Alfa war's, ein Veloce. Ich irre mich bestimmt nicht. Hinter der Kurve hat er in den fünften Gang geschaltet. Das habe ich genau gehört, ganz genau.«

»Du verstehst aber mächtig viel von Autos.«

Der Junge, er mochte ungefähr 14 Jahre alt sein, strich sich die braunen Haare aus dem sommersprossigen Gesicht. Er nickte, als ob das die selbstverständlichste Sache der Welt wäre. Der Kommissar fragte ihn, ob er in Angermund jemanden kenne, der einen Veloce führe, aber der Junge verneinte.

Katzbach lief zu seinem Wagen und gab durch, dass es sich bei dem Wagen des flüchtigen Gewehrschützen möglicherweise um einen Alfa Romeo Typ Veloce handelte. »Ein Autofachmann meint, er hätte das Motorgeräusch identifiziert. Noch etwas: Ich brauche heute Nachmittag einen Ballistiker. Sagen Sie's ans Labor weiter. Ende!«

Die beiden Polizisten hatten sich mit Feuereifer auf die Suche nach der zweiten Hülse gemacht, aber wieder war es der Junge, der sie zwischen faulenden Eicheln im Laub fand.

»Wie heißt du eigentlich?«, wollte der Kater wissen.

»Benno Balkenhol«, sagte der Junge etwas verlegen.

»Du hast nicht zufällig Frau Lord gesehen, Benno?«

Zu Katzbachs Erstaunen erklärte der Junge, die Dame wäre vor einer halben Stunde mit dem Fahrrad nach Angermund hineingefahren.

Der Kater tippte dem Jungen mit dem Zeigefinger auf die Nasenspitze. »Du hast mir sehr geholfen, Benno!«

Picht und Degenhardt fanden die Geschosse und Frau Lords Klapprad wurde später am Bahnhof Angermund entdeckt. Von dem Alfa fand man dagegen keine Spur.

Der junge Boxerhund sauste noch immer spielerisch-aufgeregt durch den Garten, schlug unbeholfene Haken zwischen den Rhododendronbüschen und zerkratzte sich das Fell in den Rosensträuchern. Dann beschäftigte er sich hartnäckig mit einem exotischen Zierstrauch, den Katzbach nicht kannte. Aber genau dieser Strauch fesselte plötzlich die Aufmerksamkeit des Kommissars. Lanzettförmige Blätter, etwa so lang wie eine Kinderhand, dunkle Fasern, die das helle Grün wie symmetrisches Adernwerk durchzogen. Auffallend war, dass nur die Blätter dieses Strauches schlaff an den Zweigen hingen.

»Degenhardt, ich brauche einen Spaten!«, rief Katzbach. Erregung hatte ihn ergriffen und er wunderte sich selbst darüber. War denn das alles nicht Routine? War das nicht ein Fall wie jeder andere? Aber Katzbach wusste nur zu gut, dass kein Fall wie der andere sein konnte, dass es immer um Menschen ging, deren Schicksale sich nur scheinbar ähnelten. Nein, die Fälle glichen sich nie. Und die Routine war nur die eine Seite seiner Arbeit. Sie war erlernbar, sie stellte sich mit der Zeit ein. Aber sie wurde zur Gefahr, wenn sie die Logik, die geistige Beweglichkeit und die Intuition zu ersetzen suchte. Katzbach stand seiner Erfahrung skeptisch gegenüber. Vielleicht machte das seine Erfolge aus.

Degenhardt kam gelaufen. Inspektor Picht blieb auf Katzbachs Zeichen hin auf der Terrasse. Hinter dem Fenster – nur eine dunkle Silhouette im Sonnenlicht – wartete regungslos Eberhard Lord. Er rührte sich nicht vom Fleck, auch dann nicht, als Katzbach und Degenhardt den Busch aus seiner Grube hoben und das in Kunststofffolie gewickelte Papier ans Tageslicht beförderten. Lord war in seine eigene Falle gegangen und er wusste es. Als Inspektor Picht ihm die Hand auf die Schulter legte, ging ein kleines Lächeln über sein Gesicht. Er hatte die Augen geschlossen und Katzbach glaubte später eine Spur von Heiterkeit auf seinem Gesicht bemerkt zu haben. Lord widersetzte sich seiner Verhaftung nicht. Aber er gab keine Antworten auf die Fragen, die der Kater ihm stellte.

»Lassen Sie nach Frau Lord suchen«, sagte Katzbach zu Wachtmeister Gallwitzer. »Mit einer offiziellen Fahndung will ich noch warten. Und bleiben Sie auf dem Gelände, bis ich Ihnen meine Leute schicke. Falls irgendwelche Zeitungsleute aufkreuzen sollten . . .«

». . . jage ich sie zum Teufel, Herr Kommissar!«

»Das dürfte zwar nicht nötig sein, aber ich denke, wir haben uns verstanden.«

»Und kümmern Sie sich um den Köter!«, rief ausgerechnet Inspektor Picht. Assistent Degenhardt saß neben Eberhard Lord im Fond des Peugeot.

»Eigentlich könnten wir jetzt einen Schnaps gebrauchen«, knurrte Picht, »besonders du.«

»Warum besonders ich?«

»Aber Kater! Auf dich hat man doch geschossen!«

Der Kommissar hatte das Katerlächeln aufgesetzt. »Doch nicht auf mich«, sagte er. »Man hat auf Lord geschossen. Kapierst du das noch immer nicht? Denk an den Toten aus dem Aaper Wald! Dies ist ein Parallelfall.«

Inspektor Picht stand wie angewurzelt mit halb offenem Mund, dann folgte er dem Kater. Nein, er verstand die Zusammenhänge nicht.

Der junge Boxer buddelte auf dem Sandweg eine Kuhle für ein Mittagsschläfchen in der Sonne.

Wo sitzt die Spinne?

Er schwieg einfach. Er hatte sich wie eine Schildkröte in sich selbst zurückgezogen und schwieg. Eberhard Lord äußerte sich auch nicht, als ihm die Beamten der Sonderkommission für Autodiebstahl die Verträge und Abrechnungen, die Kraftfahrzeugbriefe und Zulassungen vor die Nase hielten, die er in seinem Garten vergraben hatte. Die Betrugsbeweise lagen auf der Hand, aber Lord schien sich nicht dafür zu interessieren. Nur einmal, als sie ihn zum dutzendsten Mal fragten, wer sein Partner wäre, da begehrte er auf: »Ich kenne ihn nicht!« Und Katzbach, der rauchend im Hintergrund saß, glaubte ihm das eigenartigerweise sogar. Aber er verstand nicht, warum bei Lord, der mit dem Feuer gespielt hatte, so plötzlich der Faden gerissen war. Es sah aus, als hätte Eberhard Lord auf der ganzen Linie die Lust verloren.

Waren die Ermittlungen in eine Sackgasse geraten? War Lord auch nur ein kleiner Fisch so wie Goethe und Tarzan? Wer war der geheimnisvolle Gewehrschütze? Und wo steckte Frau Lord? Irgendwo hielt jemand die Fäden in der Hand. Aber wo saß die Spinne? Fragen über Fragen. Katzbach fühlte sich ein bisschen überdreht. Vielleicht brauchte er auch einfach nur Kaffee. Er ließ das sinnlose Verhör abbrechen.

Inspektor Picht brachte den Laborbericht der Abteilung für Ballistik. Es hatte offenbar Mühe gemacht, die Waffe zu bestimmen, mit der die beiden Schüsse abgegeben worden waren. »Ein Springfield-Repetiergewehr der Firma Smith & Wesson«, sagte Picht und ließ das Berichtsblatt auf Katzbachs Schreibtisch segeln. »Eine Art Museumsstück war's.« Picht angelte sich ein Zigarillo, obwohl er es eigentlich gar nicht gern rauchte. »Hergestellt wird solch ein Apparat schon lange nicht mehr.«

»Hör mal, eine Waffe mit Zielfernrohr! So furchtbar alt kann die doch nicht sein.«

»Relativ alt.«

»Relativ! Drei Haare auf dem Kopf, das ist relativ wenig. Aber drei Haare in der Suppe, das ist relativ viel. Kannst du es bitte mal mit präzisen Angaben versuchen?«

»Hui, Kater, so richtig giftig! Schön, sie meinen, das Gewehr stamme noch aus amerikanischen Heeresbeständen vom Zweiten Weltkrieg.«

»Warum nicht gleich, Jochen! Spürst du übrigens, dass wir auf der Stelle treten?«

»Piependeckel! Ich denke doch, dass wir ordentlich vorankommen. Den Lord quetsche ich aus, bis er alles ausspuckt, was er weiß, dafür kannst du mich ansehen.«

»Ah, du willst ihn also aufs Steckbrett spannen! Was hältst du von der eisernen Jungfrau?«

»Ich ziehe glühende Zangen vor. Das zischt so schön. Aber im Ernst: Der wird noch singen! Ein Mann wie Lord ist es nicht gewohnt, eingesperrt zu sein. Den wird schon die Untersuchungshaft mürbe machen.«

»Sie hörten die Märchenstunde des guten Onkel Picht. Dass du dich nur nicht in den Finger schneidest! Aber halten wir uns nicht mit Weissagungen auf. Sind die Daten des Springfield-Gewehrs für die Fahndung aufgenommen? Außerdem, kann es nicht sein, dass die Waffe ganz schlicht und einfach registriert ist? Tun wir doch erst mal das Nächstliegende!«

Wenn er doch endlich die Vase wegschmeißen würde!, dachte Katzbach, als er das dämmrige Büro betrat, dessen Veloursbelag wie durch Trampelpfade in eine eigenartige Landschaft verwandelt war: Von der Tür aus führte der Hauptweg in die Mitte des quadratischen Zimmers, gabelte sich dann in drei schmalere Pfade, von denen der rechte zur rostroten Sitzgruppe, der mittlere zum Besuchersessel und der linke zu dem harten Stuhl hinter dem Schreibtisch führte. Polizeidirektor Winkelmann hatte es mit den Bandscheiben. Die schräg gestellten Jalousien wehrten den sonnigen Sonntagnachmittag ab. Katzbach kannte dieses Büro nur in der unveränderten Dämmrigkeit. Jahreszeiten und Tageszeiten spielten hier keine Rolle. Auf der Keramikvase, in der blasse Rosen welkten, stand in kursiver Schrift: »Der siegreichen Polizeischießstaffel«. Böse Zungen behaupteten, Direktor Winkelmann verwahrte diese Vase nur, um den Kater zu ärgern.

Der Direktor hatte die Samstagszeitung vor sich. Er blickte über den Rand seiner Schildpattbrille hinweg den Kater an und schnauzte ohne weitere Vorrede: »Da hat Ihr Freund Nockel sich mal wieder selbst übertroffen! Jedes zweite Wort ist Kohl. Ich habe ihn gerade telefonisch zur Rede gestellt. Wissen Sie, was er mir wortwörtlich geantwortet hat?«

»Lassen Sie mich raten! Er hat Ihnen gesagt, Sie sollten in Zukunft seine Artikel schreiben und er übernähme unsere Fälle. Richtig?«

»Blödsinn! Er hat gesagt und ich zitiere wörtlich: ›Wenn der gottverdammte Kater sich so rar macht wie eine Primadonna, dann muss ich mich wohl oder übel an seine stellvertretenden Unterpimpfe halten, denn . . .‹«

»›. . . die Öffentlichkeit hat ein Recht auf Information.‹ Das ist das Alibi aller Klatschspalten-Kolumnisten. Sicher, Manni Nockel meint es vielleicht richtig, aber ich werde ihm ganz gefährlich auf die Hühneraugen treten, wenn er noch einmal Romane verfasst.«

»Ich habe eine Richtigstellung in der nächsten Ausgabe verlangt. Das wäre eigentlich Ihre Aufgabe gewesen, Kommissar!«

»Keine Richtigstellung!«

»Wie bitte? Sie wollen diesen Salat einfach akzeptieren?«

»Genau. Es ist noch keine Information über die Einzelheiten des Mordes im Aaper Wald in die Öffentlichkeit gedrungen, das könnte für uns nützlich sein. Wir müssen unbedingt noch etwas Zeit gewinnen. Ich werde Nockel anrufen.«

»Ihr Fall, Katzbach. Ich will Ihnen nicht hineinreden. Ich will nur wissen – und dafür habe ich zähneknirschend mein Wochenendhaus verlassen und mir den Zorn meiner Ehehälfte eingehandelt –, ich will nur wissen, wieweit Sie den Fall aufgeklärt haben. Ich habe morgen Termin beim Innenminister!«

Katzbach wollte zuerst »Na und?« sagen, aber er verkniff es sich. Ganz in Gedanken zupfte er ein Stück Papier aus Winkelmanns Zettelkasten und begann Kringel zu malen, denen er Arme und Beine gab.

»Erstens«, erklärte er, »haben wir den Toten. Er heißt Paul van Einem, ist Holländer und hat weder in den Niederlanden noch in Deutschland Verwandte. Warum er ermordet wurde, war uns schleierhaft, bis ein Junge – Christian Marquardt – mit Hilfe eines Arbeitskollegen und zweier Halbseidener auf eine ganz dumme Tour erpresst wurde ein Auto zu knacken. Der Junge, der von der Schwester eines der beiden Ganoven eingewickelt wurde, begegnete kurz vor der Ermordung Paul van Einem in einer Diskothek. So erfuhr er den Spitznamen des Toten: Haschpappi. Dass es um gestohlene Autos ging – und zwar nicht um irgendwelche –, das hatten wir schon heraus. Es wurde immer nach einer bestimmten Typenliste gestohlen. Christian Marquardt hörte noch einen Namen: der Lord. Wir nahmen erst an, es handelte sich um einen Spitznamen, aber das war ein Irrtum. Der Mann heißt wirklich Lord und kauft Autos mit Totalschaden auf.«

»Was, nur völlig kaputte Autos?«

»Nur. Und er hat einen guten Grund dafür: Er braucht die Papiere, die Fahrgestellnummern, die Nummernschilder. Ganz einfach.«

»Warum versteh ich das bloß nicht?« Die Stimme des Direktors ließ den Ärger über den verpatzten Sonntag erkennen.

»Keine Ahnung!«, grinste Katzbach harmlos. »Es ist wirklich ganz einfach. Stellen Sie sich vor, er hat die Papiere und Nummern eines BMW und einen hübschen Kaufvertrag dazu. Eine ganz reguläre Sache. Wenn nun ein anderer Zeitgenosse beispielsweise einen BMW mit dem gleichen Aussehen und dem gleichen Baujahr hat, dann könnte man theoretisch die Nummern des Unfallautos an den anderen Wagen gleichen Typs montieren, ohne dass das auffallen würde, zumal man ja auch die Papiere auswechseln kann. Ist das klar?«

»Katzbach, bitte, sprechen Sie nicht so, als ob Sie einen Halbidioten vor sich hätten! So vertrottelt bin ich noch nicht, dass ich nicht . . .« Der Polizeidirektor fummelte seine Krawatte zurecht und schaute demonstrativ auf seine Taschenuhr. Katzbach hatte seinen kleinen Spaß.

»Herrn Lord, den großen Schrottautosammler, haben wir unter Dach und Fach. Die belastenden Unterlagen hatte er selbst in seinem Garten verbuddelt und das ganze Tarnmanöver wollte er unter Diebstahl laufen lassen. Das war erheblich zu billig. Anschließend verschwand seine Frau und obendrein schoss jemand auf ihn, vermutlich, um ihn aus dem Weg zu schaffen. Und hier ist der Zusammenhang mit dem Fall im Aaper Wald. Auch dort ging es darum, jemanden aus dem Weg zu schaffen, der gefährlich werden konnte. Paul van Einem war nämlich rauschgiftsüchtig. Ein Fixer ist für einen riskanten Coup nicht mehr zu gebrauchen. Man wirft ihn endgültig weg, besonders dann, wenn er vielleicht dies und das verpfeifen könnte. So einfach handhabt man das in einschlägigen Kreisen.«

»Dann quetschen Sie doch einfach den . . . Wie heißt er noch?«

»Lord.«

»Quetschen Sie doch einfach den Lord aus. Dann haben Sie den Mann im Hintergrund! Worauf warten Sie, Katzbach?«

»Warum sprechen Sie jetzt so, als hätten Sie einen Halbidioten vor sich? Lord kennt seinen Geschäftspartner nicht. Er weiß nicht, wer es ist, der mit einer Mannschaft Halbwüchsiger den Diebstahl der Autos im großen Stil organisiert. Anscheinend brauchte er nur zu sagen, dass er Nummern und Papiere zu diesem oder jenem Wagen der Oberklasse hätte, dann erledigte sein anonymer Partner das Weitere. Lord ist nur ein geldgieriger Gauner. So gerissen wie der andere ist er nicht. Der andere hat, wie es scheint, eine Kiste voll übler Tricks.«

»Aber warum hat er auf Lord geschossen, wenn der ihn gar nicht kennt?«

»Ich weiß es nicht, das heißt noch nicht. Ich weiß ja auch gar nicht, ob es der Drahtzieher im Schatten selbst war. Mir fehlt noch ein Bindeglied. Irgendwie scheint mir, dass ich den zweiten Schritt vor dem ersten getan habe. Komisch, nicht? Der Mord im Aaper Wald war eine blanke Demonstration. Eine große Show. Eine Drohung. Es war eine Geste voll grenzenloser Überheblichkeit.«

»Und das wurmt Sie, ja? Da fühlen Sie sich herausgefordert!«

»Ich weiß nicht. Eigentlich bin ich schon zu lange bei diesem Laden, um noch private Gelüste zu befriedigen. Aber ich weiß es wirklich nicht. Vielleicht fühle ich mich tatsächlich herausgefordert.«

»Das Mädchen haben Sie noch nicht?«

»Seltsam, finden Sie nicht auch? Hat sich dünnegemacht. Aber andere Leute sind schärfer auf sie als ich.«

»Wer zum Beispiel?«

»Chris.«

»Chris?«

»Chris Marquardt. Das ist der Junge, den sie ausgetrickst hat.«

»Ich verstehe. Das heißt: Nein, ich verstehe nicht.«

»Ich auch nicht«, sagte der Kater.

»Ich mag sie alle nicht. Das ganze Pack finde ich zum – zum . . .«

»Kotzen?«, half Katzbach. »Sie finden sie zum Kotzen. Und das nur, weil die jungen Leute nicht so aussehen wollen wie Sie. Ich sehe das doch richtig?«

»Überhaupt! Diese dekalente Musik!«

»Dekadente. Nicht: dekalente. Verstehen Sie etwas davon?«

»Verstehen? Von diesem widerlichen Getöse? Ich halt mir die Ohren zu. Wenn ich einen Sohn hätte, der mir mit solchem Mist ins Haus käme, na, dem würde ich vielleicht!«

»Immer druff, ja?«

Wachtmeister Cronberg bestätigte: »Jawohl, Herr Kommissar, immer druff. Wenn solche Kerle im Wald abgemurkst werden, dann braucht man sich nicht zu wundern. Ich sag's mir immer: Wie du kommst gegangen, so wirst du empfangen. Die sind selbst schuld. Das muss jemandem doch in den Fingern jucken, so einem mal Mores beizubringen. Nachempfinden kann man's wirklich. Und wir haben die Arbeit damit. Haben Sie schon 'ne heiße Spur?«

Sie hatten das rote Backsteinhaus erreicht. Katzbach sagte zu dem Wachtmeister, der ihn zum Untersuchungsgefängnis gefahren hatte: »Sie sind ein Arsch!«

»Wie – wie soll ich das verstehen, Herr Kommissar? Sie haben doch selbst gesagt . . .«

»Was habe ich selbst gesagt.«

»Dass Sie – na ja, dass Sie gegen Rauschgift sind.«

»Großer Gott! Was hat denn das mit Ihrem Geschwafel zu tun?«

»Aber das ist doch alles dasselbe!«

»Armes Deutschland!«, fauchte der Kommissar. »Wenn so ein Blech schon bei der Polizei geredet wird, was soll man dann von Krethi und Plethi erwarten! Stoppen Sie! Ja, meine Tasche, danke. Und sagen Sie mir zum Abschied noch Ihren Namen!«

»Cronberg, Fritz Cronberg. Wieso . . .«

»Ich möchte mich bei Gelegenheit gern an Sie erinnern, Herr Cronberg. Das ist es. Fahren Sie zurück und sagen Sie Inspektor Picht, er möchte in zirka 45 Minuten mit meinem Wagen vor diesem Haus sein! Das wär's.«

»Soll ich nicht besser auf Sie warten?«

»Nein, danke.«

»Also, dann – ja, also, wenn ich was Falsches . . .«

»Schon gut, Wachtmeister. Wiedersehen.«

Kommissar Katzbach schwenkte seine Beine aus dem Dienstwagen von Wachtmeister Cronberg. Seine miserable Laune hatte ihren absoluten Höhepunkt erreicht. Kühler Abendwind strich angenehm um die Ecke, aber der Kater achtete nicht darauf. Er fragte sich, ob er nicht schon längst Moschmosch hätte aufsuchen sollen. Man kann nicht alles machen!, sagte er sich, die Friedhöfe liegen voll von unentbehrlichen Leuten.

Er schellte dreimal, viermal. Dann endlich rief jemand aus dem Haus, er sei kein D-Zug. Zwei Minuten später drehte sich der Schlüssel im verschnörkelten Schloss. Ein Säbelbeiniger mit wucherndem Schnurrbart und lustig-wässrigen Augen öffnete die schwere Tür. Katzbach wies sich aus. Der Mann sagte, er hätte den Kater natürlich auch so erkannt.

Seifengeruch. Hallende Schritte auf den grün-weißen Fußbodenkacheln. An den Wänden Anschläge. Gesucht wegen . . . Keine schönen Buchstaben. Mangelhafte Typografie. Kein klassisches »Reward! Wanted! $ 5000. Lebendig oder tot.« Nein, keine Schmuckstücke von Gesuchtmeldungen. Keine exotischen Revolverhelden. Nicht die Prinzen der Pistoleros: Wild Bill Hickok, Jesse James, Apache Kid. Nein, blasse Jungen mit Angst und Feigheit im Gesicht. Oder bullige Catchertypen ohne eine Spur von Regung, fast tierisch im Ausdruck. Doch Katzbach hatte sich immer gegen diesen gefährlichen Gedanken gewehrt. Auch die hier gesuchten Verführer, Diebe, Erpresser, Schwindler und Mörder waren Menschen. Katzbach hatte einmal einen jungen Folksänger gehört, der damals mahnte: »Schneller, als du denkst, lernst du das Zittern, vor den Gittern, hinter den Gittern . . .« Der kleine Schritt, die veränderten Umstände, kaputte Verhältnisse, ein bisschen Pech, etwas wenig Willenskraft.

Der Säbelbeinige lächelte. »Wissen Sie eigentlich, Herr Kommissar, dass Sie jedes Mal vor den Anschlägen stehen bleiben, wenn Sie hier sind?«

»So? Ist mir noch gar nicht aufgefallen.«

Im hellgrün gestrichenen Büro schrieb ein sehr junger Gefängnisbeamter in ein dickes Registrierbuch: »Hauptkommissar Katzbach von der hiesigen Kriminalpolizei, ausgewiesen durch seine Dienstmarke und durch seinen Ausweis, besuchte unter heutigem Datum den einsitzenden Pombal Zagloul zwecks Verhörs.«

Moschmosch stand höflich auf, als der Kater den Besuchsraum betrat. Der Drillichanzug konnte seine geschmeidigen Bewegungen nicht verhüllen. Große schwarze Augen waren die zentralen Punkte im kakaofarbenen Gesicht. Peinlich sauber rasierte Koteletten. Die zierlichen Hände schienen einem Knaben zu gehören. Moschmosch war höchstens 165 Zentimeter groß.

»Guten Abend, Herr Zagloul. Ich möchte mich bedanken, dass Sie sich nicht gegen dieses Gespräch geweigert haben. Mein Besuch hat einen wichtigen Grund.«

»Zwei Herren der Polizei haben mich bereits gebeten Ihnen mit Informationen über Paul van Einem bei ihrer Arbeit behilflich zu sein. Ich wüsste meinen Ausführungen nichts hinzuzufügen.« Bedauernd hob Moschmosch die Schultern.

Absurd!, dachte Katzbach, surreal. Was für Worte für einen Mann im Sträflingsanzug: Zwei Herren der Polizei haben mich gebeten . . .

»Kann es sein, dass Ihnen in der Zwischenzeit noch etwas eingefallen ist? Schließlich kam die Nachricht von Paul van Einems Tod für Sie überraschend.«

»Überraschend? Ja, aber nicht mehr als die beiden Polizeibeamten kamen. Wir – wir bekommen hier gewisse Nachrichten erstaunlich früh, Herr Kommissar. Sie würden sich wundern, wenn Sie einmal einige Tage Ihrer wertvollen Zeit für einen Studienaufenthalt in diesem Hause opfern würden. Ein perfektes Informationsnetz verbindet uns mit Ihrer Welt. Allerdings ist unsere Bewegungsfreiheit über die Maßen eingeschränkt. Selbst bei besten Beziehungen ist der Aktionsradius gleich null.«

Katzbach überlegte: Ist er so? Oder leistet er sich einen Spaß mit mir? Wer soll aus diesem Sphinxgesicht klug werden! Der Kater wusste, dass er es schwer haben würde mit Moschmosch, und er machte sich keine großen Hoffnungen. Mit der rauen Tour war hier nichts zu erreichen. Moschmosch besaß die Leichtigkeit einer Qualle, durch die der ungeheure Druck des Meeres einfach hindurchgeht.

»Mochten Sie Paul van Einem?«, fragte Katzbach.

»Fassen Sie seinen Mörder! Ich bin bereit Ihre Bemühungen mit einem größeren Betrag zu unterstützen.«

»Sie vergessen, Herr Zagloul, dass man in diesem Land die Polizei nicht kaufen kann.«

»Ich bitte um Pardon. Dann will ich es Ihnen mit anderen Worten sagen: Paul war ein friedliebender Mensch und ich würde seinen Mörder mit eigenen Händen töten, wenn ich ihn zu fassen bekäme. Ist das genug?«

»Das ist zu viel. Auch Selbstjustiz ist in diesem Land nicht erlaubt. Unsere Sprache scheinen Sie besser zu kennen als unsere Gesetze.«

»Ihre Gesetze taugen nichts. Wenn ihre Gesetze anders wären, würde ein so friedfertiger Mensch wie Paul nicht von Ausbeutern ermordet. Ich versichere Ihnen, der Grund für den Mord ist Habsucht.«

»Das vermuten Sie. Wenn Sie es sicher wissen, müssen Sie mir Argumente sagen. Oder verschweigen Sie etwas?«

»Warum sind Sie zu mir gekommen, Herr Kommissar?«

»Das wissen Sie nicht? Ich möchte von Ihnen erfahren, wie weit Sie Paul van Einem getrieben haben mit Ihrem Rauschgift. Ist das klar genug? Es ist völlig sinnlos, dass wir über Friedfertigkeit und Ausbeuterei philosophieren und dabei die Frage außer Acht lassen, warum Paul van Einem den Ausbeutern in die Hände gefallen ist. Ich frage Sie, ob Sie nicht vielleicht der Grund sind. Was haben Sie Paul van Einem verkauft? Heroin? Ja, es war doch Heroin, was er sich spritzte? Ein teurer Spaß, oder?«

Ein Schatten ging über Moschmoschs Gesicht. Die femininen Lippen wurden plötzlich schmal. Seine rätselhaften Augen veränderten ihren Ausdruck nicht. Kein Zweifel: Moschmosch hatte sich gut in der Hand. Der Kater ließ ihm Zeit. Im Haus schlug atonal eine Uhr. Getrappel folgte. Die Kommandostimmen waren nicht deutlich zu verstehen. Moschmosch schaute auf sein Handgelenk und lächelte irritiert, als er dort keine Uhr fand. Schweiß perlte auf seiner Oberlippe.

Katzbach sagte: »Ich warte noch immer auf eine Antwort.«

»Er hatte von irgendjemand Marihuanazigaretten bekommen. Keine richtigen. Sie waren nur ganz leicht verschnitten mit erbärmlich schlechtem Stoff. Ich sagte Paul, wenn er blind werden wollte, dann sollte er ruhig so weitermachen. Wenn er aber die Droge der Wahrheit und der Bewusstseinserweiterung haben möchte, dann sollte er sich an mich wenden. Ich gab ihm Bedenkzeit, doch er entschied sich schnell. Im Kreise Gleichgesinnter ging er in meinen Räumen zum ersten Mal auf die Passage. Das machte ihn um Jahre reifer. Die Einsichten, die er an diesem Abend . . .«

»Gleichgesinnter? Was meinen Sie damit?«

»Er war Maler. Wussten Sie das nicht? Ein mittelmäßiger Maler, wenn Sie mich fragen. Er suchte Selbsterkenntnis, und das ist ein Irrweg für einen Künstler. Paul erkannte das. Er wollte seine Wahrnehmungsfähigkeit vervielfachen. Der LSD-Trip brachte ihn in die Richtung, die er suchte. Er kam regelmäßig, wenn die anderen auf die Reise gingen. Er tat sich am Anfang schwer, doch dann, ja, dann eröffneten sich ihm Dimensionen, die er vorher nur erträumt hatte. Seine Bilder bekamen eine neue Handschrift. Verstehen Sie, was ich meine?«

»Sie sind selbst nicht süchtig?«

»Süchtig! Welch eine Sprache, Herr Kommissar! Sie beweisen sich als ein Ignorant. Aber um in Ihrer Sprache zu sprechen: Ich bin nicht süchtig. Rauschgifthändler – um wieder in Ihren Begriffen zu reden – sind nie süchtig. Im Interesse der Sache müssen sie verzichten.«

Heuchler!, dachte der Kater. Der Herr Missionar schien nicht sonderlich überzeugt zu sein von seiner Lehre vom Glück verheißenden LSD.

»Was musste Paul van Einem für ein Briefchen bezahlen? Woher hatte er überhaupt Geld?«

»Nein, nein, Herr Kommissar, Ihre Mutmaßungen kann ich nicht akzeptieren. Mir scheint, Sie wollen mir unterstellen, dass ich Paul zum Verbrecher gemacht hätte. Und was ist das überhaupt: Verbrechen! Doch lassen wir das! Unsere Welten sind zu verschieden. Aber wenn es Sie beruhigt: Ich habe Paul den Stoff praktisch geschenkt.«

»Wirklich? Und die Heroinspritzen? Haben Sie die auch verschenkt?«

Wieder der Schatten auf dem Gesicht des Ägypters. Katzbach beobachtete sein Gegenüber genau. Moschmosch dachte nach. Überlegte er, ob er schon zu viel gesagt hätte? Erfand er eine Geschichte? Der Kater versuchte vergeblich den Charakter dieses Mannes zu ergründen. Moschmosch erwies sich als perfekter Mime und er fiel nicht aus der Rolle.

»Paul überschritt das Maß. Ich wollte ihm das Traumerlebnis vermitteln, das das hässliche Gegenständliche zurücktreten lässt und die Sinnesorgane ins Unermessliche erweitert. Aber Paul gab sich nicht zufrieden. Ich warnte ihn. Ich beschwor ihn. Er – er . . .«

Der dunkle Mann streckte seine Hände in hilfloser Geste aus und Katzbach konnte nicht erkennen, ob auch das Theater war. »Er war wie ein kleiner Bruder. Darum möchte ich, dass Sie seinen Mörder fangen.«

»Sie sagten, Paul hätte sich nicht zufrieden gegeben. Wieso?«

»Er nahm immer extremere Drogen. Er war immer auf der Reise. Tagelang hielt er ein Meerschweinchen für seinen Vater. Ich konnte ihm nicht helfen. Er entzog sich mir und darum trage ich nicht die Verantwortung für das, was später geschah.«

»Doch«, widersprach der Kater. »Der Mann, der oben am Berg den Schneeball wirft, trägt die Verantwortung für die Lawine. Ich wundere mich über Ihre Unlogik.«

Moschmosch gab keine Antwort. Er betrachtete die Pinselstrukturen an der unsauber gestrichenen Wand. Er wirkte nicht ungeduldig, eher ein bisschen gelangweilt.

Katzbach fragte: »Wissen Sie, wo Paul van Einem sich das Heroin besorgt hat?«

»Ich weiß es nicht, weil ich es nicht wissen wollte. Er hat viel Geld dafür gebraucht, das weiß ich. Da Sie mich jetzt fragen werden, Herr Kommissar, wie er sich das Geld besorgt hat, antworte ich lieber sofort, dass ich auch das nicht weiß. Ich kann Ihnen nur einen Namen sagen, der Ihnen vielleicht weiterhilft: ›Silver Dollar‹. Ich fürchte, mehr kann ich nicht für Sie tun.«

Katzbach drückte den Klingelknopf. Moschmosch verließ ohne Gruß den Raum, als zwei Gefängnisbeamte ihn abholten. Aber sein Gesicht wirkte freundlich.

Inspektor Picht klopfte am Schuhabsatz seine Pfeife aus, als Katzbach den roten Backsteinbau verließ. Picht hatte Katzbachs Wagen vor einer Fischhandlung geparkt. Riesige Karpfen schoben ihre Leiber dicht aneinander vorbei, fortwährend nach Luft schnappend. Zwei Fische trieben mit den hellen Bäuchen nach oben im engen Becken. Ein Papierdackel mit gelber Sprechblase verkündete: »Wir müssen leider draußen bleiben.« Penetranter Geruch von verbranntem Öl drang aus der Frittenbude.

»Also?«, fragte der Kater.

»Ich bin nach Angermund gefahren. Nichts. Frau Lord ist noch nicht wieder aufgetaucht.«

»Was sagt Lord dazu?«

»Sagt nur, er könne sich keinen Reim drauf machen. Sonst sagt er nichts. Sie haben ihn den ganzen Nachmittag verhört. In der Zeit hätten sie besser Skat gedroschen.«

»Ich habe Hunger«, sagte der Kater und nahm ein Zigarillo.

110

Alle Spielautomaten waren besetzt. Katzbach schätzte, dass sich ungefähr dreißig Leute im Lokal befanden. Junge Männer in der Hauptsache. Nur zwei Mädchen. Aus der Musikbox schluchzte ein Schlager: »100 Küsse auf Papier schickst du mir anstatt ein Wort zu sagen . . .« Im Hintergrund, unter der herzförmigen Neonbeleuchtung, tanzte eines der beiden Mädchen mit geschlossenen Augen. Die knallbunten Lichter der Automaten flackerten im Rhythmus der klappernden Kontakte. Spiele, bei denen man nur verlieren konnte. Die schmuddelig weiße Jacke des jungen Kellners war viel zu weit. Die vollbusige Blondine hinter dem Tresen mochte ungefähr vierzig Jahre alt sein. Sie trug eine champagnerfarbene Bluse. Es sah aus, als zapfte sie unentwegt obergäriges Bier. Katzbach dachte, dass sie eigentlich zu attraktiv wäre für den »Silver Dollar«. Auf ihrer linken Backe klebte ein streichholzschachtelgroßes Pflaster.

»Na, Opa, was suchst du denn hier?«, schrie ein Gestiefelter mit Fransenhemd, der am Flipper spielte.

»Ich?« Katzbach grinste. »Ich wollte nur mal schauen, ob mein Enkelchen sich das Höschen nass gemacht hat. Sonst noch was?«

»He, Mann!« Ein junger Siegfried ganz in Leder mit allerlei Borten und Schnüren baute sich vor Katzbach auf. »Hey, Mann! Was willst du, Mann? Was für ein Mann bist du, Mann?« Er tippte Katzbach mit einem Metallkamm vor die Brust. Die anderen klatschten im Takt.

»Ich bin der Mann, der gleich mit dir Cowboy spielt«, knurrte der Kater. Da war offenbar etwas in seinem Gesicht, das den jungen Kraftprotz bremste und ihn vielleicht vor schlimmen Prügeln bewahrte.

Das tanzende Mädchen rief: »Sei doch nicht so beschissen aggressiv, Schorsch! Komm, komm zu mir her!«

Ende der Vorstellung. Die Griffe, Knöpfe und Hebel der Spielautomaten waren fesselnder als der fremde Mann, den noch niemand im »Silver Dollar« gesehen hatte. Katzbach fragte den Kellner, ob er Rotwein haben könnte, aber der starrte ihn an, als ob er gebratene Frösche verlangt hätte. Katzbach bestellte ein Alt. Er sah, dass ein Mann der Frau hinter der Bartheke etwas zuflüsterte. Und die Frau bemerkte, dass er es sah. Sie winkte ihm eifrig zu doch einen der Barhocker zu nehmen.

»Hallo!«, sagte sie guttural. Sie lächelte den Kommissar schelmisch an. »Was verschafft uns die Ehre? Vorgestern war, wie ich hörte, schon mal die Polizei bei uns.«

»Vielleicht rollen Sie beim nächsten Mal den roten Teppich aus!«

»Klar, für den berühmten Kater tun wir das glatt. Einen Gin auf Kosten des Hauses?«

»Warum nicht? Woher kennen Sie meinen Namen?«

»Ich bitte Sie! So etwas spricht sich doch rund.«

Katzbach schnipste mit dem Finger: »Aber nur in einschlägigen Kreisen!« Und er flüsterte: »Übrigens stehen Sie auf meiner Liste. Ich habe drei schwarze Kreuze hinter Ihren Namen gemacht. Wie heißen Sie eigentlich?«

Die Frau ließ sich auf das Spiel ein. Mit verdrehten Augen griff sie sich an den Hals. »Ich bin die Massenmörderin Iris Rossipohl. Und außerdem bin ich die Wirtin. So, hier ist Ihr Gin. Ich hoffe, er ist gut temperiert.«

Der Kater probierte. Der Gin war in Ordnung. Der junge Kellner schleppte unentwegt Bier. Katzbach trank aus.

»Gordon's?«, fragte er.

»Beefeater«, sagte die Wirtin. »Sagen Sie, Sie sind dienstlich hier, ja?«

»Wann geht ein geplagter und unterbezahlter Polizeimensch schon privat in eine Wirtschaft!«, schmollte der Kommissar und ließ seinen Blick unauffällig durch das ziemlich kleine Lokal schweifen. Primitive Malereien auf den Wänden sollten Hula-Hula-Mädchen mit weißen Kränzen um den Hals darstellen. Die Spieler waren vertieft in ihr Spiel. Aber vom runden Tisch neben der Toilettentür aus beobachteten vier Augenpaare aufmerksam den Kommissar. Katzbach ließ wie zufällig den Blick zur Decke wandern, dann schaute er plötzlich in die Messingbeschläge hinter dem Tresen, die den Raum widerspiegelten: Kein Zweifel, man achtete auf ihn.

Die Wirtin beugte sich zu Katzbach vor: »Das mit Vöske, das hat uns alle ganz schön geschockt. Einer unserer häufigsten Gäste! Na, ich sage Ihnen! Fragen Sie mal herum, ob irgendeiner dem Vöske krumme Sachen zugetraut hätte. Ich wette eine Kiste Sekt, Sie finden niemanden. Der wirkte so seriös, so – na ja, so bürgerlich. Ich will mal sagen: Der passte nicht her.«

»Da können Sie Recht haben«, antwortete der Kater.

»Sind Sie wegen Vöske hier?«

»Mehr oder weniger. Kannten Sie Vöske persönlich?«

»Wie man so seine Gäste kennt. Nicht sehr gut. Ich bin ja auch nicht dauernd hinterm Zapfhahn. Meist ist mein Mann hier und neuerdings haben wir auch einen Barkeeper. Also, gut kenne ich Vöske nicht. 'n paar von unseren Stammgästen müssten ihn ganz gut kennen, aber von denen ist zur Zeit keiner hier. Tut mir Leid.«

»Kann man nichts machen. Ob ich noch ein Bier haben kann?«

»Sie stellen Fragen!«, lachte die blonde Frau und zapfte ein Altbier für den Kommissar. Dann fragte sie: »Stimmt es wirklich, dass Vöske in die Mordgeschichte verwickelt ist?«

»Was für eine Mordgeschichte?«

»Herr Kommissar! Jetzt machen Sie's aber verflucht spannend. Wir leben ja nicht auf dem Mond. Außerdem stand es in der Zeitung. Sagen Sie, leidet man sehr, wenn man mit Auspuffgasen vergiftet wird?«

Katzbach antwortete, er wüsste das nicht so genau. Da Paul van Einem aber unter Drogeneinfluss gestanden hätte, wäre es möglich, dass er überhaupt nichts gemerkt hätte. Der Kellner bestellte eine Lage Cola für den runden Tisch. Katzbach blickte wieder in das reflektierende Metall. Jetzt saßen nur noch drei junge Männer an dem Tisch. Er fragte die Wirtin, ob sie Paul van Einem gekannt hätte.

»Ich nicht. Aber mein Mann sagte, er hätte ihn gekannt, weil der Kerl öfters in unserem Lokal gewesen wäre. Sie nannten ihn wohl Haschpappi. Idiotischer Name, was?«

»Wie man's nimmt. Sie können mir nicht sagen, ob Haschpappi hier Freunde hatte?«

»Nein, kann ich nicht. Aber ich will gern meinen Mann fragen. Rufen Sie doch morgen mal an.«

»Und der Kellner? Weiß der nichts?«

»Toni? Ach wo, der ist erst seit vorigen Mittwoch hier. Sein Vorgänger, der könnte was wissen. Der war rund ein Jahr bei uns. Fränzchen Siller. Warten Sie mal, wie heißt das denn bloß, wo er jetzt arbeitet! In der Flinger Passage. Was mit Pferd . . .«

»Meinen Sie den ›Grünen Pony‹?«

»Das ist es!« Die blonde Frau patschte sich in die Hände. Plötzlich röhrte ein Automotor im Hinterhof auf. Die Wirtin schlug wieder die Hände zusammen und verdrehte die Augen.

»Wie oft habe ich ihm schon gesagt, er soll abends nicht so einen Lärm veranstalten!«

Katzbach fragte: »Wer ist der Krachmeier denn?«

»Mein Mann! Er bringt Wechselgeld. Dem werde ich den Marsch blasen! So ein Spinner. Moment, ich bin gleich zurück.«

Die Frau eilte hinaus. Katzbach hielt den Kellner, der sich ein Tablett mit Gläsern vom Tresen angelte, am Ärmel fest. Aus verstörten Augen schaute er den Kommissar an. Katzbach fragte, ob er den Namen Haschpappi schon einmal gehört hätte, aber der Kellner nuschelte nur, er wüsste überhaupt nichts. Dann riss er sich los und verteilte die Biergläser. Die Musikbox verkündete: »Meilenweit muss ich gehn hin zu dir, hin zu di-i-r . . .«

Die Wirtin kam mit einem Stapel blau verpackter Geldrollen zurück. Der Automotor verklang in der Ferne. Katzbach wollte zahlen, aber die Frau bestand darauf, dass es sich um eine Einladung handelte.

»Wiedersehn, Frau Rossipohl!«

»Tschö, Herr Kommissar. Und beehren Sie uns mal wieder! Aber nächstes Mal müssen Sie zahlen!«

Lachend verließ Katzbach den Spielsalon. Der Lederjüngling pfiff ihm nach. Die drei Männer saßen noch immer an dem runden Tisch. Der vierte war nicht zurückgekommen.

Der Kater war noch keine zehn Schritte gegangen, da wusste er bereits, dass ihm jemand folgte. Die Fische schienen langsam anbeißen zu wollen. Es wurde Zeit, den richtigen Köder auszuwerfen.

Nächtliche Jagd

Es war die stillste Stunde der Nacht: die Zeit zwischen drei und vier. In der hektisch lauten Altstadt kehrte endlich Ruhe ein. Die Straßen, am Tag drei- und vierspurig befahren, glichen unwirklichen Geisterbahnen. Die Enten im Düsselgraben hatten die Köpfe unter die Flügel gesteckt. Im Ilexgesträuch des Hofgartens röchelte ein Betrunkener. Die Schaufensterpuppen der Kaufhäuser waren zu bizarrem Dornröschenschlaf erstarrt, von spärlichem Licht schemenhaft beleuchtet. Ja, es war die stillste Stunde der Nacht. Aber bei der Düsseldorfer Polizei wusste man, dass es auch die heißeste Stunde der Nacht sein konnte: die Stunde der Automarder.

Die Ereignisse der letzten Tage hatten die Leute der Nachtstreifen reichlich nervös gemacht. Dazu kam, dass zusätzliche Beamte zum Streifendienst eingeteilt worden waren. Jeder ahnte, dass etwas in der Luft lag, dass es um mehr ging als um ein paar geknackte Wagen. Es wurde Zeit, dass der Knoten platzte.

Hauptwachtmeister Molitor leitete in der Nacht von Sonntag auf Montag die Schaltzentrale. Er hatte seinen Platz am Ende des langes Tisches, an dem die Beamten des Bereitschaftsdienstes die eingehenden Gespräche von draußen annahmen und den Einsatz der Streifenwagen dirigierten. Hauptwachtmeister Molitor hatte eine Sonderaufgabe und er schwitzte ein wenig bei dem Gedanken, dass sich auch in dieser Nacht nichts ereignete. Hatte sich Kommissar Katzbach geirrt? Die betrunkenen Randalierer, die irgendwo einen Opel aufzubrechen versuchten, um schneller nach Hause zu kommen, zählten nicht. Es ging um größere Fische. Die Meldungen von den Außenbezirken waren restlos negativ. Die Wanduhr zeigte 3 Uhr 18.

Molitor notierte instinktiv die Zeit, als sich der Streifenwagen Düssel 13 von der Himmelsgeister Straße meldete. Zwei Männer, anscheinend noch sehr jung, waren von einem Mercedes abgesetzt worden, der mit Standlicht bis zur Merowingerstraße weiterrollte und erst dann mit hoher Tourenzahl Richtung Innenstadt fuhr.

»Was machen die Jungen?«, fragte Hauptwachtmeister Molitor.

»Gehen langsam die Apostelstraße hinauf nach Norden. Wechseln jetzt die Straßenseite. Sieht ganz so aus, als ob sie ein bestimmtes Ziel angepeilt hätten.«

»Vielleicht haben sie was ganz anderes vor. Was meint ihr?«

»Kaum. Sie steuern den Privatparkplatz in der Suitbertusstraße an. Wir müssen jetzt zu Fuß weiter, es wird sonst zu riskant. Sie schauen sich dauernd um. Was sollen wir tun?«

»Ich ordere Düssel 27 in eure Gegend. Beobachtet sie und verfolgt sie, wenn's geht. Einer bleibt beim Wagen. Nicht zu nahe aufrücken, klar? Immer rechtzeitig die Verfolgung weitergeben an den nächsten Wagen. Macht bloß keine Zicken! Der Kater reißt mir das Fell vom Leib. Alles klar?«

»Alles klar. Aber dass wir schnell Verstärkung kriegen! Sollen zur Aachener Straße fahren. Verstanden? Wer aus dem Parkplatz rausfahren will, muss da hinein. Das ist ein Auslieferungslager von einem Buchverlag. Steht dick BSD dran, in Leuchtschrift. In der Toreinfahrt sollen sie sich postieren. Klar? Wir müssen weg! Ende!«

»Ende!«, sagte Hauptwachtmeister Molitor. Er spürte das Blut in den Adern kribbeln. Jetzt nur keinen Fehler machen! Verständigung an Düssel 27 und Düssel 29. Dann der Befehl zum Einsatz der Spezialisten mit den Porschewagen, die eigentlich zur Verfolgung von Bankräubern ausgebildet waren. Gut, auch das erledigt. 3 Uhr 23.

Um diese Zeit hasste Kommissar Katzbach seinen Beruf. Als das

Telefon anschlug, stieß er einen schlimmen Fluch aus und wünschte, er wäre von Beruf Oberpostrat oder Hauptbuchhalter. Aber seine brennenden Wünsche wurden nicht erhört: Das Telefon schrillte weiter. Katzbach sagte seinen Namen.

Doch dann war er hellwach.

Über dem Rangiergelände des Derendorfer Bahnhofs schimmerte ein winziger silberner Streifen, der die Morgendämmerung erahnen ließ. Katzbach schaltete die Heizung ein. Durch das Sprechfunkgerät hörte er, dass die beiden Männer inzwischen mit dem aufgebrochenen Opel die Friedrichstraße erreicht hatten. Von Norden her schirmten drei Polizeiwagen die Durchfahrt ab. Auch in der Kirchfeldstraße, die die Friedrichstraße kreuzte, warteten Polizeiwagen auf ihren Einsatz.

Kommissar Katzbach schaltete sich in die aufgeregten Gespräche ein. Er erklärte unmissverständlich, ihm läge nichts an einem Chicagospiel, er wolle wissen, wohin die Jungen den geknackten Wagen brächten.

Katzbach näherte sich von Osten der südlichen Innenstadt. Er stoppte an der Herzogstraße und breitete den Stadtplan über dem Lenkrad aus. Die Innenbeleuchtung des Peugeot funktionierte wieder einmal nicht. Katzbach nahm seine Taschenlampe. Es war 3 Uhr 45.

»Wo sind sie jetzt?«, fragte der Kater.

»Hier Düssel 27, hier Düssel 27. Der Opel hat den Graf-Adolf-Platz überquert und befindet sich jetzt in der Kasernenstraße. Nimmt nördliche Richtung. Wir übergeben an Porschebesatzung. Ende!«

»Wir übernehmen«, hörte Katzbach eine heisere Stimme undeutlich bestätigen. »Opel nähert sich Ratinger Tor. Ende.«

Sekunden später war es klar, dass die beiden Männer mit dem gestohlenen Wagen die andere Rheinseite erreichen wollten. Sie nahmen mit hoher Geschwindigkeit die Auffahrt zur Oberkasseler Brücke.

Es war später nicht mehr zu rekonstruieren, von welchem Einsatzwagen aus Kommissar Katzbachs Plan durcheinander gebracht worden war. Der schwere Fehler, den der Kater die ganze Zeit befürchtet hatte, geschah: Von irgendwoher gellte plötzlich eine Sirene und das schien für die anderen Polizeifahrzeuge die Aufforderung zur Jagd zu sein. Von allen Seiten strebten sie der Brückenauffahrt zu. Aus dem Funkgerät rauschte nur noch Tonsalat. Katzbach trat in heller Wut das Gaspedal durch. Der Peugeot, der seine besten Tage hinter sich hatte, reagierte bockig.

Auf der linken Rheinseite, am Anfang der Luegallee, hatte man in aller Eile aus drei Fahrzeugen eine provisorische Straßensperre errichtet. Als der Opel in irrsinnigem Tempo aus der Dunkelheit geschossen kam, sprangen die Beamten aus ihren Fahrzeugen. Geistesgegenwärtig riss der Fahrer des Opel das Steuer nach links, ließ den Wagen mit blockierter Lenkung im Sliding in die Lücke zwischen den gigantischen Platanen schlittern und mehr hüpfend als rollend querte der Opel das Schotterbett der Straßenbahnanlage, bevor er sirrend wie eine Wespe auf der falschen Seite der doppelbahnigen Allee verschwand. Eine Laterne, die im Morgenwind schaukelte, ließ ihr gelbes Licht wie über eine leere Bühne wandern. Als die Polizeifahrzeuge endlich die Verfolgung aufnahmen, hatten die Männer in dem schnellen Opel bereits einen Vorsprung von mehreren hundert Metern.

Der Polizist im VW-Käfer, der an der Autobahnauffahrt die Fliehen-
den aufzuhalten versuchte, hatte keine Chance. Er konnte nur
über Funk an die Einsatzzentrale übermitteln, dass der Opel in
Höchstgeschwindigkeit in die Autobahnschleife eingefahren wäre
und sich in westlicher Richtung entfernt hätte. Der Kater hörte
diese Meldung mit, als er am Ende der Luegallee in den Porsche
umstieg.

Fahles, dunstiges Licht, das die Sicht erschwerte. Die Dimensionen
wirkten verzerrt, Konturen verwischten zu grauem Brei. Der Motor des Porsche röhrte wie in höchster Not. Der feuchte Nebel
blieb auf der Windschutzscheibe kleben.

»Scheißwetter!«, murmelte Wachtmeister Nöfer.

»Fahren Sie langsamer!«, sagte der Kater. »Ich bin nicht auf Unfälle
aus.«

»Aber wir müssen sie schnappen!«

»Darum sollen Sie ja langsamer fahren. Wenn wir an der Leitplanke
hängen, kriegen wir sie erst recht nicht. Außerdem will ich nicht,
dass sich die Kerle die Hälse brechen. Hinter dem Kaarster Kreuz
wird die Autobahn gesperrt. Also keine Wettfahrt, haben Sie
gehört?«

»Sie sind der Boss.«

Plötzlich wuchsen aus dem Nichts die Umrisse eines riesigen
Lastzuges. Seltsam verwinkelt hing der Anhänger am Motorwa-
gen. Rotes Licht zuckte unregelmäßig.

»Achtung!«, schrie Katzbach.

Nöfer erkannte die Gefahr. Er bremste hart, gab die Bremse kurz
frei und stemmte sich wieder mit vollem Gewicht auf das Pedal.
Es gab ein hässliches Geräusch, als der linke Kotflügel an der
Leitschiene entlangschrappte und helle Funken schlug. Dann
stand der Porsche quer auf der Fahrbahn, keine zwei Schritte von
der Hinterachse des Anhängers entfernt.

Katzbach drückte die Tür auf und sprang auf die Straße.

»Die – die sind – sind ganz genau in uns reingefahren!«, stammelte ein Mann in pelzbesetzter Fahrerjacke. Ein anderer versuchte mit zitternden Händen die rechte Hintertür des kadmiumgelben Opel zu öffnen.

Der Wagen hatte sich tief unter den Aufsatz des Anhängers gebohrt. Benzingeruch breitete sich aus. Glasgeriesel wie Zucker kristallisiert floss unentwegt über die grotesk verbogene Haube. Aus einem der geplatzten Vorderreifen zischelten Reste der Druckluft. Die beiden jungen Männer hingen übereinander, als wären sie von plötzlichem Schlaf überrascht worden.

»Sind sie tot?«, flüsterte der Mann in der Fahrerjacke.

»Die Straße sichern!«, rief der Kater Wachtmeister Nöfer zu.

Polizeifahrzeuge tauchten in der Ferne auf, kamen lärmend näher. Der Wind trieb die feuchten Nebelfetzen wie Dampfwolken über die Wiesen.

Dr. Meiß erwartete den Kommissar in der Eingangshalle des Marienhospitals. Er wischte mit einem Papiertaschentuch seine dicken Brillengläser sauber und blinzelte den Kater aus kurzsichtigen Augen an.

»Mit dem einen können Sie jetzt reden«, sagte er, »mit dem anderen wär's sowieso zwecklos, der kann Ihnen die nächsten drei, vier Monate keine Antwort geben. Komplizierter Kieferbruch. Böse Sache.« Er setzte die Brille auf und zog einen Zettel aus der Tasche des Kittels. »Zimmer 11 auf der Unfallstation.

Aber der Stationsarzt soll dabeibleiben. Kommen Sie, Herr Kommissar!«

»Danke, Doktor, bemühen Sie sich nicht! Ich kenne den Weg zur Unfallstation.«

»Allerdings!«, schnaubte Dr. Meiß und es klang, als wollte er sagen: Sie sind es ja schließlich, der uns die meisten Kunden ins Haus bringt.

Katzbach fuhr mit dem Aufzug ins Untergeschoss. Er folgte den kichernden Schwesternschülerinnen, die auf einem Handwagen zerteilte Apfelsinen transportierten. Dr. Deban, der kleine persische Arzt mit den blauschwarzen Igelhaaren, erwartete den Kommissar an der Tür von Zimmer 11. Die beiden Männer kannten sich seit langer Zeit.

»Sie sorgen immer für Nachschub«, lächelte der Arzt.

Katzbach dachte: Der gibt mir also auch die Schuld! »Alte Jacke. Die Polente ist an allem schuld. Wollen Sie nicht mal der Bildzeitung ein Interview geben?«

»Das haben Sie mich neulich schon gefragt, Herr Kommissar.«

»Ja? Na, dann hab ich eben noch mal gefragt. An der Situation hat sich ja offensichtlich nichts geändert. Wie geht es Ihnen, alter Quacksalber?«

»Schlecht. Dauernd Nachtdienst. Und wenn ich dann nach Hause will, nun ja . . .«

»Ich sage doch: Die Polizei ist schuld. Können wir hinein?«

»Ja, bitte. Er hat eine schmerzstillende Spritze bekommen, aber er ist wach. Hat wohl irrsinniges Glück gehabt, denke ich.«

»Wie man's nimmt.«

Auf der Personalkarte am Fußende des Bettes stand: Hans-Joachim Röther. Katzbach erkannte den jungen Mann sofort. Er hatte im »Silver Dollar« mit drei anderen am Tisch gesessen. Zweifellos wusste auch Röther, wer der Kommissar war. Er versuchte das

Gesicht zur Seite zu drehen, aber er konnte sich nicht bewegen, weil seine geschienten Arme mit Seilen hochgebunden waren. Feindselig starrte er den Kater an. Sein Gesicht war bläulich bleich und über dem linken Ohr, wo man ihm das Haar abrasiert hatte, schimmerte die Kopfhaut violett. An der Nasenwurzel klebte verkrusteter Puder.

Katzbach sagte: »Keine schönen Umstände, unter denen wir uns wieder sehen, Herr Röther, aber eigentlich war es vorauszusehen, dass es so oder so ähnlich kommen musste. Der Doktor meint, Sie hätten sogar irrsinniges Glück gehabt. Was sagen Sie dazu?«

Röther spitzte die Lippen, als wollte er ausspucken. Dann sah es so aus, als suchte er nach Worten. Er sagte aber nichts. Er ließ seine Augen wandern: von den geschienten Armen zu Dr. Deban, dann ganz kurz zu Katzbachs Gesicht und schließlich blieben sie an der kalkigen Decke haften.

»Haben Sie starke Schmerzen?«, fragte der Kater und dachte: Dieses verdammt junge Gesicht, dieses verdammt junge Leben! Und die kalte Wut gegen die Spinne war wieder da.

»Er hat jetzt keine Schmerzen«, sagte Dr. Deban. Und leiser, dass nur Katzbach es hören konnte: »Das kommt erst später.« Röther blies die Luft aus der Nase.

»Der Puder kitzelt«, sagte Katzbach. »Kann man den nicht wegwischen?«

Der Arzt nahm einen Tupfer vom Wandbord und beugte sich zu dem Verletzten hinunter. Er schaute aus den Augenwinkeln den Kommissar an. Dann sagte er zu Röther: »Sie sollten die Fragen des Kommissars lieber beantworten. Es ist sehr wichtig.«

»Für mich nicht«, flüsterte Röther.

»Oh doch!«, entgegnete der Kater. »Und für ein paar andere Leute auch.«

»Wie geht es Pips – äh, Kosidowski?«

»Ihn hat es härter erwischt. Aber er kommt durch, sagt der Arzt.«

Röther schien nachzudenken. Dann fragte er: »Muss ich eigentlich Ihre Fragen beantworten? Zwingen kann mich doch keiner.« Und noch einmal sehr trotzig: »Kann mich keiner!«

»Sicher nicht«, antwortete Katzbach. »Aber denken Sie mal an Paul van Einem! Kannten Sie den? Bestimmt kannten Sie ihn. Der kam doch auch in den ›Silver Dollar‹. Und jetzt ist er tot.«

»Was hat Haschpappi damit zu tun, dass – ach, ist doch alles Scheiße!«

»So leicht machen Sie sich das? Sie enttäuschen mich, Herr Röther. War Paul nicht so etwas wie ein Kumpel für Sie? War doch auch ein Autoknacker, oder? Vielleicht haben Sie beide schon mal zusammengearbeitet? Hm? Aber Ihnen ist ja piepe, was mit Haschpappi geschehen ist. Ein kleiner Mord! Was soll's! Ja, Sie denken doch so?«

»Wenn er sich das verfluchte Zeug nicht dauernd gespritzt hätte!«

»Er hat aber. Das ist also Grund genug, ihn zu beseitigen. Sie wissen genau, warum er sterben musste, aber Sie tun so, als ginge Sie das nichts an.«

»Nein!« Röther machte Anstrengungen, den Kopf zu heben. Der kleine Arzt drückte ihn vorsichtig zurück. »Ich weiß gar nichts!«, stieß Röther hervor.

»Zum Donnerwetter! Wie oft ich das in diesem Fall schon gehört habe: Ich weiß gar nichts! Keiner weiß etwas. Lauter Unschulds-lämmer! Röther, ich will den Namen wissen! Ich will jetzt endlich von Ihnen hören, wer Ihnen und all den anderen jungen Kerlen die Aufträge gibt. Wer steckt dahinter?«

Nur das leise Summen des Ventilators war zu hören. In Röthers schmalem Gesicht bewegte sich kein Muskel. Erst nach vielen Sekunden sagte er fast lächelnd: »Ich weiß es wirklich nicht. Ich schwöre, dass ich es nicht weiß.«

»Haben Sie Angst vor ihm? Sie brauchen keine Angst zu haben. Ich weiß, Haschpappi wurde umgebracht, weil er gefährlich werden konnte. Ein Fixer ist nicht sehr zuverlässig. Darum wurde er ermordet. So weit – so schlecht! Doch dieser Mord hat noch eine andere Bedeutung. Er sollte eine Warnung für alle anderen sein, nur ja nicht aus der Reihe zu tanzen. Also tanzt keiner aus der Reihe. Also lassen sich alle wie Marionetten weiter für die Drecksarbeit missbrauchen. Und der große Unbekannte sahnt ab. Wollen Sie noch immer schweigen?«

Nein, Hans-Joachim Röther wollte nicht länger schweigen. Er redete, wie es ihm einfiel, erst zusammenhanglos von sich selbst: Warum er knapp bei Kasse gewesen wäre und warum er sich im Spielsalon »Silver Dollar« von ein paar Männern hatte einladen lassen, die ihm einen tollen Job versprachen, wenn er nur fein die Schnauze halten könnte. Dann präzise: von dem Mann, der sich einen Theaterbart angeklebt hatte und eine große Sonnenbrille trug und der ihn davor warnte, jemals auch nur ein Sterbenswörtchen über seine Aufträge zu verraten. Er berichtete auch von den Männern, die ihn zu seinen nächtlichen Einsätzen fuhren und dann schnell verschwanden. Goethe und Tarzan gehörten dazu. Von einem Mädchen, das zur Bande gehörte, hatte er allerdings nie etwas gehört. Die gestohlenen Wagen mussten immer zu einer anderen Stelle gefahren werden. Meist zu kleineren Orten auf der anderen Rheinseite. Röther nannte Namen: Büttgen, Kaarst, Reuschenberg, Büderich . . . Was dort mit den Wagen geschah, wusste er nicht.

Katzbach fragte: »Trafen sich alle, die beteiligt waren, im ›Silver Dollar‹?«

»Ich weiß es nicht. Ein paar jedenfalls. Wir – wir spielen da immer. Aber ob alle . . . Keine Ahnung.«

»Fiel es nicht auf, dass ihr euch dort traft?«

»Wer sollte das denn merken?«

»Der Wirt zum Beispiel.«

»Der Wirt? Der hat sich noch nie in der Kneipe sehen lassen. Nee, der kam nie. Und Iris, hach, das ist doch so 'n Muttchen, die steht hinterm Bierhahn und lächelt doof.«

»Und die Kellner? Was ist mit denen?«

»Haben immer nur einen. Aber das wechselt häufig. Auch 'nen neuen Barmann gibt es so ziemlich jede Woche.«

»Was ist denn so spannend an der Kneipe, dass ihr dauernd dahingeht?«

»Dass man dort spielen kann. Was denn sonst! Später war es natürlich 'n bisschen mehr. Da trafen sich eben – ja, also, wenn wir nachts wieder auf Tour gewesen waren, trafen wir uns dort am nächsten Tag und tranken ein paar. Und wegen der Frau. Ja, die spielt auch eine Rolle. Ich hab jedenfalls immer gleich geschaut, ob sie wieder da war, wenn ich in den ›Silver Dollar‹ kam.«

»Meinen Sie Iris Rossipohl?«

»Ach wo! So eine große Schwarze! Richtig rassig, wenn ich das mal so sagen darf. Sie half manchmal hinter der Theke aus.«

Dr. Deban zog den Kater am Ärmel zurück. Auch Katzbach sah, dass Röther sehr erschöpft wirkte. Der Kranke hatte Mühe, die Augen offen zu halten, und um seine Mundwinkel zuckte es wie im Krampf.

»Schluss«, sagte der Arzt.

»Noch eine Frage«, bat Katzbach. Und als Dr. Deban nickte, trat der Kater ganz dicht an das Bett. »Der geheimnisvolle Chef der Bande, fährt der einen Alfa Romeo?«

»Ja«, flüsterte Röther verblüfft, »einen Veloce. Woher wissen Sie das?«

Der Kater verließ mit Dr. Deban das Krankenzimmer. Er telefonierte mit seiner Dienststelle und wartete selbst, bis die beiden Beamten auf dem Flur Posten bezogen hatten. Der Kater wollte es nicht darauf ankommen lassen. Der Gegner war gefährlich.

Sondereinsatz Johnnie Walker

Schmutzige Bäche liefen an der Fensterscheibe herunter. In dieser Gegend waren die Fenster immer verdreckt. Der Ruß der Güterzüge und der pulvrige Staub von der Großbaustelle mischten sich zu grauem Schmier und legten sich auf den Asphalt der trostlosen Hinterhöfe, auf die lächerlichen Blumenkästen und auf Mauervorsprünge und Fensterborde. Und wenn es regnete, gerannen die Tropfen zu Brei. Chris dachte an seine Mutter, die trotz des schlechten Wetters in Neuß Kunden besuchte. Er hatte bei diesem Gedanken eine große Wut im Bauch. Warum sind wir nicht reich?, dachte er. Warum haben die anderen die Flöhe und die schicken Bungalows in Hösel und in Grafenberg? Ja, Chris hatte die diskret gekleideten Herren mit der besonderen Duftnote kennen gelernt, die den Monteuren gnädig ein Fünfmarkstück in die Jackentasche steckten, wenn sie ihre dicken Schlitten nach der Inspektion abholten. Die Superfeinen schickten sogar ihre Chauffeure oder ließen sich die Wagen von der Reparaturwerkstatt vor die Haustür stellen. Chris dachte an verknautschte kleine Pekinesen, an glatthäutige Frauen mit glitzernden Steinen und Modeheftfrisuren, an geschmiedete Laternen vor stillen Parks. Er dachte auch an die anderen, die ihre kleinen Gebrauchtwagen erst brachten, wenn es im Getriebe knirschte und schon fast zu spät war, und die immer die bange Frage stellten, ob es sehr teuer würde. Und ihm gingen seine Mitbewohner im Häuserblock durch den Kopf, die ihre Kühlschränke und Fernsehgeräte abstotterten und die nicht im Supermarkt kauften, sondern in den kleinen Gemischtwarenläden, weil sie dort anschreiben lassen konnten. Aber er verdrängte diese Vorstellungen: Er wollte an die Menschen mit dem großen Geld denken. Er wollte sich nicht abfinden. Chris genoss seine Wut und machte grimmiges Schattenboxen, bis ihm der Schweiß ausbrach.

Dann legte er zum fünften- oder achtenmal »Hair« auf und ließ die Songs mit überhöhter Umdrehungszahl laufen, dass es wie ein Mäusechor klang. Aber es erheiterte ihn nur wenig. Er hätte jetzt gern etwas mit den Händen getan: Bäume fällen oder – Autos reparieren.

»Käse! Käse! Käse!«, brüllte Chris, aber Ringo Starr an der Wand grinste unverdrossen weiter. Chris brüllte noch einmal und so hörte er das Schellen nicht gleich.

Es war Siggi.

»Berufsschule geschwänzt. Los, lass mich schon rein, du Clown!«

»Piefke, Hirni, Waldheini! Und wenn sie dich melden?«

Siggi hängte seine klatschnasse Parka an der Türklinke auf und schubste Chris durch den Korridor. Er machte ein geheimnisvolles Gesicht und hatte seinen Spaß daran, dass Chris ihn neugierig anstarrte.

»Nun dreh mal erst die Musik leiser! Was wir zu besprechen haben, ist furchtbar wichtig.«

Chris zuckte die Schultern. Siggi hatte sich auf das Bett gesetzt. Chris blieb vor ihm stehen.

»Also«, sagte Siggi.

»Wirklich spannend!«

»Wart's doch ab! Rate mal, was ich heute gesehen habe!«

»Uwe Seeler? Den Kaiser von China? Den Isthmus von Tehuantepec? Graf Rotz von der Wange?«

»Quatsch. Rate mal richtig!«

»Ist doch witzlos. Raus mit der Sprache, Siggi!«

»Erinnerst du dich an den gelb-schwarzen Ford Taunus von dem Hundezüchter? Mit dem eingeblötschten Kotflügel?«

»Klar wie Kloßbrühe! Als die Karre wieder ausgebeult war, ist er auf der Volmerswerther Straße gegen den Pfeiler von der Eisenbahnbrücke gefitscht und hat dann den Trümmerhaufen einfach liegen gelassen.«

»Haargenau. 150 Mark hat er für den ganzen Schrott gekriegt, weißt du noch?«

»Sicher. Aber warum erzählst du so olle Kamellen?«

»Weil ich die Karre heute gesehen habe.«

»Das ist doch Mumpitz! Das war doch nur noch 'ne Hand voll Blech.«

»Das ist es ja gerade! Bei uns auf dem Werkhof steht der gleiche Wagen: schwarzes Dach, gelbe Karosserie. Und jetzt kommt der Witz: gleiche Wagennummer und gleiche Fahrgestellnummer!«

»Mensch! Das war D-RN 444, ja? War so gut zu merken.«

»Du sagst es, altes Ross. Weißt du auch noch, warum uns die Fahrgestellnummer aufgefallen war?«

»Warte mal, das war etwas mit Fußball. Ein Verein. Ja: München 1860!«

»Du bist gar nicht so trottelig, wie du aussiehst«, verkündete Siggi großspurig und zog einen Zettel aus der Hosentasche. »Hier, ich hab's notiert. DN 27 MÜ – 1860. Das sind exakt die Nümmerchen, die ich von dem Wagen vorhin abgeschrieben habe. Wie findest du das?«

»Ganz schön eigenartig. Das muss ich schon sagen.«

»Fast wär mir das Mittagessen rausgefallen vor Schreck und du? Du sagst: Ganz schön eigenartig. Junge, das ist eine ausgemachte Sensation!«

»Wieso Sensation? Du meinst doch nicht . . .«

»Und ob ich das meine! Das ist eine gestohlene Karre, die jemand umfrisiert hat. Ich habe doch den Kotflügel abgetastet. War nichts mit ausgebeulter Delle. Ich sage dir, der Wagen hat noch keinen einzigen Bums gemacht und trotzdem trägt er die Nummer des Unfallwagens.«

»Das kann doch Zufall sein. Wenn sie bei der Zulassungsstelle zufällig die gleichen Kennzahlen . . .«

»Ach! Und die Fahrgestellnummer?«

»Zum siebenschwänzigen Teufel, Siggi, die Sache ist oberfaul.«

»Guten Morgen, du Tünnemann! Dass du das auch merkst!«

»Spiel dich nicht so auf, Siggi! Was machen wir jetzt? Willst du's nicht dem Ollen melden?«

»Weinkauf? Bist du vom wilden Affen gebissen? Was ist denn, wenn der selbst an 'nem krummen Ding beteiligt ist?«

»Siggi! Der doch nicht!«

»Du machst mir Spaß, Chris. Erst pfeffert er dich raus und dann nimmst du ihn noch in Schutz.«

»Das hat nicht die Bohne miteinander zu tun. Aber wenn du Recht hättest . . .«

»Ja?«

»Dann müssten wir es dem Kommissar melden. Dann gehört das zu dem ganzen Fall. Autos klauen und Nummern und Papiere auswechseln und dann weiterverkaufen. Das ist doch die Masche.«

»Du, zur Polizei . . . Ich weiß nicht. Wenn sich das später als Irrtum herausstellt, dann – dann stehe ich da mit meinem kurzen Hemd.«

»Sag's doch gleich, dass du Schiss hast. Du willst bloß nicht rausfliegen, das ist alles. Schön. Mache ich es eben allein. Mir kann ja nichts mehr passieren.«

»Du denkst, ich wäre ein Feigling? Du, das nimmst du zurück!«

»Nehme ich nicht! Zeig doch, dass du kein Feigling bist! Komm mit!«

»Aber – aber es regnet doch so verrückt.«

»Ich lache mich tot! Hat es vorhin nicht geregnet? Du bist trotzdem gekommen. Und jetzt? Jetzt willst du kneifen.«

Siggi gab sich deutlich einen Ruck. Chris wartete. Dann schnappte sich Siggi seine nasse Parka und fragte Chris, auf was er denn noch wartete. Chris knallte ihm lachend einen Schwinger aufs Brustbein, holte seinen Anorak aus dem Schrank und schrieb auf einen Briefumschlag: »Ich bin mit Siggi zur Kriminalpolizei!« Er fand, dass das sehr beeindruckend aussah.

Chris und Siggi waren bis an die Ziegelmauer des Speditionsgeländes gekommen, als vor ihnen ein dunkelgrüner Alfa hielt. Sie hatten den Wagen nicht bemerkt, weil der Regen so heftig prasselte. Und als der Mann mit der übergroßen Sonnenbrille plötzlich den Schlag aufstieß, sprangen die Jungen unwillkürlich zurück. Idiot!, dachte Chris, zieht der eine Show ab! Und die Sonnenbrille!

»Sekunde!«, rief der Mann. Er hatte grau gewelltes Haar und trug einen rehbraunen Anzug aus Seidenpopeline im Safari-Look. Er beugte sich aus der Tür und winkte mit seiner behandschuhten Rechten.

»Ja, bitte?«, fragte Siggi.

»Kennen die Herren sich hier in der Gegend aus?«

»Ich nicht«, sagte Siggi, »aber er. Er wohnt hier vorn.«

»Sehr gut. Ich suche einen gewissen Christian Marquardt. Der muss hier irgendwo wohnen.« Die Augen des Mannes waren nicht zu sehen, aber Chris glaubte den Blick körperlich zu spüren. Da war etwas, das Chris nicht zu deuten wusste, aber es hatte mit Angst zu tun.

»Was – was wollen Sie denn . . . Was wollen Sie denn von dem?

Ich meine – den Namen . . . Nee, ich dachte zuerst . . . Nein, ich kenne den Namen doch nicht! Tut mir Leid.«

»Schade«, lächelte der Mann. Lächelte? Jedenfalls zeigte er die Zähne und die kleinen Fältchen an den Mundwinkeln verzogen sich ein wenig. »Ewig schade. Ich wollte Christian Marquardt nämlich davor warnen, eine große Dummheit zu begehen. Er scheint etwas vorwitzig zu sein. Na, da kann man nichts machen – wo ihn keiner kennt! Vielen Dank auch.«

Der Alfa schoss davon. Siggi machte langsam seinen Mund wieder zu. Aber er kam nicht dazu, Chris zu fragen, warum in aller Welt er dem Alfafahrer verschwiegen hatte, dass er selbst Christian Marquardt wäre. Denn da stotterte ein VW aus Methusalems Zeiten heran und wieder ging die rechte Wagentür auf und eine Hand winkte aufgeregt. Diesen Mann allerdings kannte Chris: Er hatte ihn im Büro des Kriminalkommissars gesehen.

»Los, steigt ein!«

»Aber – wohin wollen Sie mit uns?«, fragte Siggi.

»Zu Kommissar Katzbach.«

»Dahin wollen wir sowieso!« Chris verkündete das so, als wäre es für ihn alltäglich, dem Kommissar seine Aufwartung zu machen. Vielleicht war er aber auch nur verwirrt von der rätselhaften Begegnung mit dem Alfafahrer.

Katzbach kam aus der Kantine und steuerte sein Büro an. Der Sauerbraten hatte nur sehr entfernt nach der bekannten rheinischen Spezialität geschmeckt und so nahm Katzbach Zuflucht zu einem Zigarillo. Inspektor Picht hatte bereits den Besuchersessel übernommen, seine Absätze machten schwarze Streifen auf Katzbachs Schreibtisch.

»Nimm die Beine runter!«, knurrte der Kater. »Wir sind hier nicht im Kino.«

Picht sprang theatralisch auf, knallte die Hacken zusammen und brüllte: »Kriminalinspektor Picht meldet sich bei seinem Obermops gehorsamst zur Stelle. Bitte um die Erlaubnis, Rapport geben zu dürfen. Bitte außerdem den großen Meister sich auf seinen Allerwertesten zu setzen.«

»Wieso, du Spinner?«

»Weil ich eine Nachricht habe. Vöske ist verschwunden.«

»Ich geb's auf. Ich gehe ins Kloster. Ist das denn noch zu glauben! Da beschatten drei ausgewachsene Figuren einen kleinen Ganoven und was macht der? Schüttelt die Herren Detektive mir nichts, dir nichts ab. Klasse!«

»Mach dir nichts draus, Kater! Dafür ist die nächste Meldung auch schlecht.«

»Witzbold. Ihr habt sie also noch immer nicht gefunden?«

»Nein, wir haben sie nicht gefunden. Als ob der Erdboden sie verschluckt hätte. Sie muss ihr Fahrrad am Bahnhof in Angermund abgestellt haben. Aber ob sie dann in einen Zug gestiegen ist, das wissen die Götter. Wir haben das gesamte Personal der Nahverkehrsstrecken in beiden Richtungen ausgefragt. Es halten nur Nahverkehrszüge in Angermund. Alle waren am Sonntag mehr oder weniger leer. Fortuna hat nicht gespielt, Kirmes gab's auch nirgendwo. Aber kein Aas kann sich erinnern Frau Lord gesehen zu haben. Und zu übersehen ist sie ja wohl nicht, denke ich.«

»Trotzdem, sie ist mit größter Wahrscheinlichkeit irgendwie nach Düsseldorf gekommen. Sie hat darin vermutlich Erfahrung. Sie ist nämlich des Öfteren in Düsseldorf: geschäftlich, wenn man so will.«

Picht starrte den Kommissar wie ein ältlicher Bernhardinerhund an. Was war das denn schon wieder? Des Öfteren in Düsseldorf. Geschäftlich! Hatte der Kater am Ende schon wieder seine Nase vorn? Hatte er wieder einmal Zusammenhänge gesehen, die zwar nach seiner Vorstellung auf der Hand lagen, die anderen Zeitgenossen aber aus unerklärlichen Gründen verschlossen blieben? Picht rätselte in Katzbachs Gesicht herum.

»Nicht so viel denken, Jochen, das schadet deinem Teint.«

»Falls du es noch nicht gemerkt haben solltest, Kater: Ich gehöre zu deinen Mitarbeitern!«

Katzbach grinste geradezu hinterhältig. »Prima, dass man das mal gesagt kriegt. Woher sollte ich das denn sonst wissen!« Er drückte die Ruftaste und bat Fräulein Jong, sie möchte ihrer Freundlichkeit die Krone aufsetzen und endlich Assistent Degenhardt herbeischaffen. Doch das schien das Stichwort für Degenhardts Auftritt gewesen zu sein, denn genau in diesem Moment stolzierte er ins Zimmer. Dem Kater blieb die Spucke weg.

»Tag, Herr Karnevalsprinz!«, wieherte Picht.

Degenhardt schaute ein bisschen gekränkt an seiner Montur hinunter: weiße Lederjacke mit Zierstepperreien, braun und gelb gestreifte Hose, Cowboystiefel aus Wildleder.

»Adäquate Verkleidung! Ich sehe schon, Degenhardt, Sie kommen zu wenig unter das Volk. Oder Sie haben Knöpfe auf den Augen. So können Sie den schönsten Königssohn bei Dornröschen mimen.«

»Aber sie haben doch selbst gesagt, Kommissar . . .«

»Degenhardt! Los, das Ganze noch einmal. Aber sagen wir: schwach die Hälfte.«

Beim zweiten Auftritt kam Degenhardt endlich in der Aufmachung, die für seine Rolle passte: Jeans, Wollpulli, Kordweste. Nur die Stiefel waren geblieben. Katzbach war zufrieden. Er wusste genau, wie riskant es war, Degenhardt in den »Silver Dollar« zu schleusen. Andererseits hatte der Assistent oft genug bewiesen, dass er in gefährlichen Situationen besonnen und logisch handelte. Katzbach und Picht hatten mit Degenhardt ausführlich den Sondereinsatz besprochen. Wenn die Spinne nicht aus ihrem Netz kam, mussten sie in das Netz der Spinne.

Für den Sondereinsatz war eine eigene Mannschaft aus erfahrenen Kriminalbeamten zusammengestellt worden. Es bestand eine separate Funkfrequenz und man hatte eigens drei Telefonleitungen ohne Zwischenschaltung der Telefonzentrale eingerichtet. Der Kater wollte dem Spuk endlich ein Ende machen.

»Das Kind muss einen Namen haben«, bemerkte Picht. »Was ist mit ›Sondereinsatz Haschpappi‹?«

»Papperlapapp«, entgegnete der Kater. »Es muss ein Kennwort sein, unter dem Degenhardt sich jederzeit unverfänglich melden kann. Es muss etwas sein, das man vor allen Gästen in einer Wirtschaft aussprechen kann, ohne dass irgendjemand deswegen die Ohren spitzt. Also, großer Dichter?«

Picht meinte: »Ich hab's. ›Sondereinsatz Johnnie Walker‹. Na, ist das was?«

»Klar. Ein Whiskyname ist ganz brauchbar. Degenhardt, haben Sie es sich gemerkt: Johnnie Walker!«

»Habe ich, Kommissar. Ich schwirre ab, ja?«

»Haben Sie den Spytransmitter?«

»Ja. Sonst noch was, Kommissar?«

Inspektor Picht fragte: »Was für 'n Ding hat er? Spytransmitter? Ist das 'ne Wanze?«

»Ja, eine ziemlich moderne. Unsere Techniker sind sagenhaft stolz auf das Ding. Ist höchstens briefmarkengroß und wird in die Sprechmuschel des Telefonhörers eingelegt.«

»Ein transistorisiertes Abhörgerät?«

»Eben. Kam über den Teich, und zwar aus New York. Die Continental Telephone Supply hat es entwickelt. Es hat eine Funkweite von über 100 Meter.«

»Und die Betriebsdauer?«, wollte Picht wissen.

»Unbegrenzt. Das Gerät nimmt seine Energie vom Telefon. Das ist ja der Trick.«

Assistent Degenhardt wollte wissen, ob er sich jetzt endlich an die Arbeit machen könnte. Katzbach schaute auf die Uhr. 15 Uhr 22. Noch zu früh. Er schlug Degenhardt vor die Rolle ein wenig zu trainieren, Plattenläden zu besuchen, Kaufhäuser zu durchstreifen, den Mädchen nachzuschauen. Es kam darauf an, dass Degenhardt sein Spiel absolut glaubhaft spielte. Dass er ihm sofort einen Schatten auf die Fersen setzen würde, verriet der Kater seinem Assistenten nicht.

Als Degenhardt das Zimmer verließ, hatte die Aktion »Johnnie Walker« begonnen.

Wieder kam der Kommissar nicht dazu, schwarzen Kaffee zu bestellen; denn kaum war Degenhardt fort, tauchte der Beamte auf, der mit Christian Marquardts Überwachung beauftragt worden war. Und in seinem Gefolge erschienen zwei etwas verlegen blickende Jungen mit reichlich roten Ohren. Katzbach erkannte Chris Marquardt trotz der pitschnassen Haare sofort. Er zeigte auf die Stühle, die im Zimmer herumstanden. Inspektor Picht bastelte wieder einmal an seiner Pfeife. Katzbach war sicher, dass Picht das Pfeifenrauchen nie lernte. Aber vielleicht wusste Picht das selbst und brauchte nur etwas, um sich dann und wann daran festzuhalten.

Hauptwachtmeister Meerkamp berichtete, was passiert war, und er ließ auch Christians Bemerkung nicht aus: Zum Kommissar wollten wir sowieso.

»Ach, ihr wolltet zu mir? Interessant. Was war denn der Grund dafür?«

»Siggi«, sagte Chris, »das musst du erzählen. Du hast den Wagen ja entdeckt.«

Siggi ließ sich nicht zweimal bitten. Er kam sich furchtbar wichtig vor und Kommissar Katzbach unterbrach ihn bei seinem blumenreichen Bericht nicht. Dass er auch das Tonbandgerät eingeschaltet hatte, war den Jungen nicht aufgefallen.

Siggi ließ keinen Zweifel daran, dass er im Grunde der geborene Detektiv wäre, und Chris schämte sich seines Freundes ein wenig. Andererseits: War Siggis Entdeckung nicht aufregend genug? Dennoch hatte Chris den Eindruck, dass sie dem langen Kriminalkommissar mit dem rätselhaften Gesicht kaum etwas Neues sagten.

»War der Alfa Romeo ein Veloce?« Plötzlich war der Kommissar zum anderen Thema übergewechselt und es schien, als wäre ihm diese Sache entschieden wichtiger.

»Ein dunkelgrüner«, antwortete Chris.

»Der Mann«, fragte der Kater, »wie sah der Mann aus? Bitte überlegt euch das gut. Denkt nach! Sagt nichts, was ihr nicht genau wisst.«

Hauptwachtmeister Meerkamp hockte im Hintergrund auf der Fensterbank und schrieb eifrig mit. Inspektor Picht war es gelungen, seine Pfeife in Brand zu setzen. Fräulein Jong fragte an, ob der Herr Kommissar die Abteilungsleiterkonferenz ganz und gar vergessen hätte. Der Kater knurrte etwas Unverständliches in die Sprechmuschel und wies Fräulein Jong an, sie sollte sich selbst eine plausible Erklärung für sein Fernbleiben ausdenken. Nein, jetzt blieb ihm wirklich keine Zeit für bürokratisches Gerede. Die Spur war längst kochend heiß geworden. Katzbach blickte Chris Marquardt an.

Chris sagte: »Der Mann hatte graues Haar. Er war mindestens 50 Jahre alt.«

»50 Jahre? Der war knapp 40!«, widersprach Siggi.

»Ich hab es aber genau gesehen: Er war mindestens 50 Jahre alt. Die Falten im Gesicht. Und überhaupt . . .«

»Du hast wie immer Pflaumenmus auf den Augen!« Siggi lachte überlegen. Chris zeigte ihm unzweideutig den Vogel. Ein Boxkampf schien die geeignetste Möglichkeit zu sein, die Frage nach dem Alter des Alfafahrers zu klären. Der Kommissar musste erst mit der Faust auf den Tisch schlagen, damit die beiden Kampfhähne wieder zur Sache kamen.

»'schuldigung«, murmelte Chris kleinlaut.

»Es gibt nicht viele Leute, die etwas präzise beschreiben können, was sie gesehen haben.« Katzbach trat ans Fenster und schaute in den Regen hinaus. »Beobachtungsgabe und Erinnerungsvermögen sind bei den meisten Menschen unterentwickelt. Dafür gibt es eine Menge Gründe: ein Übermaß an täglichen Eindrücken, Desinteresse, Hektik. Als wären die Sinne verschlossen gegenüber Menschen und Dingen, die einem im Grunde gleichgültig sind. Und aus oberflächlichen Wahrnehmungen entstehen dann später die krass unterschiedlichen Zeugenaussagen, die uns die Arbeit gehörig erschweren. Kürzlich sagten in diesem Büro zwei Frauen aus. Sie beschrieben die Kleidung eines Mannes, der Fahrerflucht begangen hatte. Die eine Frau war sich absolut sicher, dass der Mann eine rote Jacke trug, die andere wollte auf ihren Eid nehmen, die Jacke wäre hellgrün gewesen. Hübsch, nicht wahr?«

Chris sagte: »Aber eine hat dann doch gelogen!«

»Nein«, lächelte der Kommissar, »beide haben sicher subjektiv die Wahrheit gesagt. Vielleicht hatte der Mann eine ungewöhnlich starkfarbige Jacke an. Das war beiden Frauen sofort aufgefallen. Aber die Beobachtung war vom Gehirn vielleicht nicht registriert worden. In der Erinnerung assoziierte die eine Frau ›Starkfarbig‹ mit ›Grün‹, die andere mit ›Rot‹. Dabei spielt das persönliche Farbempfinden eine verfälschende Rolle.« Katzbach schaute auf die Uhr. »Zurück zu unserem Fall! Wie sah der Mann aus?«

»Sein Alter liegt so zwischen 40 und 50«, entschied Siggi. Chris nickte. Und dass der Mann einen hellbraunen Sommeranzug trug, war auch beiden klar. Bei der Beschreibung der Haarfarbe gab es keine Übereinstimmung: Chris blieb bei seiner Behauptung, der Mann hätte graues Haar gehabt, Siggi meinte, ohne Zweifel wäre die Haarfarbe mittelblond. Die Falten an den Mundwinkeln hatten beide Jungen bemerkt und vom Gesicht konnten sie nichts weiter berichten: Die große Sonnenbrille war der beherrschende Eindruck gewesen.

»Könnt ihr etwas zur Körpergröße sagen?«

»So ein schmaler langer Kerl war's.« Siggi sagte das im Brustton der Überzeugung.

Chris widersprach: »Schmal schon. Aber lang? Nee, lang nicht!«

Katzbach sagte: »Es ist nicht sehr einfach, die Körpergröße eines Menschen zu schätzen, der in einem Auto sitzt. Mit einiger Wahrscheinlichkeit kann man nur beurteilen, ob einer besonders groß oder besonders klein gewachsen ist. Konzentriert euch bitte! War der Mann nach eurer Ansicht besonders lang?«

»Lang schon«, beharrte Siggi, »aber nicht besonders, glaub ich.«

»Also mittelgroß«, seufzte Katzbach. Der Beamte im Hintergrund notierte es mit sauer-süßem Gesicht. Mittel: Das schrieben sie immer bei Vernehmungen, wenn sie etwas nicht wussten. Mittlere Größe, mittlere Geschwindigkeit, mittelmäßiges Gesicht . . .

»Wovor er mich wohl warnen wollte?«, sagte Chris.

»Er hat dich doch gewarnt.«

»Er . . . Er hat . . . Aber er wusste doch gar nicht, dass . . . Na ja, dass ich ich war!«

»Doch, das wusste er haargenau. Er hat nur zum Schein gefragt. Wahrscheinlich hat er durch einen Mittelsmann herausbekommen, dass Siggi die seltsame Sache mit dem gelb-schwarzen Taunus durchschaut hatte. Die Warnung galt euch beiden.«

Siggi fragte mit ungewöhnlich dünner Stimme: »Warnen? Aber vor was denn?«

»Hat er nicht gesagt, Christian wäre etwas vorwitzig und könnte vielleicht eine große Dummheit machen? Das sollte nichts weiter heißen als: Haltet den Mund und geht vor allem nicht zur Polizei. Genau das sollte diese Warnung besagen. Und die Warnung war ernst gemeint! Wir müssen auf der Hut sein. Jetzt, vor allem jetzt dürfen wir keinen Fehler machen.« Und zu Wachtmeister Meerkamp: »Arrangieren Sie die Schutzmaßnahmen und sprechen Sie den Plan mit Inspektor Picht ab!«

»Geht in Ordnung, Herr Kommissar!«

»Sind – sind wir in Gefahr?«, flüsterte Siggi. Katzbach konnte an seinem Gesicht sehen, dass er das zwar einerseits höllisch aufregend fand, dass ihm aber andererseits der Gedanke daran ein bisschen auf die Milz geschlagen war.

Chris sagte: »Mir ist noch etwas aufgefallen. Der Mann trug Handschuhe.«

Der Kater hatte eine tiefe Falte auf der Stirn. Sie lief von der Nase aus senkrecht nach oben und verschwand unter den schwarzen Haaren.

An diesem Abend konnte Chris nicht einschlafen. Er hörte die

Stundenschläge von der Rochuskirche und in seinem Kopf formten sich seltsame Gedanken zu verworrenen Geschichten. Aber eigenartigerweise spielten die Erlebnisse der letzten Tage dabei keine Rolle. Von Zeit zu Zeit versuchte Chris fast gewaltsam einzuschlafen. Er addierte Zahlenreihen, murmelte Liedstrophen, stellte sich Worte bildhaft vor und las sie rückwärts: Neppunhcsnrets, Leoleseid, Wolagnub, Ginohneneib. Er sagte Sätze herunter. Dreidreidrei – Issuskeilerei. Fischers Fritze fischt frische Fische. Da liegt es, das Kindlein, auf Heu und auf Stroh. Pflicht des Fahrgastes ist es, sich im Wagen einen festen Halt zu verschaffen. Etwaige Folgen der Außerachtlassung dieser Bedingung sind selbst verschuldet und schließen jegliche Haftung der Straßenbahngesellschaft aus . . .

Nein, es half nichts. Chris konnte nicht schlafen. Aus dem Nebenzimmer drangen die unregelmäßigen, lauten Atemgeräusche seiner Mutter zu ihm herüber, und das vor allem machte Chris nervös.

Trotz des heftigen Regens drängelten sich die Leute vor dem »Silver Dollar«. Inspektor Picht bahnte sich wild rudernd einen Weg durch die Menge. Katzbach folgte ihm. Niemand schien genau zu wissen, was sich wirklich ereignet hatte, nur dass sich etwas ereignet hatte, war nicht zu übersehen. Der Bürgersteig vor dem Spielsalon war übersät mit Glassplittern, in der bunt bemalten Scheibe klaffte ein fast kreisrundes Loch von etwa 80 Zentimeter Durchmesser. Ein Polizist in sehr nasser Uniform sicherte den Eingang. Das Groteske der Situation sprang ins Auge: Der Beamte stand genau unter dem Schild, auf dem in arger Sprachverstümmelung mit Filzschreiber gemalt war: »Jugendl. unt. 18 J. haben auch in Begl. Erziehungsber. keinen Zutritt. Auf Verl. ist Ausweis vorzuzeigen.«

Katzbach entdeckte Degenhardt unter den Zuschauern. Degenhardt hatte sich eine Plastiktüte auf den Kopf gestülpt. Der Beamte in der Tür atmete sichtbar auf, als er Katzbach und Picht sah. Er rief ununterbrochen: »Nun gehen Sie doch weiter, meine Herrschaften!«

Iris Rossipohl stand, fahrig an ihrer Zigarette saugend, in der Mitte des Lokals. Der Regen hatte ihr Make-up ruiniert. Katzbach sah, dass Frau Rossipohl unter dem durchsichtigen Regencape ein schwarzes Cocktailkleid trug.

»Es ist nicht zu fassen!«, sagte sie.

»Wie ist es passiert?«, fragte der Kater.

»Ich habe es Ihnen doch schon am Telefon gesagt.«

»Dann sagen Sie es mir noch einmal. Ich bin etwas schwer von Begriff, müssen Sie wissen.«

Inspektor Picht steuerte das Tischbillard an, auf dem ein faustgroßer Stein lag.

»Ist er das?«, fragte Picht.

Die Frau nickte. Dann sagte sie: »Ich hatte gerade aufgeschlossen, und wie ich so dastehe und überlege, wo ich den nassen Mantel am besten aufhänge, da gibt es auf einmal einen Knall, dass ich denke, es ist was explodiert. Und da kollert mir der Stein vor die Füße. Erst war ich so verdattert, dass ich mich gar nicht rühren konnte. Aber dann sah ich den Wisch hier, der um den Stein gewickelt war. Eine Unverschämtheit, sag ich Ihnen. Und wer bezahlt die Scheibe?«

»Den Zettel, bitte!«

Frau Rossipohls Hände zitterten stark. Katzbach betrachtete das nasse Papier, das aus einem Schulheft zu stammen schien. Er dachte: So etwas kommt dabei heraus, wenn jemand raffiniert sein will! Und er fühlte sich fast beleidigt, weil man ihn offenbar für einen Idioten hielt. Die Buchstaben, mit rotem Kugelschreiber gekritzelt, tanzten auf den Linien.

»Wenn ihr uns verpfeift, lassen wir den Laden abbrennen!« Sonst nichts.

»Was das wohl bedeuten soll!«, sagte Iris Rossipohl.

»Vielleicht überlegen Sie mal, ob es unter Ihren Gästen nicht ein paar schräge Vögel gibt, die Ihr Lokal als Treffpunkt benutzen. Könnte doch sein.«

»Meinen Sie wirklich, Herr Kommissar?«

»Es wäre zumindest denkbar. Fällt Ihnen nichts ein?«

»Nein, überhaupt nichts! Woher weiß ich, was meine Gäste alles ausbrüten! Oder hängt das vielleicht mit Vöske zusammen? Ja, das könnte sein!«

»Vielleicht. Vielleicht auch nicht. Jedenfalls meint es jemand gut mit Ihnen, sonst würde er Sie nicht so freundlich warnen.«

»Sie haben Humor, Herr Kommissar!«

»Oder ob die Warnung Ihrem Mann gilt? Das wäre doch eine Möglichkeit. Haben Sie ihn schon informiert?«

»Nein, ich habe zuerst bei Ihnen angerufen. Ich könnte ja jetzt mal eben . . .«

»Gute Idee. Und sagen Sie ihm, er möchte sich doch herbemühen, ja? Ich würde ihn gern sprechen. Wann kommt eigentlich Ihr Kellner?«

»Um 18 Uhr. Meist kommt er etwas früher.«

Der Kater ließ am Fußballkasten die Puppen tanzen. Von draußen schauten noch immer Neugierige herein. Inspektor Picht lehnte an der Musikbox und pfiff atonal »La Paloma«. Katzbach beobachtete Iris Rossipohl. Sie wählte 4 45 75 61. Dann klemmte sie sich den Hörer zwischen Backe und Schulter und kramte eine neue

Zigarette aus ihrem Päckchen. Der Kater gab ihr Feuer. Sie bedankte sich flüchtig.

»Nichts«, sagte Iris Rossipohl. »Er scheint nicht zu Hause zu sein. Wahrscheinlich ist er hierher unterwegs. Wollen Sie warten?«

»Inspektor Picht bleibt hier. Es ist besser, wir lassen vorerst jemanden von uns im ›Silver Dollar‹. Man darf solche Drohungen nicht auf die leichte Schulter nehmen. Stein und Zettel bringen wir ins Labor. Ich glaube zwar nicht, dass wir Tapser darauf finden, aber versuchen müssen wir's.«

»Ich habe Sie schon einmal gefragt, wer nun den Schaden bezahlt. Wenn uns die Polizei nicht vor solchen Übergriffen schützen kann . . .«

». . . dann soll sie wenigstens die Zeche bezahlen. Gute Idee. Wir werden mal bei der Mordkommission 'nen Hut rumgehen lassen. Oder könnte es nicht sein, dass Ihre Schaufensterscheibe versichert ist?«

»Da muss ich meinen Mann fragen.«

»Tun Sie das, Frau Rossipohl!« Und zu Inspektor Picht sagte der Kater: »Nicht zu tolle Spesen machen, hörst du! Höchstens einen Johnnie Walker und drei Helle, klar?«

»Ich trinke nur Altbier«, schnauzte Picht grantig.

Als Katzbach den »Silver Dollar« verließ, schaute ihn Iris Rossipohl reichlich verwirrt nach.

Der gelb-schwarze Ford Taunus stand nicht mehr auf dem Gebrauchtwagengelände. Katzbach dachte: Sie sind ganz schön clever, aber sie sind auch voreilig. Im Blech eines Caravans spiegelte sich der flache Bürotrakt. Als Katzbach die Glatze hinter der Gardine entdeckte, hatte er seinen Spaß. Er drehte sich gemächlich um und schlenderte auf das Haus zu. Der nasse Kies knirschte unter seinen Schritten. Aus der Montagehalle dröhnte rhythmisches Stampfen, dazwischen kreischte eine Maschine dicht an der oberen Grenze des Wahrnehmungsbereichs. Der Regen hatte merklich nachgelassen. Katzbach las das gestanzte Blechschild an der Tür: »Vertreterbesuche nur dienstags zwischen 9 und 11 Uhr.« Der Kater trat sehr leicht auf. So bemerkte ihn das dünne Mädchen nicht, das mit verzücktem Gesicht dem leisen Dudeln eines winzigen Transistorradios lauschte. In einer Goodyear-Aschenschale lag eine angerauchte helle Zigarre. Katzbach klopfte nicht an Roland Weinkaufs Büro.

»Da sind Sie ja schon wieder!«, schnaubte Weinkauf. Er hielt sich mit beiden Händen an der Schreibtischkante fest und streckte dem Kommissar sein gerötetes Doppelkinn entgegen. Katzbach trat ganz dicht an den Schreibtisch und es schien, als wollte Weinkauf seinen Kopf zwischen den mächtigen Schultern verschwinden lassen. Katzbach setzte sein freundlichstes Grinsen auf. Das versetzte Herrn Weinkauf noch mehr in Panik.

»Lassen Sie bitte feststellen, wer bei Ihnen den gelb-schwarzen Taunus gekauft hat, der heute Morgen auf Ihrem Gelände stand. Und lassen Sie bitte ebenfalls feststellen, wer der glückliche Käufer dieses Prachtstückes war. Sie haben den Wagen doch verkauft?«

»Ich protestiere! Ich – ich denke überhaupt nicht daran, Ihnen Einblick in meine geschäftlichen Transaktionen zu gewähren! Ich behalte mir die geeigneten Schritte vor . . .«

»Behalten Sie, guter Mann! Verständigen Sie auch Ihren Rechtsanwalt. Sie erhalten dann die Vorladung durch den Staatsanwalt. So hätten Sie's doch lieber, ja?«

Katzbach wandte sich zur Tür. Er ahnte, dass Weinkauf ihn jetzt nicht gehen lassen würde, und er irrte sich nicht.

»Moment mal! Warten Sie doch! Um was geht es eigentlich?«

»Das sagte ich Ihnen doch.«

»Also, über den Wagen, den Sie erwähnen, über den Wagen weiß ich gar nichts. Hier gehen täglich so viele Wagen rein und raus. Sie erwarten doch nicht im Ernst, dass ich alles im Kopf habe.«

»Doch, das erwarte ich. Auf jeden Fall erwarte ich eine plausible Erklärung für das plötzliche Verschwinden des gelb-schwarzen Taunus. Soll ich Ihnen noch die Wagennummer geben oder soll ich Ihnen ein Bildchen malen, damit Sie wissen, wie solch ein Auto überhaupt aussieht?«

Die Schärfe in Katzbachs Stimme setzte Roland Weinkauf unerhört zu. Das rote Gesicht drohte zu zerplatzen. Unaufhörlich fummelte Weinkauf an seinem dicken Ring herum. Er quälte sich sehr und die Angst veränderte seine Züge.

»Der – Kunde . . . Also, der Kunde – der hat den Wagen wieder abgeholt, glaube ich. Erst hat er ihn uns in Kommission gegeben, und dann hat er sich's anders überlegt. Ja, so war das!«

»Und hat der komische Kunde auch einen Namen?«

»Einen Namen?«

»Das habe ich gefragt: Ja! Es soll tatsächlich Leute geben, die einen Namen haben.«

»Den Namen hat er nicht gesagt. Wirklich.«

»Herr Weinkauf«, Katzbach sprach jetzt sehr leise und seine Stimme hörte sich fast milde an. Doch Weinkauf schien dumpf zu ahnen, dass es sich um die Sanftheit einer Rasierklinge handelte.

»Herr Weinkauf, Sie haben mir neulich Ihren schönen Wahlspruch verkündet: ›Tue Recht und scheue niemand.‹ Ich habe einen besseren für Sie: ›Ich heiße Hase und weiß von nichts.‹ Aber täuschen

Sie sich nicht! Täuschen Sie sich bloß nicht! Das geht in die Hose, darauf können Sie Gift nehmen.«

Unwillkürlich fasste Weinkauf sich an den Hals. Katzbach zeigte die Zähne. Dann fragte er noch einmal: »Sie wollen mir den Namen nicht nennen?«

»Ich kann nicht! Glauben Sie mir doch: Ich kann nicht!«

»Wie Sie wollen. Wir sehen uns dann in unangenehmerer Umgebung wieder. Einen schönen Tag noch, Herr Weinkauf!«

Diesmal ließ der Kater sich nicht aufhalten. Für Sekunden verharrte er im Gang, und als er hörte, dass Weinkauf atemlos in das Telefon flüsterte, ging er weiter. Das dünne Mädchen starrte ihn an wie einen Geist.

Als Katzbach in den Peugeot stieg, kurbelte der Pförtner im blauen Kittel eilfertig die Schranke hoch. Der Kommissar bedankte sich nicht. Er meldete sich über das Sprechfunkgerät beim Präsidium. Von Degenhardt und Picht war noch kein Anruf gekommen. Katzbach ließ sich mit dem Labor verbinden. Pony Ponynske meldete sich schmatzend.

»Jetzt legen Sie mal ihre Stullen weg, Pony! Ich brauche sehr schnell eine Tonbandaufnahme von einem mit Standgas laufenden Alfamotor, und passen Sie auf: Der Motor muss in einem engen Innenhof laufen, kapiert? Können Sie mir solch eine Bandaufnahme simulieren?«

»Wissen Sie, was, Kommissar? Ich kannte mal einen, der wollte immer ein Bier aus der Mitte des Fasses mit dem Schaum nach unten haben.«

»Klar«, sagte der Kater trocken, »das war ich. Wann kann ich also das Tonband haben?«

»In 45 Minuten, Sie Sklaventreiber!«

»In Ordnung. Ende.« Katzbach sehnte sich nach einem Whisky. Es musste ja nicht unbedingt Johnnie Walker sein.

Ein schlauer Mann sieht Sterne

Der Kater machte sich allein auf den Weg. Nach einem langen Regentag ging die Sonne blass und ausgefranst hinter dem niedrigen Eschengehölz des Büttger Waldes unter. Im Unterholz stelzten hochbeinige Vögel und in den kleinen Kanälen gurgelte das Regenwasser. Katzbachs Blick wurde für Sekunden vom romanischen Maßwerk der Kaarster Kirche gefesselt. Müdigkeit stellte sich ein. Katzbach schaute auf die Uhr am Armaturenbrett: fast 21 Uhr.

Als die Wanze im Telefonhörer des »Silver-Dollar«-Apparates angeschlagen hatte, war es sicher geworden: Degenhardt hatte sich unbemerkt einschmuggeln können. Eine flüsternde Frauenstimme hatte gesagt: »Achtung! Der Chef macht sich gleich auf den Weg. Alle Lichter ausschalten. Verstanden?«

»Verstanden!«, hatte es undeutlich zurückgetönt.

Als die Gesprächsfragmente ins Präsidium überspielt wurden, brach der Kater sofort auf. Es gab keine Schwierigkeiten bei der Identifizierung der Rufnummer am anderen Ende der Leitung: Neuß-Land 1 69 66. Den genauen Standort des Fernsprechers ließ Katzbach sich unterwegs übermitteln: Ortsausgang Glehn, Wasserhof, Feldweg zur ehemaligen Mühle.

Nur wenig Verkehr auf den Landstraßen. Schützenfestfahnen in den Dörfern: »Hoch dem Pagenkönig Klaus-Dieter I.« Grüne Girlanden säumten die Straßen und auf den Plätzen hämmerten Männer an Tribünen und Schießständen herum. Katzbach glaubte den Rauch von Kartoffelfeuern zu riechen. Aber das war eine Täuschung.

Unter triefendem Weidengesträuch parkte der Kommissar seinen

Wagen. Er orientierte sich nach dem Messtischblatt. Den Rest des Weges würde er zu Fuß gehen. Katzbach legte die Handflächen gegeneinander und zwang sich zur Ruhe. Er nahm die Beretta aus dem Schulterhalfter und prüfte das Magazin. Dann tastete er sich Schritt für Schritt durch das kniehohe Farngestrüpp auf das verlassene Gehöft zu, indem er die Deckung des lang gezogenen Holunderdickichts ausnützte. Warum habe ich Trottel keine Gummistiefel mitgenommen!, schimpfte Katzbach in sich hinein. Er näherte sich dem verwitterten Fachwerkhaus, das die nördliche Abgrenzung des U-förmigen Hofes bildete. Die Scheinwerfer der Fahrzeuge, die auf der kilometerweit entfernten Bundesstraße dahinhuschten, reichten nicht bis hierher. Katzbach sah kein Licht und er hörte nichts, dennoch registrierten seine überwachen Sinne die Nähe eines Menschen. Weiter draußen, wo sich abgeerntete Äcker und dunkle Rübenfelder dehnten, waren Zaunpfähle, Buschgruppen und windschiefe Schuppen noch schemenhaft zu erkennen. Doch hier im kleinen Wäldchen, das bis an die Stallungen der ehemaligen Mühle reichte, nistete feuchte Finsternis. Modriger Geruch stieg vom schilfgesäumten Bach auf.

Zuerst dachte Katzbach, die buckligen Gebilde hinter dem ebenerdigen Wohnhaus wären ruhende Kühe, dann entdeckte er, dass es ausgeschlachtete Autos waren. Und als er die verwitterte Scheunentür einen Spalt öffnete, drang ihm Benzingeruch in die Nase. Der aufgebockte Audi 100 schien fast neu zu sein. Katzbach tastete mit den Händen behutsam in Kniehöhe den großen Raum ab: Kein Zweifel, das hier war so etwas wie eine Autowerkstatt. Der Kater hielt den Atem an und lauschte. Nichts.

Plötzlich, als er um den südlichen Anbau bog und die zum Weg hin gelegene Seite des Gehöftes erreichte, wusste der Kater, wo der Mann stand: Ein rotes Fünkchen bewegte sich am Fuß des mächtigen Kastanienbaumes. Der Mann rauchte. Fast ein bisschen neidisch dachte der Kommissar daran, dass er sich kein Zigarillo anzünden durfte.

Aber Katzbach brauchte nicht lange zu warten. Er vernahm das Motorgeräusch schon, als der Wagen die Ortschaft Glehn noch nicht erreicht hatte, und einige Sekunden später wusste er, dass es ein Alfa war. Katzbach kauerte sich hinter einem Gewirr von Pflugscharen ins nasse Gras und fluchte jämmerlich in sich hinein. Der Mann schien erst jetzt das Auto bemerkt zu haben. Er schnipste die Zigarette weit von sich, dass die Glut wie ein kleiner Komet eine Lichtspur zog und nicht weit von Katzbach entfernt im Gras aufzischte. Der Mann war aus dem Schatten des Baumes getreten und ging langsam dem Auto entgegen. Der hoppelige Feldweg brachte die Lichter der Scheinwerfer zum Tanzen.

»Bleiben Sie, wo Sie sind!«, rief der Fahrer des Sportwagens. Er stellte den Motor ab, ließ aber die Scheinwerfer brennen. So hatte sein Gegenüber keine Chance, ihn zu sehen. In den Lichtbündeln dampfte die Feuchtigkeit der nassen Wiese.

»Machen Sie doch das Licht aus!«, sagte der Mann, der im Hof gewartet hatte.

»Hier ist Ihr Geld!«, antwortete der Fahrer und ging nicht auf die Aufforderung des andern ein. Es lag etwas in seiner Stimme, das ahnen ließ, wie gefährlich er war: sehr viel Verachtung, sehr viel Anmaßung und jene überhebliche Gleichgültigkeit, die vor nichts und vor niemand zurückschreckt.

»Sind das 4 000 Mark? Wir hatten 4 000 Mark ausgemacht!«

»Das sind 2 000. Da ist noch eine Kleinigkeit für Sie zu erledigen, verstanden? Dann gibt's den Rest.«

Der Kater dachte: Das ist schon so eindeutig, dass es überhaupt nicht mehr doppeldeutig klingt. Nein, der Unbekannte machte sich keine Mühe mit seinem Geschäftspartner!

Der andere schien die Gefahr nicht zu ahnen. Er rief: »Ich dachte, das geht mit wöchentlichen Abrechnungen! Hören Sie, so können Sie mit mir auf die Dauer . . .«

»Halten Sie die Schnauze! Hier ist jetzt Schluss. Kapiert? Hier ist Schluss. Feierabend. Die Polente ist mir zu sehr auf die Pelle gerückt. Machen Sie den Laden dicht! Alles muss verschwinden. Schmeißen Sie das Werkzeug und den anderen Krempel in den Teich und stellen Sie den letzten Wagen irgendwo in der Gegend von Grevenbroich ab! Aber keine Spuren! Und dann kenne ich Sie nicht mehr und Sie – na, Sie kennen mich ja sowieso nicht. Noch Fragen?«

»Ich versteh das alles nicht! So plötzlich . . .«

»Ob Sie Fragen haben!« Schneidende Schärfe und Ungeduld in der Stimme, dann sprang der Motor wieder an.

»Und mein restliches Geld? Ich kriege noch 2 000 Eier!«

»Rufen Sie morgen die bekannte Telefonnummer an! Sie erfahren dann, wo Sie das Geld abholen können. Und hüten Sie sich meine Anordnung nicht zu befolgen! Es wird picobello alles weggeräumt. Kein Mensch darf erfahren, was sich hier getan hat. Ich denke, das wär's.«

Wie ein Raubtier schoss der Alfa im Rückwärtsgang davon. Die Lichter machten groteske Sprünge. Oben am ausgebauten Weg wendete der Wagen. Dann war er verschwunden.

Katzbach erhob sich vorsichtig. Er fühlte die Waffe unter seiner linken Achsel, aber es war kein beruhigendes Gefühl. Dann schlich er dem Mann nach, der in der Dunkelheit des alten Hauses verschwand. Irgendwo im Kellergeschoss ging eine kleine Lampe an. Die Schritte des Mannes polterten dumpf, als er sich durch die Waschküche zur hinteren Seite des Hauses begab. Er hörte den Kater nicht, der die Kellertreppe bewältigte, ohne das morsche Holzwerk zum Knarren zu bringen. Als er den Mann halblaut maulen hörte, grinste Katzbach in sich hinein.

Dann wurde es kritisch: Der Mann schloss die Außentür der Waschküche aus unerklärlichen Gründen hinter sich ab und tapste zur Scheune hinüber. Der Kater hastete die Treppe wieder hinauf und er gab nicht allzu sehr Obacht, dass er dabei keinen Lärm machte, denn der Mann in der Scheune war selbst reichlich laut. Hast? Angst?

Der Mann hatte eine mit blauem Papier umklebte Monteurlampe angezündet. Er stopfte verbogene Nummernschilder, Nebellampen, Stücke von Zierleisten und Radkappen in einen Jutesack. Den Kater, der längst in der Tür stand, sah er nicht. Als Katzbach sich räusperte, war der Mann einem Herzschlag nahe. Er blieb verkrampft stehen und wagte nicht den Kopf zu drehen.

»Noch so fleißig, Meister Vöske? Was zahlt man Ihnen denn für die Überstunden?«

»W-w-w-wer . . . Ah! Das – das sind Sie? Sie – können – also, ich weiß gar nicht . . .«

»Nun sprechen Sie erst mal in die Tüte, Vöske! Oder vielleicht sagen Sie am besten gar nichts. Zum Reden werden Sie noch verdammt genug Gelegenheit haben. Können wir gehen?«

»Was – was wollen Sie von mir? Sie haben überhaupt kein Recht, mir Vorschriften zu machen!«

»Damit Sie's wissen, Vöske, ich war schon hier, als unser großer unbekannter Freund mit seinem Alfa ankam, und ich habe jedes Wort gehört. Geben Sie auf, es ist zwecklos für Sie! Dass Sie solch ein Idiot sind! Hat Ihnen das neulich nicht gereicht? Schön, wer nicht hören will, muss eben fühlen, um es mit einem alten Sprichwort zu sagen.«

»Was werfen Sie mir vor?«

»Ich werfe Ihnen vor, dass Sie hier gestohlene Autos umfrisieren. Reicht das fürs Erste?«

War Vöske verrückt geworden? Oder war er einfach dämlich? Er griff nach einem Kreuzschlüssel und warf so plötzlich, dass der Kater nicht mehr wegtauchen konnte. Im Reflex riss er den linken Arm hoch. Ein irrsinniger Schmerz durchzuckte ihn bis ins Gehirn. Katzbach taumelte gegen die Tür und es gelang ihm nur unter Aufbietung aller Willenskraft, nicht zu schreien. Der Arm hing wie leblos herab.

Vöske wartete lauernd hinter dem Audi. Wenn er hinauswollte, musste er an Katzbach vorbei. Wieder sah er sich nach einer Waffe um. Er riss das blaue Papier von der Lampe und leuchtete den Raum aus.

»Vergessen Sie's, Vöske«, stieß der Kater hervor, denn der Schmerz brannte wie Feuer. »Kommen Sie her! Ich kann auch die harte Tour mit Ihnen gehen. Aber ich warne Sie!«

»Mich kriegen Sie nicht! Ich mach Sie fertig!«

»Wenn Sie wüssten, wie sehr ich Gewalttätigkeiten hasse«, sagte der Kommissar und beobachtete scharf Vöskes Bewegungen. An einem schweren Schraubenschlüssel blieb Vöskes Blick hängen. Er beugte sich vor und zog das Kabel der Lampe genau vor Katzbachs Füßen vorbei. Blitzschnell bückte sich der Kater, riss mit hartem Ruck an dem Kabel. Dann zersprang die Lampe auf dem Estrich wie ein Geschoss. Vöske stieß einen Wutschrei aus.

Als er Katzbachs Handkante auf Jochbein und Nase spürte, flammten tausend Sterne vor seinen Augen auf. Vöske sackte zu Boden und schrappte mit der Gürtelschnalle über den Lack des Kotflügels. Es gab einen hässlichen Quietschton.

»Warum wollen manche Leute nur ewig so schlau sein!«, knurrte Katzbach angewidert. Er leuchtete Vöske mit der Stablampe ins Gesicht. Die rote Schwellung wuchs zusehends. Vöske winselte wie ein kleiner Hund. Aber Katzbach war auf der Hut: Er traute dem Mann nicht.

»Falls Sie Ihre Augen nicht aufkriegen, Vöske – ich habe eine Waffe in der Hand. Ersparen Sie sich und mir, dass ich sie benutzen muss! Hoch jetzt! Sie kommen mit zu meinem Wagen. Und gnade Ihnen Gott, wenn Sie Zicken machen!«

Vöske hatte genug. Er trottete wortlos vor Katzbach her. Katzbach tastete seinen Arm ab. Nein, gebrochen war er nicht. Vom Peugeot aus rief der Kater über Sprechfunk die Polizeistreife von Korschenbroich an. Vöske schnaufte ununterbrochen durch die Nase. Das Atmen fiel ihm schwer.

Degenhardt ließ sich von dem hastigen kleinen Kellner ein Markstück wechseln, dann stopfte er die Hälfte der Groschen in den Hollywood-Crash und schaute wie gebannt den zuckenden Lichtern zu, die klickernd die Zahlen addierten. Degenhardt wusste seit einer Viertelstunde, dass am runden Tisch bei der Damentoilette über ihn geredet wurde. Dort saßen drei Männer: Zwei waren noch sehr jung, der dritte mochte etwa fünfunddreißig sein. Alle drei trugen schwarze Lederjacken und wirkten seltsam uniformiert.

»Wird nichts, Sportsfreund!«, dröhnte ein Angetrunkener neben Degenhardt und stellte sein Bier auf die Glasplatte des Spieltisches.

»Was ist?«

»Damit kommste nicht über 1000. Kleine Wette?« Der Mann legte seine Hände schwer auf Degenhardts Schultern und brachte seinen Mund dicht an Degenhardts Ohr. »Vorsicht!«, wisperte der Zecher, »am Tisch drüben, die haben Sie auf dem Kieker. Draußen wartet Picht und hier im Laden ist noch einer von unseren Leuten.« Und wieder gröhlend: »Ich wusste das doch, dass du nicht über die 1000 kommst mit so'm beschissenen Stil, Jungchen! Lass mal 'nen Fachmann ran, 'nen Profi, verstehste? Schwirr ab!«

Degenhardt schlenderte zum Tresen und hockte sich auf den freien Barhocker neben den Bärtigen, der Frikadellen futterte und mit der drallen Wirtin flirtete. Der »Silver Dollar« war inzwischen proppenvoll. Auf dem zweiten Billard tanzten zwei Mädchen in Superminis zu dem Takt, den eine Gruppe junger Leute gegen den Rhythmus der Musik klatschte, die aus dem Lautsprecher dröhnte. Der Frikadellenesser musste sich weit zu Degenhardt hinüberbeugen, um sich verständlich zu machen.

»Dass du dich von dem Suffkopp so verscheuchen lässt! Da sind noch vier Groschen von dir drin. Ich hab es genau gesehen.«

»Was soll's!«

»Also, da schlag doch einer lang hin! Schmeißt Geld in den Apparat und verduftet. Blödmann!«

»Reg dich ab«, sagte Degenhardt, »sag lieber, was jetzt ist.«

»Was soll denn sein?«

»Das will ich doch von dir wissen. Du hast vorhin gesagt, du willst dir überlegen, ob du nicht 'nen Job für mich weißt. Also? Ich muss dringend Geld machen!«

»Komisch. Eben hast du's so einfach in den Spielautomaten gepfeffert.«

Degenhardt lachte meckernd. Er spielte seine Rolle gut, aber er wusste nicht, ob er sie gut genug spielte. Er brüllte so laut gegen den Lärm an, dass auch die Wirtin hinter der Theke jedes Wort hören konnte. »Die paar Kröten! Ich will großes Geld machen, wenn du verstehst, was ich meine!«

Der Mann wischte sich die Senffinger an der Serviette ab. Ein lauernder Ausdruck lag in seinem Gesicht. In diesem Augenblick bemerkte Degenhardt, dass die Wirtin den Kerlen am runden Tisch etwas signalisierte.

»Ich krieg noch so ein gebratenes Brötchen!«, rief Degenhardts Nachbar der Wirtin zu und ließ mit schiefem Mund wissen, dass er zur Zeit keinen einträglichen Job wüsste. »Tut mir Leid, ehrlich!«

»In unseren Frikadellen ist kein Fitzelchen Brot drin!«, schmollte die blonde Wirtin und schob dem Mann ein weiteres verbranntes Fleischbällchen mit einem Klacks Senf zu. Degenhardt bestellte eine Cola mit weißem Rum.

Aber er kam nicht dazu, auch nur einen Schluck zu trinken. Der kleine Kellner mit der schmuddeligen weißen Jacke tauchte plötzlich neben ihm auf und flüsterte ihm ins Ohr, die drei Herren am runden Tisch hätten etwas mit ihm zu besprechen und er möchte doch so freundlich sein . . .

»Schon gut«, sagte Degenhardt und drehte sich scheinbar gelangweilt um. Der älteste der Männer am Tisch hob sein Glas und trank Degenhardt zu.

»Gehen Sie doch mal hin!«, sagte der Kellner fast bittend.

Was dann geschah, hätte sich eigentlich nur in einem ganz schlechten Kriminalfilm abspielen können. Kaum hatte Degenhardt den Tisch erreicht, als einer der drei auf seine ausgebeulte Jackentasche wies und Degenhardt zuraunte, das wäre ein Ballermann und er sollte nur ja nicht den Helden spielen.

»Wir haben gehört«, sagte der Ältere und drückte seine Zigarette aus, »wir haben gehört, dass du nach einem gut bezahlten Job suchst, Bruder. Aber wir glauben, du suchst gar keinen.«

»Klar«, feixte der Dritte, der ein untertassengroßes Amulett um den Hals trug. »Wir glauben, du hast schon einen feinen Job. Wir glauben, dass du ein Spitzel bist. Na, was meinst du dazu? Ist doch 'n Ding, was?«

»Wann kommt denn die Stelle zum Lachen?«, fragte Degenhardt.

»Wir gehen mal zusammen nach draußen, dann zeigen wir sie dir«, schlug der Ältere kichernd vor.

»Fährst du gern Auto?«, wollte Nummer eins wissen.

Sie nahmen Degenhardt in die Mitte und drängelten sich zum Ausgang. Zweimal, dreimal hätte Degenhardt die Gelegenheit gehabt, zwischen den Tänzern zu verschwinden, aber er wollte nicht verschwinden. Im Gegenteil.

In den Pfützen spiegelten sich bunte Neonlichter. In der Wirtschaft gegenüber sangen sie im Chor »'ne rheinische Jong hat immer Mut«. Seltsamerweise fiel es Degenhardt in diesem Moment ein, dass er seine Getränke nicht bezahlt hatte.

Sie schauten nach, ob die Luft rein war, und stießen Degenhardt quer über die Straße zu einem Chevrolet. Aber die Frage, wer von den dreien nun eigentlich den Wagenschlüssel eingesteckt hätte, blieb ungeklärt. Denn plötzlich stand ein lächelnder Zeitgenosse mit ausgebeulten Hosenbeinen unter der Laterne, der eine Pistole in der Hand hielt.

»Inspektor Picht, Kriminalpolizei. Macht es den Herren etwas aus, mir zu folgen?«

Sie hatten gar keine andere Wahl, denn auch aus dem »Silver Dollar« kamen zwei Beamte, die kurz vorher noch angeschlagene Säufer gemimt hatten, und um die Hausecke rollte langsam ein Bereitschaftswagen der Schutzpolizei.

Noch in der Nacht wurden die drei Männer verhört. Sie hießen Pasqual Neureiter, Winfried Gans und Michael Sikora. Nur über Neureiter spuckte der Computer etwas aus: wegen Rauschgifthandels auf der Fahndungsliste.

Lange nach Mitternacht gab Neureiter zu an Paul van Einem Heroin verkauft zu haben. Dass Haschpappi ebenfalls für den unbekannten Auftraggeber gearbeitet hatte, wussten sie alle und sie wussten auch, warum er ermordet worden war: weil er aussteigen wollte. Mit dem Mord hatten sie aber nach eigenen Angaben nicht das Geringste zu tun.

Sikora sagte: »Wir haben nur wegen der Piepen mitgemacht.«

»Was habt ihr jetzt davon?«, fragte Picht.

»Langsam wird's ja eine komplette Fußballmannschaft!«, moserte Dr. Glinka. »Aber es sind natürlich nur die kleinen Wichte. Wie üblich!« Er war damit beschäftigt, Katzbachs Arm mit Arnika zu massieren. »Ich frage Sie, warum Sie ausgerechnet den Vöske allein einfangen mussten. Sie sehen ja, was dabei herauskommt!«

»Was denn?«, fragte Katzbach und biss sich auf die Lippen.

»Eine Nachtschicht für mich!«, schnauzte Glinka.

»Trösten Sie sich, alter Kurpfuscher, dieser Fall ist bald zu Ende. Jetzt sind die großen Fische an der Reihe.«

»Sind Sie sicher, Kater?«

»Ja«, sagte Katzbach und rollte seinen Hemdsärmel wieder hinunter. Der Schmerz klopfte noch heftig in seinem Arm, aber bald würde die Spritze wirken. Der Kater hatte jetzt keine Zeit für Wehwehchen.

Als Inspektor Theißen vom Erkennungsdienst hereinstürmte, hatte der Direktor seine Utensilien schon wieder eingepackt.

»Trainieren Sie für Olympia?«, fragte Glinka unfreundlich.

»Nachricht für Hauptkommissar Katzbach! Renate Lord ist aufgetaucht und jetzt halten Sie sich fest, Herr Kommissar! Sie ist eine geborene Rossipohl!«

»Ich habe mir so etwas gedacht«, grinste Katzbach. »Wo ist Frau Lord jetzt?«

»In der Springorumstraße. Es scheint, dass jetzt alle dort versammelt sind. Wir sollten zuschlagen, Herr Kommissar.«

»Ja, das sollten wir wohl.«

Dr. Glinka fragte gallig: »Geht das ohne Leichen ab oder werde ich wieder aus dem Bett geholt?«

»Ich schlage vor, Sie bleiben gleich hier«, antwortete der Kater und kümmerte sich nicht weiter um Glinkas Wutanfall.

Katzbach legte das Zigarillo aus der Hand und schlürfte ein wenig von der heißen Bouillon. Er dachte an zu Hause. Ob es Peter besser ging? Isabel hatte ihn am Telefon gebeten doch eine Personenbeschreibung von sich durchzugeben, weil sich seine Familie kaum noch an ihn erinnern könnte. Ja, es wurde Zeit, die Bilanz zu ziehen.

Im Treppenhaus sang eine Putzfrau: »Halli, hallo, wer sitzt aufm Klo? Der Kasper mit dem Holzpopo.«

Der Kater betrachtete die Lageskizze von Rossipohls Haus in der Springorumstraße. Es gab offensichtlich nur eine Zufahrt. Ein frei stehendes Haus, leicht unter Kontrolle zu halten.

Fast am Ziel

Es würde ein sonniger Tag werden. In dem Zooviertel, das der Kommissar inzwischen erreicht hatte, wohnten die wohlhabenden Düsseldorfer: Finanziers, Industrielle, Rechtsanwälte, Modeärzte . . . Stille Straßen, saubere Straßen – der Tag begann hier nicht sehr früh. Höchstens Milchfrauen und Brötchenjungen waren um diese Zeit unterwegs.

Katzbach parkte den Peugeot auf der Graf-Recke-Straße. Picht und er gingen zu Fuß weiter. Inspektor Niepel hatte sie schon von weitem bemerkt und kam ihnen entgegen.

»Das Haus ist von allen Seiten abgesichert«, meldete der Inspektor. Katzbach bedankte sich. Picht fingerte an seiner Pfeife herum, steckte sie dann aber wieder in die Manteltasche. Übermüdete Kriminalbeamte grüßten freudlos: Ihre nächtliche Arbeit zahlte sich nicht allzu sehr aus. Katzbach ahnte undeutlich ihre Gedanken. Sie hatten natürlich Recht. In solchen Augenblicken fragte der Kater sich selbst, warum er diesen Beruf gewählt hatte. Eine Antwort wusste er nicht.

»Das Eckhaus«, sagte Inspektor Niepel. »Wer geht hinein?«

»Nur Picht und ich«, antwortete der Kommissar. »Sie garantieren mir dafür, dass das Haus von allen Seiten umstellt ist.«

»Wie eine Mausefalle!«, betonte Niepel.

Katzbach dachte: Seit wann umstellt man Mausefallen? Aber er hatte keine Lust, etwas zu sagen. Sie waren angekommen. Niepel ging weiter, Katzbach und Picht bogen in den schmalen Laubengang ein, der zur metallenen Haustür führte. Im Haus brannte Licht, obwohl es schon hell war. Inspektor Picht drückte auf den Klingelknopf, ein melodisches Pling-plong schallte durch das Haus.

Der Kater spürte, dass oberhalb der Haustür vorsichtig ein Fenster geöffnet wurde, aber er schaute nicht hinauf. Picht klingelte noch einmal. Dann drehte sich die Türsicherung. Iris Rossipohl trug einen auberginefarbenen Bademantel, doch Katzbach sah sofort, dass sie darunter vollständig angekleidet war. Ihr zerzaustes Haar, das sie mit scheinbar verlegener Geste aus dem Gesicht strich, konnte die Tatsache nicht verbergen, dass sie sorgfältig geschminkt war. Sie ist reisefertig, dachte der Kater.

»Kommissar Katzbach!«

»Ja. Und das ist Inspektor Picht. Wir möchten Sie und Ihren Mann und Ihre Schwägerin sprechen. Dürfen wir eintreten?«

»Jetzt? Ich weiß nicht . . .« Iris Rossipohl fror vor Angst. Sie besaß zweifellos gute Nerven, aber die letzten Tage hatten ihr zu sehr zugesetzt. Sie verkrampfte, und als sie zu sprechen versuchte, bewegte sie ihren Mund stumm wie ein Fisch. Doch den Weg gab sie erst frei, als Picht sie mit Gewalt zur Seite drängte.

»Das sind Haftbefehle«, sagte Katzbach und zog die Formulare aus der Tasche seines Sakkos. Mit einem Blick erfasste er das Interieur der geräumigen Wohndiele: Keramikkacheln auf dem Fußboden, darüber rote Teppiche mit Drachenmustern. Waffen noch und noch an den Wänden – Krummschwerter, Vorderlader, Malaiendolche, Reiterpistolen. Unwillkürlich wurde Katzbach an Eberhard Lords Herrenzimmer erinnert. Eine Wendeltreppe aus dunklem Holz führte ins Obergeschoss, sie hatte einen kupfernen Handlauf. Dann entdeckte Katzbach in dem Winkel unter der Treppe das Springfield-Gewehr. Es hing einfach an der Wand. Wieder eine Herausforderung?

Alles an diesem Mordfall sah nach einer einzigen großen Herausforderung aus. Katzbach konnte sich nicht erinnern jemals einen anmaßenderen Gegner gehabt zu haben.

»Picht, zur Treppe!«, befahl der Kater. Er wartete, bis Iris Rossipohl die Haustür geschlossen hatte. Ihre Brust hob und senkte sich unter den hastigen Atemstößen. Sie packte Katzbachs Ärmel und krallte sich daran fest. Der Kater hatte Mühe, sich loszureißen. Die Treppe ließ er nicht aus den Augen.

Rolf Rossipohl kam jedoch nicht von oben. Er stand ganz plötzlich in der Diele wie nach einem abrupten Filmschnitt. Die Tür in der Wandtäfelung schlug noch einige Sekunden lang hin und her. Rossipohl trug diesmal keine schwarze Brille. Der Kommissar hatte selten ein faszinierenderes Gesicht gesehen. Stolz, Hohn, Siegesgewissheit und Brutalität. Dem Kater fiel das Wort Herrenmensch ein.

»Sie haben aber lange gebraucht«, sagte Rossipohl.

»Das sagen Sie nur so«, entgegnete Katzbach. »In Wirklichkeit haben Sie gemeint, Ihnen könnte keiner etwas anhaben. Sie waren sich doch Ihrer Sache bis zuletzt sicher!«

»Mein Pech, dass ich auf andere Leute angewiesen war. Sonst – sonst hätten Sie mich niemals überführt!«

»Große Worte! Ich bin hier, um Sie zu verhaften.«

»Große Worte! Sie verhaften mich nicht und Sie pfuschen mir auch nicht in die Karten. Halten Sie mich für einen Dummkopf? Dass ich nicht lache!«

Er lachte wirklich. Ein irrsinniges Lachen. Wahrscheinlich war dieses Lachen das Zeichen gewesen. Viel zu spät durchschauten Katzbach und Picht das Spiel. Plötzlich stand Renate Lord oben an der Treppe und zielte mit einer abgesägten Schrotflinte auf den Kommissar. Katzbach warf sich zu Boden und wälzte sich hinter den Garderobenständer. Und als er seine Beretta in Anschlag brachte, sprang Rolf Rossipohl mit einem wilden Schrei in die Glaswand, die die Abtrennung zum Garten bildete. In der gleißenden Gloriole splitternden Glases schien er für Bruchteile von Sekunden zu verharren. Das triumphierende Gesicht blieb dem Kater deutlich vor Augen. Wahnsinn!, dachte er.

Dann fielen Schüsse. Jemand schrie entsetzlich. Als der Alfa Romeo aufjaulte, wusste der Kater, dass Rolf Rossipohl ihm entkommen war.

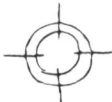

Krankhafte Euphorie ging von Renate Lord aus. Sie hatte sich ohne jeglichen Widerstand festnehmen lassen. Lächelnd nahm sie ihre Verhaftung zur Kenntnis. Jetzt, wo ihre Züge ganz entspannt waren, fiel die Ähnlichkeit mit ihrem Bruder besonders auf. Ein Hauch von Verachtung huschte über ihr Gesicht, als sie auf Iris Rossipohl schaute, die, schluchzend und zu einem Bündel Elend zusammengekauert, am Fuß der Treppe saß. Wie ein grandioses Schauspiel schien Renate Lord alles aufzunehmen.

Sie hatte gelächelt, als Katzbach in den Garten gestürzt war, um seine Befehle zu rufen. Sie hatte gelächelt, als zwei Beamte Inspektor Niepel ins Haus trugen, auf dessen Bauch sich dunkles Blut ausbreitete.

»Er – er lief direkt auf mich zu, Kommissar! Er schoss – schoss sofort . . . Und ich – ich habe zu lange – zu lange . . .«

»Sprechen Sie nicht! Und schämen Sie sich nicht, dass Sie gezögert haben. Es ist nicht leicht, auf Menschen zu schießen.«

»Aber er – er ist jetzt weg . . .«

»Ich kriege ihn!«, flüsterte der Kater.

Der Krankenwagen war sehr schnell da. Renate Lord lächelte noch immer. Sie hörte mit Genugtuung die Nachricht, dass man den Alfa Romeo vor der Straßensperre am Brehmplatz fahrerlos gefunden hatte. Es schien, als hätte sie alles erreicht, was sie erreichen wollte. An sich selbst dachte sie offensichtlich überhaupt nicht.

Bei der Fahndung nach Rolf Rossipohl wurden alle verfügbaren

Beamten eingesetzt. Eigenartigerweise gab es im Haus in der Springorumstraße kein einziges Foto des Flüchtigen. Renate Lord diente dem Polizeizeichner als Modell, das graue gewellte Haar wurde nach Pichts Angaben gezeichnet und der Inspektor ließ dem Fahndungsbild auch eine Kopie hinzufügen, auf der Rossipohl die große Sonnenbrille trug. Bis zehn Uhr waren jedoch alle Zwischenberichte der Fahndung negativ. Kommissar Katzbach durchsuchte mit der Mannschaft für Spurensicherung das Haus. Weißlicher Kolofoniumstaub legte sich auf Tischplatten und Türgriffe. In der Diele surrte eine Kamera. Der Kater betrat das rosa ausgeschlagene Boudoir. Iris Rossipohl erwartete ihn. Sie weinte jetzt nicht mehr.

»Ich habe es verpatzt, ja?«

»Verpatzt!, dachte Katzbach, was für ein Ausdruck! Da waren Verbrechen geschehen: Mord, Diebstahl, Erpressung. Und sie sprach von »Verpatzen«. Katzbach hatte den Eindruck, dass sie es auch so meinte.

»Sie sollten doch wissen, dass es kein perfektes Verbrechen gibt. Und wenn jemand einen Mord begeht und sogar damit prahlt, dann . . .«

»Sprechen Sie nicht so von meinem Mann, auch wenn er – wenn er . . .«

». . . ein Mörder ist? Meinen Sie das? Ich habe den toten Paul van Einem gesehen, der kaltblütig ermordet wurde. Ich habe mir geschworen seinen Mörder zur Strecke zu bringen, und das werde ich auch tun. Jetzt entgeht er mir nicht mehr. Ich mache meine Fehler nur einmal.«

»Ich sage gar nichts!«

»Sie brauchen auch gar nichts zu sagen. Vor Gericht müssen Sie sprechen. Falls Sie jetzt reden: Ich muss Sie darauf aufmerksam machen, dass alles, was Sie in diesem Mordfall mir gegenüber äußern, gegen Sie verwandt werden kann. Überlegen Sie sich alles gut.«

»Ich sage gar nichts!« Aber sie sagte doch etwas, sie schaute nur eine Weile aus dem Fenster, dann redete sie. »Wie haben Sie es gemerkt? Ich habe alles so gemacht, wie Rolf es mir eingetrichtert hat. Welche Fehler habe ich gemacht?«

»Die Spur, die zum ›Silver Dollar‹ führte, war ausgetreten wie ein Elefantenpfad. Dann war's nicht weiter schwer. Sie haben sich mehrmals verraten. Verrückt ist nur, dass mich zuerst das Pflaster auf Ihrer Backe auf die richtige Fährte brachte. Seltsam, aber es war so.«

»Das Pflaster?« Verständnislos starrte die Frau den Kommissar an. Sie begriff das nicht.

»Der Tote, den wir im Aaper Wald fanden, hatte Blut unter den Fingernägeln. Blut von einem anderen Menschen. Als ich das Pflaster an Ihrer Backe sah, kam mir der Gedanke, dass Sie sich den Kratzer bei dem Mord geholt haben könnten.«

»Aber ich war doch gar nicht dabei! Rolf und Renate haben den Jungen umge. . .«

»Reden Sie ruhig weiter! Schließlich plaudern Sie keine Geheimnisse aus. Ja, die beiden anderen waren es. Sie haben immer nur mitgemacht, haben ein bisschen herumgelogen, ein bisschen gespitzelt, ein bisschen den Mund gehalten. Glauben Sie im Ernst, ich kaufte Ihnen die harmlose, verführte Ehefrau ab? Gewiss, das mit dem Pflaster war nur eine fixe Idee von mir. Aber die anderen Fakten fallen ins Gewicht. Haben Sie mir nicht gesagt, Sie würden Ihre Gäste nicht so genau kennen, weil Sie sich mit Ihrem Mann die Wirtsrolle hinterm Tresen teilten – meist wäre sogar er da? Aber das stimmte gar nicht! Er war nie da, nur hin und wieder der neue Barkeeper. Und vor allem Sie! Sie waren fast immer da. Und da wollten Sie mir das Märchen erzählen, Sie würden Vöske, Ihren Stammgast Vöske, kaum kennen! Lächerlich. Und dass die Schwarzhaarige, die manchmal bei Ihnen hinter dem Bierhahn stand und sich von den jungen Burschen anschwärmen ließ, Renate Lord war, konnte auch nicht ewig ein Geheimnis bleiben, genauso wenig wie die Verwandtschaft zu Ihnen. Wie konnten Sie und Ihr Mann sich Ihrer Sache nur so sicher sein!«

»Das sind doch nur Redereien! Mehr wissen Sie nicht?«

»Oh doch! Wissen Sie noch, dass Sie mich neulich fragten, ob jemand sehr litte, wenn er mit Auspuffgasen vergiftet würde? Erinnern Sie sich?«

»Was ist denn dabei? War doch nur eine Frage.«

Nur eine Frage! Katzbach fühlte, wie ihn der Abscheu vor dieser Frau fast sprachlos machte.

»Sie konnten gar nicht wissen«, sagte der Kater, »dass Paul van Einem auf diese Weise ermordet wurde. In der Zeitung stand nichts von Auspuffgasen. Dort hatte sich ein voreiliger Schreiber selbst was aus den Fingern gesaugt. In der Zeitung stand, Paul van Einem wäre erschossen worden. Sie mussten Ihre Kenntnisse aus anderer Quelle bekommen haben, und das hatten Sie ja auch. Noch etwas: Die Schaufensterscheibe hatten Sie selbst eingeschlagen. Und zwar von innen. Sonst hätten die Scherben nicht auf der Straße gelegen.«

»Das hat mich also verraten? Wenn Rolf das wüsste! Er würde mich . . . Nicht auszudenken!«

»Kommen Sie, wir müssen gehen. Haben Sie ein paar persönliche Dinge eingepackt?«

Zwei Kriminalbeamtinnen holten Iris Rossipohl um 10 Uhr 13 ab.

Es war eine läppische Rechnung, ausgestellt am Vortag vom Argus-Reisedienst am Carl-Mosterts-Platz. Katzbach fand sie auf dem imitierten Empire-Schreibtisch im Wohnzimmer. Die Rechnung lag neben einer Tageszeitung und einer Parkhausfreikarte so offen da, dass keiner sie bemerkt hatte. Katzbach hatte längst die Erfahrung gemacht, dass man die augenfälligsten Dinge oft zuletzt entdeckt. Als er die Rechnung fand, waren seine Leute schon damit beschäftigt, die Wandtäfelung abzuklopfen.

Es war eine Rechnung für ein Flugticket mit der Sabena von Düsseldorf via Brüssel nach Kinshasa.

Er will also allein sein Schäfchen ins Trockene bringen, dachte der Kater – ohne seine Frau und ohne seine Schwester. Als Handlanger waren sie gut genug gewesen: Jetzt hatten die Mohren ihre Schuldigkeit getan. Aber es war noch nicht aller Tage Abend. Katzbach wusste, dass er keine Zeit mehr verlieren durfte. Er griff nach dem weißen Telefon. Er wählte 4 21 62 83. Eine honigsüße Stimme flötete: »Sabena. Bitte schön?«

»Hier spricht Kommissar Katzbach von der Mordkommission. Bitte, nehmen Sie die Passagierlisten zur Hand! Suchen Sie den Namen Rolf Rossipohl heraus! Ich wiederhole: Rolf Rossipohl!«

»Bleiben Sie am Apparat! Ich verbinde mit Frau Abel.«

»Tun Sie das«, sagte der Kater, »aber bitte schnell.«

»Wir tun alles schnell, mein Herr!«, flötete das Mädchen.

Katzbach dachte: Ob er wirklich so wahnwitzig ist und es mit dem Flugzeug versucht?

Inspektor Picht kam herein. »Du bist ein Sparraucher«, feixte er und hielt dem Kater sein Feuerzeug unter die Nase. Katzbach hatte gar nicht gemerkt, dass sein Zigarillo längst nicht mehr brannte.

»Und du bist ein geölter Blitz!«

»Warum?«, fragte Picht.

»Weil du jetzt wie ein angestochenes Schweinchen zum Flughafen sausen musst.«

Es klickte im Hörer. »Sabena. Frau Abel am Apparat. Ich habe den Namen Rossipohl auf der Liste gefunden. Er hat für die Mittagsmaschine gebucht. 12 Uhr 22, umsteigen in Brüssel.«

»Danke!«, sagte Katzbach und knallte den Hörer auf die Gabel.

Die Falle schnappt zu

Der Eisverkäufer war ein Kriminalbeamter und der Zeitungsmann auch. Der piekfeine Herr, der unter dem Schild »Change – Exchange« lehnte und Ansichtskarten bekritzelte, gehörte ebenso zu Katzbachs Mannschaft wie das freundlich lächelnde Mädchen im Dutyfreeshop, das mit der Umrechnungstabelle nicht zurechtkam. Überall hinter den Schaltern waren unauffällig Detektive postiert. Zollkontrolle, Gepäckabfertigung und Auskunftspersonal wurden eingehend instruiert. Bei den Taxiständen, im Restaurant, in den Waschräumen und in den Wartesälen mischten sich Beamte unter die Leute.

Inspektor Picht hatte im Kontrollraum der Flugplatzdirektion Posten bezogen. Hier konnte er auf sieben Fernsehschirmen die wichtigsten Hallen überschauen. Er beobachtete seine Leute, dirigierte ihren Einsatz, verständigte über Walkie-Talkie die Beamten, die an den Schlüsselpositionen des Flughafengeländes auf der Lauer lagen.

Unauffällig-auffällige und auffällig-unauffällige Leute: die maßlos dicke Nonne am Zigarettenautomaten, der bucklige Greis in Försterkleidung, der unrasierte Soldat mit Lehm an den Stiefeln, die aufgeregte Krankenschwester vor dem Schalter der PanAm . . . Und die anderen Herren in dezentem Dunkelgrau mit den schwarzen Taschen an der Hand, die Damen mit den großen Hüten und den geschlitzten Kleidern, die routinierten Flugreisenden mit der »Times« oder »Le Monde« unterm Arm, die exotisch anmutenden dunkelhäutigen Leute in Burnus, Sarong oder Poncho . . .

War einer von ihnen Rolf Rossipohl?

Die große Uhr in der Eingangshalle sammelte lautlos die Sekundenzahlen. Es blieb nicht mehr viel Zeit. Punkt zwölf Uhr wurde der Flug aufgerufen:

»Die Reisenden der Sabena nach Brüssel 12 Uhr 22 wollen sich bitte nach Flugsteig C begeben . . . I repeat: Passengers . . .«

Wo blieb Rossipohl?

Inspektor Picht hatte eine Beamtin zu der Stewardess beordert, die die Bordkarten ausgab. Sie brauchte bei einer verdächtigen Person nur den rechten Fuß zu verstellen, sofort würden die Kriminalbeamten informiert sein. Die Vorsichtsmaßregeln waren abgesprochen: keine Gefährdung anderer Menschen! Dass Rossipohl ein Gewaltverbrecher war und keine Rücksicht nehmen würde, musste man einkalkulieren. Die Uhr zeigte 12 Uhr 12. Die Passagiere strebten dem silbernen Jet mit der blauen Schrift zu.

Elektrokarren rollten surrend mit dem Gepäck der Reisenden auf die größen Vögel zu. Gigantische Tankwagen mit den Insignien aller weltbekannten Treibstoffmarken schoben sich gemächlich zu den Flugzeugen, die am Rand der Rollfelder warteten. Von Nordosten schwenkte ein Jumbojet in die Einflugschneise ein.

Ein kleiner Gabelstapler kreuzte den Weg eines Shell-Tankwagens. Der Fahrer im blauen Overall hatte es sehr eilig, die Maschine der Sabena zu erreichen. Er überholte die Passagiere, die im unregelmäßigen Gänsemarsch der Stewardess folgten, und erreichte die Caravelle, als die Treppe herangeschoben wurde. Der Fahrer setzte die kleine Kiste unmittelbar unter dem Triebwerk der linken Seite ab, kletterte von seinem Fahrzeug herunter und stieg eilig die Stufen der Bordtreppe hinauf. Er wartete, bis die Stewardess den Fuß der Leiter erreicht hatte.

Plötzlich hatte der Mann eine Maschinenpistole in der Hand und zielte genau auf den Körper der Stewardess.

»Alles zurück! Gehen Sie alle zurück!«, rief er. »Nein, Sie nicht!«, fauchte er die Stewardess an. »Sie bleiben genau da, wo Sie jetzt sind!«

In panischer Angst hetzten die Passagiere zum Flugplatzgebäude zurück, nachdem ihre Verblüffung in jähes Begreifen umgeschlagen war. Nur ein paar Männer blieben stehen: Kriminalpolizisten, die mit einem Mal nicht wussten, was sie tun sollten. Dass sich die Stewardess in Lebensgefahr befand, stand außer Frage.

»Gehen Sie weg! Alle!« Die Stimme des Mannes auf der Treppe tönte laut über das Gelände. »Eine falsche Bewegung und die Dame hier ist eine Leiche. Ich spaße nicht!«

»Der spaßt wirklich nicht!«, raunte Inspektor Picht Assistent Degenhardt zu. »Unsere Leute sollen bloß keinen Unsinn machen! Rufen Sie irgendwas, machen Sie Lärm! Die Leute sollen sich langsam zurückziehen. Verstanden?«

»Ich will's versuchen, Inspektor!« Degenhardt lief auf das Rollfeld hinaus und gestikulierte wild mit den Armen.

»Achtung!«, rief Rolf Rossipohl auf der Treppe, »in der Kiste unter dem Triebwerk ist eine Zeitbombe! Geben Sie der Maschine Starterlaubnis. Haben Sie verstanden? Geben Sie der Maschine sofort Starterlaubnis! Wenn ich an Bord bin, sage ich dem Piloten das Reiseziel. Vergessen Sie nicht, dass ich die Stewardess erschieße, wenn man mich hereinzulegen versucht!«

Die Triebwerke begannen in diesem Augenblick zu rotieren. Rossipohl hielt die Waffe im Anschlag und bewegte sich langsam rückwärts. Er hatte sich die blaue Schirmmütze vom Kopf gerissen. Sein graues Haar türmte sich im Wind zu einem bizarren Helm.

»Wenn wir nicht in drei Minuten auf der Rollbahn sind, explodiert die Bombe! Ich gehe jetzt an Bord!«

Nur noch wenige Stufen für Rossipohl. Polizeiwagen und Fahrzeuge der Flughafenfeuerwehr waren in einiger Entfernung aufgefahren. Die Stewardess stand mit erhobenen Armen am Fuß der Treppe. Rossipohl konnte alles genau überblicken.

Nur den Mann sah er nicht, der sich wie ein Schatten hinter ihm aus der Einstiegsluke schob. Und als er Katzbachs Griff an seinem Oberarm fühlte, war es längst zu spät für ihn. Mit einem plötzlichen Tritt gegen Rossipohls Handgelenk fegte der Kater seinem Gegner die Waffe aus den Händen. Die entsicherte Maschinenpistole landete im Gras, tuckerte eine Geschossserie in die Luft und drehte sich wie ein gefährliches Insekt im Kreis.

Katzbach wich Rossipohls Faustschlag aus und landete einen harten Uppercut. Böse fauchend, versuchte Rossipohl seine Hände an Katzbachs Kehle zu schieben, aber der Kommissar stieß ihm die Daumen in die Achselhöhlen und schlug ihm die Hände herunter. Rossipohl taumelte zurück. Seine Arme griffen ins Leere und er schrie gellend auf. Doch der Kater erwischte den Stürzenden an den Haaren und riss ihn zurück. Verzweifelt ruderte Rossipohl mit den Armen, trat wild um sich und versuchte durch Gewichtsverlagerung den Kater ins Straucheln zu bringen. Katzbach hatte mit dieser Finte gerechnet. Zweimal, dreimal schlug er zu. Keuchend ging Rolf Rossipohl in die Knie und rutschte wie ein schwerer Sack die Stufen hinunter. Der Kater hielt ihn noch immer an den Haaren.

Picht und Degenhardt kamen gerannt. Im Hintergrund setzten sich die Polizeifahrzeuge in Bewegung.

»Wir müssen ihm helfen!«, keuchte Degenhardt im Laufen.

»Quatsch!«, gab Picht trocken zurück und zeigte nach vorn, wo Kommissar Katzbach gerade die Handschellen um Rossipohls Gelenke schnappen ließ.

»Die Bombe!«, rief der Kater. »Ein Feuerwerker muss her!«

Sekunden später beugte sich der Spezialist der Feuerwehr über die braune Kiste, ließ seine Finger am Deckel entlanggleiten und legte sein Ohr an das raue Holz. Dann stand er auf, trat gegen die Kiste und wieherte vor Lachen.

»Scherzartikel« war mit Schablonenschrift auf die Kiste gepinselt. Rolf Rossipohl leckte sich das Blut von den Lippen und schaute den Kater an, als wollte er das alles nicht glauben.

»Ich verhafte Sie wegen Mordes!«, sagte der Kommissar.

Renate Lord spielte mit ihrem langen Haar. Man konnte sehen, dass es seit längerem nicht nachgefärbt worden war. An den Wurzeln glänzte es silbern.

Es war sehr still in dem düsteren Raum. Renate Lords Haut schien das krankhafte Weiß der Wandfarbe angenommen zu haben. Nur die dunkelbraunen Augen leuchteten in fiebrigem Glanz. Es sah aus, als freute sich die Frau.

»Ich glaube Ihnen nicht, dass Sie Rolf verhaftet haben. Nein, das glaube ich Ihnen nicht. Rolf – Rolf ist viel zu schlau. Er entkommt allen.«

»Aber wir haben ihn doch gefasst! Das Spiel ist aus, Frau Lord. Warum wollen Sie das nicht begreifen?«

Die Frau stand von der harten Bank auf und ging ein paar Schritte, dann blieb sie vor Kommissar Katzbach stehen. »Weil Sie lügen! Sie wollen mir eine Falle stellen. Sie wollen mich aushorchen, damit ich Ihnen sage, wohin Rolf gereist ist. Aber ich verrate ihn nicht.« Sie kicherte geheimnisvoll und legte fast schelmisch den Zeigefinger auf den Mund. »Ich verrate ihn nicht. Ich warte, bis Rolf mich auf seine Blumeninsel holt. Ja, er holt mich bald!«

»Und seine Frau? Was ist mit Iris Rossipohl?«

»Ach, die!« Renate Lord stampfte unwillkürlich mit dem Fuß auf.

»Sie haben Ihren Bruder sehr gern?«, fragte Katzbach.

»Oh ja!«, lächelte die Frau und setzte sich wieder hin. »Kennen Sie meinen Mann? Aber ja, Sie kennen meinen Mann. Er ist ein böser kleiner Spießer. Haben Sie gesehen, wie er mich behandelt hat? Er sagte immer, ich hätte ein Spatzenhirn. Dabei ahnte er nicht, dass Rolf und ich ihn vor unseren Karren gespannt hatten. Hihi! Bei mir hat er sich wichtig gemacht mit seinem Geschäftspartner! In Wirklichkeit wusste er gar nichts, gar nichts, nichts, nichts. Hat unseren Befehlen gehorcht und immer bloß Angst gehabt.«

Katzbach dachte: Und hat nebenbei einen hübschen Batzen Geld gemacht. »Wusste er gar nichts?«, fragte der Kater.

»Rolf meinte, er könnte vielleicht etwas ahnen. So beschränkt könnte selbst mein Mann nicht sein. Darum wollte er ihn ja auch erschießen. Wissen Sie noch: an dem Sonntagmorgen? Leider hat Rolf ihn nicht getroffen, die Entfernung war zu groß, glaube ich. Es machte aber nichts. Mein Mann hat gar nichts gemerkt. So böse und so dumm: mein Mann!«

Sie betonte »mein Mann« ganz seltsam, als ob es für sie ein grandioser Spaß wäre, Eberhard Lord hinters Licht zu führen und sich an seiner Ahnungslosigkeit zu berauschen.

»Rolf ist ein tollkühner Pirat«, flüsterte sie dem Kater zu, als verriete sie ein großes Geheimnis.

»Meinen Sie nicht, dass er ein Mörder ist?«

»Mörder! Was für ein Wort. Er ist eben stärker als all seine Gegner. Stärker und schlauer. Er wird mich bald holen auf seine Pirateninsel.«

»Und der Junge, den Ihr Bruder und Sie ermordet haben? Er hatte Ihnen nichts getan. Sie haben ihn einfach getötet!«

Renate Lord gab keine Antwort. Ihr Gesicht hatte sich ein wenig verdüstert und ihr Blick war wie nach innen gerichtet. Sie schien den Kommissar gar nicht mehr wahrzunehmen.

Katzbach stand auf und ging leise zur Tür. Er gab der Wärterin ein Zeichen, dass sein Verhör beendet wäre.

»Sie ist wie ein Tier!«, sagte die Wärterin und schloss hinter Katzbach ab.

»Nicht wie ein Tier! Wie ein sehr kranker Mensch. Sie sollten versuchen den Unterschied zu begreifen.«

Chris hatte kein Geld mehr, aber er ging trotzdem zum »Big Ape«. Er nannte sich einen Idioten, einen Superarmleuchter, einen Saftheini. Er hatte Lust, sich selbst ununterbrochen in den Hintern zu treten, aber er ging zum »Big Ape«. Und er hatte doch keinen Pfennig in der Tasche.

Er blieb am Eingang stehen und wartete, bis sich seine Augen an das schummrige Rotlicht gewöhnt hatten. Dann suchte er systematisch den Raum ab, schaute die Gesichter der Tanzenden an, ließ den Blick an den Wandtischen entlanggleiten, prüfte die Köpfe der Leute, die auf den Hockern an der Bar saßen. Nichts. Chris dachte: Hinter den Säulen, das wäre noch eine Möglichkeit! Mit klopfendem Herzen schob er sich zwischen den tanzenden Pärchen durch und schaute an den Ecktischchen hinter den bemalten Säulen allen Mädchen ins Gesicht.

»Guck mal, der Spinner da!«, flüsterte ein Mädchen dem Schlagzeuger zu, der verzückt seine Bongos streichelte.

»Lass ihn doch!«, gab er zurück. »Wir spinnen doch alle.«

Chris fand das Mädchen nicht. Eine ganze Weile stand er unschlüssig an der Bartheke.

»Wenn du nichts bestellst, musst du verduften!«, rief ihm der Barmann zu. Alle Leute an der Bar starrten ihn an. Chris wurde rot.

Der Barmann wischte sich die Hände ab und lehnte sich über die Theke.

»Was peilst du denn so doof im Laden rum? Suchst du jemand?«

»Ja. Ich – ich suche jemand. Meine . . . Ich suche eine Bekannte. Sie – sie kommt oft hierher. So eine mit langen schwarzen Haaren. Ellen, sie heißt Ellen. Vielleicht kennen Sie Ellen. Auf ihrem Pulli steht ›Jimi Hendrix‹. Haben Sie . . .«

»Mensch, Junge, lass die Finger von der! Auf der ist doch die Polente spitz. Die hat irgend so 'n Ding gedreht und wird jetzt gesucht. Schon viermal war 'n Bulle hier. Nee, da lass mal die Finger von! Und außerdem: Wenn ich die wäre, dann wäre ich längst über alle Berge!«

»Die ist schon am Nordpol!«, lachte eine lange Blonde mit einem Trinkhalm im Mund.

»Oder am Popocatepetl!«, kreischte ihre Nachbarin und schaute sich um, ob auch alle zugehört hätten.

»Leckt mich doch!«, knurrte Chris und ging hinaus. Nächsten Dienstag ist die Verhandlung, dachte er. In der Lichtburg zeigten sie »Wir haun die Lehrer in die Pfanne – Ein Mordsspaß für die ganze Familie«.

Wie immer das Gefühl der Leere, wenn ein Fall zu Ende war: Katzbach fühlte sich überwach. Die Nerven brauchten etwas Zeit, um sich zu entspannen. Katzbach gab sich Mühe, seine Gedanken in irgendeine Richtung zu lenken. Nur weg von Rossipohl und Tarzan und Vöske. Weg von Iris und Renate, von kleinen Automardern und großen Schiebern. Auch weg von dem knurrigen Glinka und von Jochen Picht.

Aber Paul van Einem konnte er nicht aus seinen Gedanken streichen. Haschpappi mit dem blonden Schnurrbärtchen und der Speichelspur am Mund. Vergiftet, einfach ausgelöscht, willkürlich gemordet, weil sein Leben einem überheblichen Herrn nicht in den Kram passte und weil ein geldgieriger kleiner Ägypter ihn rauschgiftsüchtig gemacht hatte. Katzbach versuchte seine Hassgefühle zu vergessen, aber das Gesicht des Toten geriet immer wieder dazwischen.

Die Ermittlungen in der Mordsache Paul van Einem würden bald abgeschlossen sein. Verhöre, Protokolle, Berichte, Verhandlungen, Prozesse: Routinekram? Zeitraubend, ärgerlich das alles, aber keine Routine. Das sah nur so aus.

Katzbach verglich die Hausnummer mit der Zahl auf seinem Zettel. 27. Ja, das war's. Es gab kein Türschild mit dem Namen van Einem. Aber es gab auch kein Türschloss und so konnte der Kater einfach in den vierten Stock hinaufsteigen. Dort fand er zwei Türen vor. Katzbach probierte den Schlüssel auf der rechten Seite und er passte. Der Staub lag zentimeterdick auf Spind und Bettdecke und die Fußspuren der Polizeibeamten, die vor Tagen Haschpappis Habseligkeiten durchsucht hatten, waren längst wieder zugedeckt. Hier kam der Dreck zwischen den schlecht verputzten Dachpfannen durch.

Paul van Einems Bilder lehnten an der schrägen Außenwand. Kein Bild war aufgehängt. Katzbach zählte nur vier bemalte Flächen: graublaue monochrome Strukturen mit wenigen schwarzen Spuren, die aussahen wie versteckte Wegzeichen. Da und dort war etwas in die Farbe gerieben worden. Glas? Sand? Mörtelstaub? Oder hatte Paul van Einem einfach den Dreck genommen, der in sein Zimmer rieselte?

Katzbach hatte die alte Frau mit der Blümchenschürze und den violett vernarbten Beinen nicht bemerkt, die in Kamelhaarpantoffeln vom Flur hereinkam.

»Was wollen Sie denn?« Und ohne auf eine Antwort zu warten, fügte sie hinzu: »Sind komische Gemälde, das. Sind gar keine richtigen Bilder. Aber er hat die Farbe mit 'nem richtigen Pinsel draufgetan. Verstehn Sie das?«

»Ich glaube nicht«, sagte Katzbach. »Das ist so leer. Ich kann nichts erkennen.«

»Ist ja auch nichts drauf zu erkennen. Soll ja auch gar nicht. Einfach nur leer. Ich versteh's schon. Glauben Sie mir, das ist sehr schwer, wenn man ganz allein ist.«

Der Kater wusste nicht, ob sie von Paul van Einem oder von sich selbst sprach.

»Zu verkaufen ist das nicht«, bedauerte die Frau. »Da gibt keiner was für. Wenn's wenigstens Kunst wäre oder so. Er schuldet mir nämlich noch Miete. Na, kann man nichts machen, 'n richtiger Maler war er jedenfalls nicht.«

»Kann man das wissen?«, fragte Katzbach.

»Ich muss gehen«, murmelte die Frau, sie sprach mehr zu sich selbst als zu Katzbach. »Ich hab was aufm Herd stehen.«

Als sie die Tür hinter sich schloss, blies der Luftzug den Staub auf. Das größte der Bilder war unterschrieben, aber die Bleistiftschrift auf dem groben Untergrund war kaum zu entziffern. ». . . mitten im Wirbelwind . . .«, las Katzbach.

Qualmwolken schlugen Katzbach entgegen, als er sein Büro betrat. Manni Nockel hatte sich vollkommen eingenebelt.

»Kater, du Satansbraten, ich vergifte mich fast an deinen brutalen Hilfszigarren. Kannst du dir kein besseres Kraut leisten?«

»Ich habe die Zigarillos extra angeschafft, um dich alten Schafskopf zu vergiften. Was willst du, Zeitungsfritze? Du weißt doch sowieso alles besser!«

»Hör zu, Kater, das von neulich . . .«

»Reden wir nicht von neulich!« Katzbach verriet Manni Nockel nicht, wie sehr ihm die falsche Berichterstattung geholfen hatte. Man durfte Manni Nockel nicht verwöhnen.

»Ich bin dein Freund, Kater.«

»Freundschaft ist etwas sehr Schönes«, grinste der Kater.

»Hör doch auf, Mensch! Ich will von dir alles wissen, alles. Das wird der Aufmacher für morgen: ›Mörder endlich gefasst!‹ Unterzeile: ›Unser Mitarbeiter Manfred A. Nockel sprach mit Kommissar Katzbach von der Mordkommission‹. Klingt gut, was? Hier ist das Tonband. Sprich bitte deutlich ins Mikrofon und antworte offen auf meine Fragen, klar?«

»Nichts ist klar!«

»Ach, wie soll ich das verstehen?«

»Wir machen einen Kuhhandel, Manni. Ich kenne einen Jungen, der braucht unbedingt eine neue Lehrstelle. Kraftfahrzeugmechanik. Die alte Lehrstelle taugt nichts. Du bist doch bekannt wie ein bunter Hund, oder? Und du kennst Krethi und Plethi. Das sollte mit dem Teufel zugehen, wenn du nicht im Handumdrehen eine ordentliche Lehrstelle für den Jungen besorgen könntest. Habe ich Recht? Und anschließend kriegst du das Interview. Ein Vorschlag unter Freunden!«

»Ein schöner Freund bist du! Weißt du, was das ist?«

»Klar, eine Erpressung.«

»Du sagst es. Kann ich mal dein Telefon benutzen?«

»Sicher«, grinste Katzbach.

»Wie heißt der Junge überhaupt?«

»Christian Marquardt.«

Während Manni Nockel im Telefonbuch herumblätterte, schimpfte er wie eine Marktfrau, und als er endlich die richtige Nummer gefunden hatte, zielte er mit seinem dicken Zeigefinger auf Katzbach und stellte lapidar fest: »Du bist ein himmelschreiendes Schlitzohr, Kater!«

Der Kater widersprach nicht. Er brannte ein Zigarillo an und grinste.

Der Kater und
der Tag des Tigers

Inhalt

Die Falle

Der Erste fuhr eine schwere Kawasaki. Die beiden anderen Maschinen waren Hondas. Auf dem mittleren Motorrad saßen sie zu zweit. Es war kurz nach 23 Uhr. Einer der Wächter des Gruga-Parks, der sich mit seinem scharfen Dobermann auf Kontrollgang an der hinteren Halle des Ausstellungsgeländes befand, gab später zu Protokoll, die drei Motorräder hätten sich mit sehr hoher Geschwindigkeit und empörender Lautstärke in Richtung Stadtgrenze nach Süden bewegt. Außerdem sei ihm aufgefallen, dass der Mann auf dem Soziussitz einen hellen, länglichen Gegenstand auf den Knien gehalten habe. So genau habe er natürlich nicht hingeschaut. Ja, wenn er gewusst hätte ...

An der Ausfahrt Bredeney bogen die Maschinen von der Bundesstraße 288 ab. Der Fahrer der Kawasaki nahm Gas weg und gab ein Handzeichen. Die Motoren tuckerten dumpf in den nächtlichen Straßen des gepflegten Vororts. Der Himmel war verhangen. Da, wo der dünne Mond hinter der tintigen Wolkendecke einen hellgrauen Kreis andeutete, schwamm unhörbar ein Flugzeug nach Südwesten. Die drei Motorräder lagen jetzt auf gleicher Höhe. Ein Liebespärchen tauchte für Sekunden im Lichtbündel der Scheinwerfer auf, sonst war kein Mensch zu sehen. Die Jungen froren unter ihrem Lederzeug.

Von der Meisenburgstraße aus fanden sie leicht den Ligusterweg. Sie fuhren fast im Schritttempo.

»Welche Nummer?«, fragte der Kawasaki-Fahrer.

Der Junge auf dem Rücksitz zog ein Stück Papier aus der Ärmelstulpe. Als sie an einer Straßenlaterne vorbeikamen, konnte er die

Zahl lesen. »Hundertzwo«, sagte er. »Kann nicht mehr weit sein. Hier ist achtundachtzig.«

Es war ein einzeln stehendes Haus mit einem Vorgärtchen voll niedriger Stauden, ein Fenster links neben der Tür, zwei Fenster auf der rechten Seite. Irgendein Rankengewächs rahmte den Eingang und zog sich über die Dachrinne hinweg hinauf zum geschnörkelten First. Das Licht der Straßenlaterne reichte nur schwach bis hierher. Im Haus war es dunkel.

Lautlos und schnell machten sie sich an die Arbeit. Zwei von ihnen bezogen auf der Straße Position, die anderen beiden richteten das Lattenkreuz auf und rammten es in den Rasen. Sie hängten ein weißes Laken wie einen weiten Mantel darüber und steckten die grinsende Karnevalsmaske auf die Spitze. Die kleine Batterie brachte den Kopf zum Glühen.

»Fertig!«, rief einer.

Der Junge, der auf dem Sozius gehockt hatte, betätigte den altmodischen Klingelzug. Das Scheppern war kaum verklungen, da ging im Haus das Licht an. Schlurfende Schritte. Dann unwilliges Gemurmel. Fahrige Finger fummelten am Türschloss herum.

»Wassen los?«, nuschelte der Mann hinter der Tür. Offenbar hatte er in der Hast seine Zahnprothese vergessen.

Erst jetzt schlug ein Hund im Haus an. Es war ein winselndes Gejaule, das sich anhörte wie Babyschreien. Der Mann redete auf das Tier ein, aber es wollte sich nicht beruhigen. Kaum war die Tür einen Spalt auf, als der Terrier ins Freie schoss und die Gestalten in Leder verbellte.

Der alte Mann öffnete den Mund, doch er brachte den Schrei nicht heraus. In grenzenlosem Entsetzen verkrampfte sich sein Gesicht. Er sah nur die weiße Frau, die ihn böse anlachte, sah die feurigen Augen, die genau auf ihn gerichtet waren. Seine Hände krallten sich im Flanell der Schlafanzugjacke fest. Zwei, drei Sekunden stand er wie erstarrt. Dann sackte er in sich zusammen. Es gab ein hässliches Geräusch, als sein Kopf am Rauputz der Türeinfassung entschlangschrappte.

»Weg!«, schrie einer. »Nichts wie weg!«

Doch in diesem Moment raste ein Wagen mit aufgeblendeten Scheinwerfern heran.

»Polente!«

Die Jungen stürzten zu ihren Maschinen. Röhrend sprangen die Motoren an.

»Hanjo, verdammt, komm!«

Aber der kleine Hund hatte sich am linken Hosenbein festgebissen und ließ sich nicht abschütteln. Als die drei Motorräder anfuhren, blieb der Soziussitz leer.

»Wartet doch! Ihr Idioten, wartet doch!«

Der eine Polizist war aus dem Wagen gesprungen. Der andere versuchte mit seinem VW die Straße zu blockieren. Doch die schweren Maschinen schossen über den Bürgersteig davon und waren bereits um die Ecke verschwunden, bevor er den Wagen gewendet hatte. Er griff nach der Taste des Sprechfunkgerätes. Doch dann sah er, wie sein Kollege mit jemandem auf dem Rasen des Vorgartens rang. Mit entsicherter Waffe spurtete er über die Straße.

Der Hund spielte verrückt. In den Nachbarhäusern wurde es lebendig. Eine Frauenstimme schrie schrill nach der Polizei. Der Junge hatte aufgehört sich zu wehren.

»Peter 17 ruft Zentrale . . .« Sie gaben die Information für die Fahndung nach den drei Motorrädern durch. Die Typenbezeichnungen wussten sie nicht. Sie fragten den Jungen, aber der schwieg.

Er saß im Fond des Polizei-VW und starrte verständnislos auf die Stahlreife an seinen Handgelenken. In der linken Ärmelstulpe steckte noch das Papier, auf das jemand mit Filzstift Adresse und Uhrzeit geschrieben hatte: 23.15 Uhr. Das Laken war von dem Lattenkreuz gerutscht. Die alberne Karnevalsmaske leuchtete noch immer. Es war die Fratze einer lächelnden Frau mit Vampirzähnen.

Man brachte den Körper des alten Mannes mit Blaulicht in die Unfallstation der Städtischen Krankenanstalten, obwohl der Arzt bereits den Tod durch Herzversagen festgestellt hatte. Der kleine Hund hüpfte wie toll zwischen den Büschen herum und ließ sich nicht einfangen.

Noch in der Nacht verhörten sie den Jungen im Polizeipräsidium. Er hieß Hans-Joachim Rother und war 18 Jahre alt. Die Namen der drei anderen sagte er nicht. Er erzählte eine wirre Geschichte von einem geheimnisvollen Unbekannten, der ihnen Geld gegeben hatte, damit sie dem Bewohner des Hauses Ligusterweg 102 einen Schrecken einjagten. Zum Beweis zeigte Hans-Joachim Rother das Stück Papier mit der Adresse und der Zeitangabe und einen Hundertmarkschein vor. Ja, die Maske und das weiße Tuch habe der unbekannte Mann ihnen gegeben, das Lattenkreuz hätten sie sich allerdings selbst gemacht.

Ziemlich ungeschickt hackte ein zweiter Beamte auf einer Schreibmaschine aus den Gründertagen herum. »Name des Vaters?«, fragte er näselnd.

»Alois Rother.«

»Und was macht er beruflich?«

»Er – er ist Kriminalhauptwachtmeister. Im Rauschgiftdezernat. Er – er weiß –, er darf . . .« Der Junge suchte nach Worten. Alles Blut war aus seinem Gesicht gewichen.

Genau an dieser Stelle wurde dem verhörenden Beamten die Sache zu heiß. Er beschloss seinen Vorgesetzten anzurufen, obwohl es 3 Uhr 16 war.

Die Suche nach den Motorradfahrern war bisher ergebnislos geblieben.

Kommissar Katzbach versuchte vergeblich sich an dem strahlenden Frühsommertag zu erfreuen. Er kaute auf dem schwarzen Zigarillo herum, es zog nicht richtig. Von der Mintarder Brücke aus konnte er den Campingplatz auf der Ruhrwiese sehen. Kinder balgten sich um einen blauen Nivea-Ball, Frauen in Bikinis räkelten sich in der Sonne, ein Mann in Bermudashorts wienerte an seinem Mercedes herum. Katzbach fühlte sich urlaubsreif. Unwillkürlich nahm er den Fuß vom Gaspedal und kurbelte das Seitenfenster herunter, obwohl mit der Kühle des Fahrtwinds auch der Gestank der Bundesstraße in den Peugeot drang. Das Zigarillo zog noch immer nicht richtig.

Eigentlich wusste Katzbach gar nicht, warum er nach Essen fuhr. Amtshilfe: Was hieß das schon! Aber sie mussten es am Telefon ganz schön spannend gemacht haben, denn sonst würde ihn der Polizeidirektor nicht so mir nichts, dir nichts losgeschickt haben. Was das alles zu bedeuten hatte? Er zerbrach sich darüber nicht den Kopf, er würde es schließlich früh genug erfahren. Am Straßenrand blühte der Ginster, ein Mädchen im offenen Alfa zischte vorbei. Undeutlich fühlte Katzbach, dass Ärger bevorstand. Er drehte am Autoradio herum, fand aber keine Musik, die ihm gefiel.

Die Abstellplätze vor dem Polizeipräsidium waren restlos besetzt. Katzbach brannte ein neues Zigarillo an.

»Versuchen Sie's mal in der Virchowstraße!«, rief ein junger Beamter mit verschwitztem Gesicht.

Kommissar Katzbach hatte aber keine Lust, es mal in der Virchowstraße zu versuchen. Er knurrte, dass er dringend erwartet würde, hielt dem verdutzten Polizisten seinen Ausweis unter die Nase und ließ den Wagen mitten auf dem Vorplatz stehen. Im Treppenhaus des Gebäudes war es angenehm kühl.

Auch in Kommissar Paulys Büro war es kühl, denn der Raum lag im Nordflügel. Kommissar Pauly – massig, rotgesichtig, fast kahlköpfig – stemmte seinen fetten Körper ein paar Zentimeter hoch, ließ sich aber gleich wieder in den Kunstledersessel zurückfallen. Er grinste breit und hielt Katzbach seine fleischige Hand hin.

»Der viel gerühmte Kater! Sie sind ja 'n ganz schön bekanntes Tier in der Branche!«

Katzbach konnte nicht recht erkennen, ob das ironisch gemeint war. »Und um das zu sagen, lassen Sie mich extra aus Düsseldorf kommen!«, grinste er zurück.

Kommissar Pauly zeigte auf einen der Stühle, aber Katzbach hockte sich lieber auf die Fensterbank. Aus dem Nebenraum drangen aufgeregte Stimmen herüber.

»Kalten Tee oder heißen Tee?«

Katzbach entschied sich für heißen. Er schaute sich vergeblich nach einem Aschenbecher um. Pauly schob ihm mit dem Fuß den Papierkorb zu.

»Ich bin nämlich Nichtraucher«, sagte er. Dann drückte er eine Ruftaste und forderte, während er mit dem Brieföffner im Mund herumfuhrwerkte: »Bringt doch noch so 'n Tässchen von eurem Blümchentee rüber. Heiß. Ja, und der Winn soll jetzt kommen. Katzbach ist da.«

Der Kater schaute auf die Uhr. Kommissar Pauly verstand. Er räuspert sich und legte den Brieföffner hin.

»Also?«

»Es ist eine Sauerei passiert.«

Katzbach zuckte die Schultern. Er mochte solche Vorreden nicht. Sauereien kamen überall vor.

Doch dann kam der Kommissar zur Sache und berichtete von einem alten Mann, den vier junge Burschen so sehr erschreckt hatten, dass sein Herz versagte. »Entsetzen als Todesursache! Können Sie sich das vorstellen?«

»Doch«, sagte der Kater, »das kann ich. Die erste Frage ist: Wer hat die Jungen geschickt?«

»Sie meinen also, dass jemand dahinter steckt, der . . .«

»Natürlich«, unterbrach Katzbach. »Der Plan war ziemlich kompliziert. Junge Leute würden spontaner agieren. Terror machen. Irgendetwas kaputtschlagen. Die Wohnung demolieren. Was weiß ich! Vielleicht würden sie den Mann auch einfach verprügeln, wenn sie was gegen ihn hätten. Aber so einen Maskenball veranstalten . . . Nein, das passt nicht.«

»Der Junge hat uns tatsächlich was von einem reichlich geheimnisvollen Dunkelmann erzählt. Geld hätte er ihnen gegeben, damit sie dem Bewohner des Hauses Ligusterweg 102 einen Denkzettel verpassten. Denkzettel verpassen, sagte der Junge. Wir haben ihn die ganze Nacht verhört. Er sagte, sie hätten nicht mal den Namen von dem Mann gewusst, zu dem sie gefahren sind.«

»Was sagen die anderen drei?«

»Wir haben bisher nur den einen.«

»Wo ist er jetzt?«

»Zu Hause. Wir haben ihn nach Hause gefahren. Der war fix und fertig. Wer rechnet auch damit, dass einer tot umfällt, nur weil man ihm 'nen Schrecken einjagt.«

»Vielleicht der, der die Jungen zu ihm geschickt hat«, sagte Katzbach. »Ist irgendein Motiv zu erkennen? Weiß man etwas über den Toten? Wie ist eigentlich der Name?«

»Paul Gerizzen. Frührentner. Lebte ganz allein in dem Haus. Ich habe drei Leute draußen in Bredeney, die hören sich in der Nachbarschaft um. Sieht so aus, als ob es keine Angehörigen oder so gäbe. Verrückt ist eben nur . . .«

Katzbach hörte den Tonwechsel von Kommissar Paulys Stimme und wurde zum ersten Mal aufmerksam. Natürlich war da noch etwas. Warum Pauly das nur so pomadig machte!

»Der Anruf«, kicherte Pauly unfroh, »ganz verrückt. Unser Streifenwagen kam nicht zufällig in den Ligusterweg. Da hatte jemand
angerufen, die Polizei solle mal ganz schnell in Bredeney nach dem
Rechten sehen. Und die Adresse nannte der Anrufer auch. Nur
seinen Namen sagte er nicht.«

»Was hat er denn sonst noch gesagt?«

»Da wären Motorradfahrer aufgetaucht und hätten sich an einem
Haus zu schaffen gemacht. Sonst nichts.«

»Und was ist daran so verrückt?«

»Dass nach Auskunft des Dienst tuenden Beamten der Anruf um
23 Uhr 04 kam. Wir haben aber rausgefunden, dass die Burschen
mit ihren Motorrädern um diese Zeit noch gar nicht den Ligusterweg erreicht hatten. Seltsam, was?«

Der Kater lächelte. »Eine Falle. Fragt sich nur: für wen?«

»Eine Falle?« Pauly biss auf seiner Zunge herum und machte ein
Gesicht wie Schweinchen Dick. Es arbeitete offensichtlich in seinem mächtigen Schädel, doch seine Gedanken waren in eine
andere Richtung gewandert.

Katzbach zerdrückte den Zigarillostummel in einem Blumen-
topf.

Ein hübsches Mädchen mit etwas zu dicken Oberschenkeln und
etwas zu kurzem Minirock hüpfte, ohne zu klopfen, herein und
stellte einen dampfenden Pappbecher auf den Schreibtisch. Sie
musterte Katzbach von unten bis oben und prallte im Rückwärts-
gehen auf einen jungen Mann, der durch die Tür stürmte und mit
einem dünnen Aktenordner wedelte.

»Kriminalwachtmeister Horst Winn«, stellte er sich zackig vor und
drückte Katzbach den Ordner in die Hand. »Protokolle, Fotos vom
Tatort, Zeugenaussagen, Zeitplan. Der Bericht vom Krankenhaus
ist auch dabei.«

Der Kater hatte es schwer, nicht laut aufzulachen. Horst Winn war der Bilderbuchdetektiv. Heller Staubmantel trotz der Wärme und Schirmmütze aus Leder.

»Winn wird sozusagen Ihre rechte Hand sein«, sagte Pauly. »Er ist einer unserer viel versprechendsten Nachwuchsleute.«

Heißt es viel versprechendsten oder meistversprechenden?, überlegte Katzbach. Und er dachte: Wie sie über mich verfügen. Sie müssen sich ihrer Sache verdammt sicher sein. Unbehagen stellte sich ein. Der Tee schmeckte bitter.

»Ich überlege nur«, sagte Katzbach gedehnt, »was das alles mit mir zu tun hat. Das ist doch Ihr Bier.«

»Haben Sie es ihm noch nicht gesagt?«, fragte Winn.

Kommissar Pauly fummelte wieder nervös mit dem Brieföffner herum. »Ich war gerade dabei.«

Es scheint ihnen peinlich zu sein, überlegte der Kater.

Pauly holte mit großer Geste aus. »Es ist nicht auszuschließen, dass einer unserer eigenen Beamten in irgendeiner Weise in diesen Fall verwickelt ist.«

Das war es also. Katzbach blickte in Horst Winns Gesicht, in dem sich Eifer und Ungeduld mischten. Und noch etwas, das der Kater nicht zu deuten wusste. Der Lärm im Nebenzimmer hatte aufgehört. Vermutlich waren die Leute zum Essen gegangen.

Kommissar Pauly blies imaginäre Stäubchen von der Schreibtischplatte und fuhr fort: »Die Staatsanwaltschaft hat uns nahe gelegt den Fall bis zur restlosen Rehabilitation von Alois Rother einem Beamten aus einer anderen Stadt zu übertragen. Da kam sofort Ihr Name ins Gespräch.«

»Wer ist Alois Rother?«

»Hauptwachtmeister im Rauschgiftdezernat. Sein Filius ist der Motorradjüngling, den wir geschnappt haben. Man wittert Unrat. Vielleicht, dass der Junge durch seinen Vater irgendwelche Kontakte oder Kenntnisse . . . Oder sogar beschlagnahmten Stoff . . .«

»Ich sehe keine Zusammenhänge«, sagte Katzbach.

»Ich auch nicht!«, bellte Pauly. »Aber die hohen Herren hören mal wieder die Flöhe husten. Politische Vorsichtsmaßnahmen. Aber davon verstehe ich nichts. Ich bin Praktiker. Darum halte ich mich an die dienstlichen Anordnungen. Tut mir Leid, Katzbach, dass wir Sie aus Düsseldorf weggelotst haben!«

»Ganz schön weit hergeholt, diese Theorie. Was sagt denn Hauptwachtmeister Rother dazu?«

»Hat sich beurlauben lassen. Wahrscheinlich das Beste im Augenblick.«

»Aber da ist noch etwas!«, warf Winn ein. Er sah seinen Kommissar ein bisschen vorwurfsvoll an.

Pauly erhob sich schnaufend aus dem Sessel. »Der Wisch, den der Junge dabeihatte, erwies sich als extrem aufschlussreich. Uns kam sofort spanisch vor, dass da einer so 'n paar Notizen auf erstklassigem Papier macht.«

Winn nahm einen Zettel aus der Akte. »Kunstdruckpapier. Papiergewicht zwohundert Gramm pro Quadratmeter. Das ist fast schon wie Karton, verstehen Sie?«

»Ich verstehe«, grinste der Kater. »Ich sehe nur so bescheuert aus.«

»'zeihung!« Winn kriegte rote Ohren.

Pauly stellte fest, dass der Teebecher leer war, und warf ihn in den Papierkorb. »Besonders glattes Papier. Wir haben es auf Fingerabdrücke untersucht. Außer denen von dem Jungen fanden wir noch einen. Rechter Daumen. Den Mann zu diesem Daumen spuckte uns der Fahndungscomputer aus. Es ist ein alter Bekannter, Katzbach, und es heißt, dass Sie mit ihm einschlägige Erfahrungen gemacht haben.«

»Vielleicht hat dieser Bekannte auch einen Namen«, meinte Katzbach. Er hatte nichts mehr zu rauchen.

»Leo Sagitta.«

»Sagitta? ›Fliege‹ Sagitta?« Jetzt war der Kater hellwach. Er hatte gespürt, dass da etwas mehr war. Schon als er in Düsseldorf wegfuhr, hatte er dieses Gefühl in den Knochen gehabt. Sagitta, der kleine Dieb mit dem großen Tick. Sie hatten das Haus umstellt gehabt. Wie viele Jahre lag das jetzt zurück? Kommissar Katzbach hatte seine Leute gewarnt. Aber sie hörten nicht, rückten immer näher, umstellten das Haus, dass keine Maus mehr rauskonnte. Dann passierte es. Sagitta schrie in seiner Panik wie ein Tier und tat, was Profidiebe eigentlich nie tun: Er schoss und schoss, bis das Magazin leer war, verschwand irre weinend zwischen den Polizeiautos und wurde nicht mehr gesehen. Einen hatte er an der Kopfhaut erwischt. Das heilte schnell, nur ein Blumenkohlohr blieb zurück. Den anderen, es war ein sehr junger Beamter gewesen, operierten sie noch und noch, aber am vierten Tag erlosch der Lebenswille.

Katzbach hatte die widerliche Szene vor den Augen, als eine Polizeikapelle auf dem Nordfriedhof »Ich hatt einen Kameraden« intonierte und so viel Schmalz hineinlegte, dass allen das Wasser in die Augen trat. Dabei hatten sie doch gewusst, dass ›Fliege‹ Sagitta an Klaustrophobie litt und durchdrehen musste, als er in dem kleinen dunklen Häuschen eingeschlossen war. Sinnloser Heldentod: Um ein Smaragdkollier war es gegangen. Dafür hatte ein junger Polizist sein Leben weggegeben. Gegen das Wort »opfern« hatte Katzbach schon damals etwas gehabt, obwohl alle Redner am Grab es benutzten, um nachträglich Sinn in die Sache zu bringen. Aber der Fall war dem Kater nie aus den Knochen gegangen. Da war noch etwas zu Ende zu bringen.

»Sie erinnern sich an Leo Sagitta?«, fragte Pauly.

»Natürlich.«

»Ist er gefährlich?«, fragte Winn überlaut.

Der Kater wich aus. »Unter gewissen Umständen sind alle Leute gefährlich. Gibt es Anhaltspunkte dafür, dass sich ›Fliege‹ Sagitta in Essen aufhält?«

»Da ist bisher nur dieser Fingerabdruck.« Kommissar Pauly rülpste und hielt sich nachträglich die Hand vor den Mund. »Es dürfte ja wohl hinreichend bewiesen sein, dass Sagitta der Hintermann ist. Er hat die Jungen geschickt. Das Motiv müssen Sie finden, dann ist der Fall gelöst.«

»Und Sagitta muss gefunden werden. Gar nicht so einfach, wenn das stimmt, was man so hört.« Horst Winn zog unwillkürlich die Mütze tiefer in die Stirn.

Katzbach dachte: Sie haben gar nichts begriffen. Als ob Sagitta solche Fehler machte! »Ich muss mich wiederholen«, sagte Katzbach, »das ist eine Falle. Wenn es so einfach wäre . . .«

»Aber der Abdruck! Eindeutiger . . .«

Katzbach stieß sich von der Fensterbank ab. »Natürlich ist das eindeutig. Das soll es ja wohl auch sein, lieber Herr Kollege!« Katzbachs Stimme hatte einen ironischen Unterton bekommen. Wahrscheinlich lag es daran, dass seine Gedanken im Moment nur schwer zu zügeln waren. »Ist der Unbekannte, von dem die Jungen den Auftrag gekriegt haben, in der Aussage genau beschrieben? Steht in dem Protokoll, wie der Mann aussah?«

»Er hatte Handschuhe an«, sagte Kriminalwachtmeister Winn. »Wenn Sie das meinen.«

»Ich meine gar nichts«, sagte der Kater.

»Wir haben Ihnen im Souterrain ein Büro einrichten lassen.« Pauly wollte den Fall vom Hals bekommen, das war deutlich zu spüren. Wahrscheinlich hatte er auch Hunger.

Zuerst telefonierte Kommissar Katzbach mit seinem Büro. Inspektor Picht meldete sich.

»Hör zu, Jochen, das wird hier ein bisschen dauern. Kann sein, dass ich noch einige Angaben von euch brauche. Sieht so aus, als ob

›Fliege‹ Sagitta im Spiel wäre.« Katzbach hörte Inspektor Picht am anderen Ende der Leitung heftig atmen. »Kommt ihr zurecht, Jochen?«

»Als wenn wir ohne dich zurechtkämen, großer Meister! Natürlich kommen wir zurecht. Die Friedhöfe liegen voll von unentbehrlichen Leuten.«

Sie sprachen noch über zwei, drei laufende Sachen und beendeten ihr Gespräch. Dann rief der Kater seine Frau an. Dieses Gespräch dauerte entschieden länger.

Im Fahrstuhl warf er einen flüchtigen Blick in die Akte, auf die Horst Winn in Schönschrift und sehr voreilig »Mordsache Gerizzen« gemalt hatte. Im Gesicht des Toten war der Schrecken gefroren. Andere Fotos zeigten die Lage der Leiche. Auf dem Bild, das das Exterieur des Hauses verdeutlichte, war auch das seltsame Gespenst zu sehen. Und noch etwas: ganz im Hintergrund, erschreckt vom Blitzlicht, ein kleiner Hund.

Der Kater betrachtete das Gesicht des Toten näher. Ältliche Mittelmäßigkeit. Ein unrasierter Jedermann mit spärlichem Haarwuchs. Der leere Mund war nur ein schwarzes Loch.

»Er hatte in der Eile sein Gebiss vergessen«, dozierte Winn.

Katzbach gab keine Antwort. Sie waren im Erdgeschoss angekommen.

Lauter Rätsel

Er schlief nicht, aber er tat, als ob er schliefe. Er hörte, wie seine Mutter ins Zimmer kam, hörte Geschirrklappern, hörte auch das leise Schnüffeln. Frau Rother hatte noch immer nicht aufgehört zu weinen. Dieses leise Weinen machte ihn ganz verrückt. Wenn sie nur aufhören würde zu heulen!, dachte er und täuschte ruhiges Atmen vor.

»Hans-Joachim?« Wenn etwas los war, sagte sie immer Hans-Joachim. Soweit er sich zurückerinnern konnte, war immer irgendwas nicht in Ordnung, wenn sie seinen vollen Namen nannte. Manchmal hasste Hanjo seine Mutter, später tat es ihm dann meist wieder Leid. Er konnte nichts dafür, dass sich solche Gefühle einschlichen. Jedenfalls glaubte er es. Seine Eltern hatten sehr spät geheiratet. Vielleicht lag es daran, dass sie so weit weg waren für ihn.

Hanjo drehte sich auf die Seite und lag jetzt mit dem Gesicht zur Wand. Er biss sich auf die Zunge und hoffte, dass sie nicht noch einmal Hans-Joachim sagte.

»Schläfst du? Aber du musst doch wenigstens was essen!«

Hanjo gab keine Antwort. Er spürte, wie die Mutter sich ganz dicht über ihn beugte. Es waren qualvolle Sekunden für ihn. Am liebsten hätte er laut aufgeschrien. Warum ging sie nicht endlich!

»Ich hab's dir neben das Bett gestellt«, flüsterte sie und berührte ihn leicht. Nur das nicht!

Dann ging die Tür. Hanjo war wieder allein. Von der Küche her hörte er die Stimme seines Vaters. Sie kam ihm aufreizend leise vor. Warum brüllt er nicht rum?, fragte sich Hanjo. Er brüllte doch sonst bei jeder Gelegenheit. Hanjo richtete sich im Bett auf und schaute in das grinsende Gesicht von Mick Jagger. Doch als sein Blick zu dem Poster an der anderen Wand wanderte, kam die kalte Wut wieder hoch.

Mit der Suzuki hatte alles angefangen.

Bei Jericksens hatten sie ihm eine ziemlich neue 500er für runde fünftausend angeboten, aber als er seine Absicht zu Hause erwähnte und sich vorsichtig nach einem Darlehen erkundigte, passierte genau das, was er sich eigentlich an drei Fingern hätte abzählen können: Sein Vater drehte völlig durch. Es bolzten schon genug Halbgescheite auf ihren dicken Brummern in der Gegend herum und auf einen Motorradaffen in der Familie könnte er gut und gern verzichten und überhaupt wäre das ungefähr das Letzte, wofür er Geld rausschmeißen würde, vorausgesetzt, er hätte welches zu verpulvern. Aber dem wäre ganz und gar nicht so. Und was der feine Herr Sohn sich denn überhaupt vorstellte! Ob's nicht vielleicht auch ein Mercedes sein dürfte.

Eigentlich wusste Hanjo, dass der Zynismus seines Vaters im Grunde Verbitterung war. Verbitterung darüber, dass er mehr arbeiten musste als die meisten Leute, die er kannte, dass aber seine Überstunden nicht bezahlt wurden. Ja, und dass sein Sohn eine Schule besuchte, deren Schüler fast alle aus der Oberschicht kamen. Wie bei jedem Krach wurde auch jetzt die unschöne Platte abgespielt: Wir legen uns krumm, dass der Herr Sohn das Gymnasium besuchen kann, um mal was Besseres zu werden, wir gönnen uns nichts, aber der vornehme Herr Sohn . . . Vor allem die Sache mit der 500er-Suzuki hatte seinen Vater auf die Palme gebracht. Und die Mutter, die hatte immer nur »Junge, Junge« gesagt.

Fünftausend Eier. Wie sollte er die auftreiben! Alle seine Freunde hatten sich schwere Maschinen zugelegt. Klar, sie liehen ihm das Lederzeug, wenn sie zusammen losfuhren. Nur eben, dass Hanjo auf dem Sozius von einem der anderen hockte: auf dem Mädchensitz. Wie ihm das zum Hals raushing! In seiner Klasse hatten ein paar Schüler sogar Autos zur Versetzung geschenkt bekommen.

Hanjo stand vorsichtig von seinem Bett auf. Das Ding quietschte scheußlich. Das Tablett schob er mit dem Fuß zur Seite. Der Geruch des Kaffees trieb ihm den Ekel in den Hals.

Kaffee hatten sie ihm auch im Polizeipräsidium gegeben. Literweise. Und er hatte ihnen immer wieder dasselbe gesagt: dass er den Mann nicht kannte, der ihnen vor dem »Memphis« den Auftrag und das Geld gegeben hatte. Die Namen der anderen hatte er nicht gesagt, sosehr sie ihn auch in die Mangel nahmen. Auch auf den Vorwurf, dass sich andere Schüler auf legitimere Art Geld für ihre Hobbys zu verdienen pflegten, hatte er nicht reagiert. Was ging es die Polente an, dass er in Latein und Mathematik ausgesprochen beschissen stand! Nachmittagsarbeit für ihn? Das war wohl ein Witz.

Der Beamte, der ihn verhörte, stank scheußlich aus dem Mund. Im Morgengrauen schickte er ihn weg. Ein junger Polizist von der Nachtstreife, der kein Wort redete, fuhr ihn nach Hause. Fluchtgefahr bestand ja nicht.

Dass sein Vater schon alles wusste, als Hanjo nach Hause kam, war nicht das Schlimmste. Viel schlimmer war, dass er nicht brüllte. Doch das würde sich ändern.

An den alten Mann dachte Hanjo seltsamerweise nicht. Sein Bewusstsein nahm es einfach nicht auf, dass der alte Mann im Ligusterweg an einem Schock gestorben war.

Als Hanjo sich aus seinem Zimmer schlich, hörte er den Vater unentwegt murmeln: »Großartig! Großartig!«

Unbemerkt verließ er die Wohnung. Es war 10 Uhr 13. Den Mann, der so auffällig-unauffällig die Zeitung las, sah Hanjo vom Treppenhausfenster aus. Da nahm er den Weg durch die Waschküche und über den schäbigen kleinen Hof, auf dem die Abfalltonnen in der Morgensonne standen. Hanjo wusste genau, dass Addy Luckenbach fieberhaft auf ihn wartete.

Kriminalwachtmeister Escherts, der Zeitungsleser von der anderen Straßenseite, gab Punkt zwölf Uhr per Sprechfunk an seine Dienststelle durch, Hans-Joachim Rother hätte das Haus bisher nicht verlassen und auch sein Vater befinde sich noch in der Wohnung. Zu diesem Zeitpunkt hockte Hanjo längst bei Addy Luckenbach auf der Couch und rauchte, als ginge es um einen Weltrekord.

Wilder Wein umrahmte die dunkle Haustür, deren Anstrich stark an Teer erinnerte. Die Sonnenstrahlen, die von Südwesten her die Vorderfront wie Scheinwerfer abtasteten, enthüllten überdeutlich den miserablen Zustand des flachen Gebäudes. Auch die Proportionen stimmten nicht. Es schien, dass beim Bau das Geld für das nächste Stockwerk ausgegangen war und das Dach nur provisorisch über das Erdgeschoss gestülpt worden war. Zwischen all den schmucken Einfamilienhäusern in hübschen Gärtchen wirkte das Gebäude wie ein Clochard beim Schützenfest.

Doch Kommissar Katzbach fühlte auch den Reiz, der von diesem morbiden Haus ausging und sich von der uniformen Niedlichkeit der scheinheiteren Umgebung abhob.

Parkplatzprobleme gab es hier im Ligusterweg nicht. Winn sprang tatendurstig aus dem Peugeot. Der Kater folgte ihm langsam. Er nahm die Straße und das Haus und den schmuddeligen kleinen Vorgarten wie auf einer Fotoplatte in seinem Gehirn auf, und als er in die kühle Diele trat, wusste er bereits mehr über den toten alten Mann, als ihm die Bilder des Polizeifotografen vermitteln konnten.

»Hier geht's lang«, sagte Winn.

Katzbach lächelte dünn. Da merkte der eifrige Kriminalwachtmeister, dass er besser seinen Mund hielt. Der Kater fingerte vergebens nach einem Zigarillo in seinen Taschen herum.

Nur ein gusseiserner Schirmständer schmückte die düstere Diele. Die drei Türen standen offen. Die mittlere führte in den kleinen Nutzgarten und Katzbach wunderte sich nicht, als er hier gepflegte Johannisbeerrabatten und pingelig genutzte Gemüsebeete entdeckte. Es passte ins Bild.

Die Diele teilte das Haus. Links gab es nur das Schlafzimmer, aus dem fauliger, säuerlicher Mief drang. Das Zimmer schien bereits gründlich untersucht worden zu sein.

Warum die wohl das Fenster nicht aufgemacht haben?, dachte Katzbach.

Im geräumigen Wohnzimmer auf der anderen Seite der Dielen waren zwei Beamte bei der Arbeit. Der eine, der Uniform trug, füllte lange Listen aus. Der andere bewegte sich vorsichtig wie ein Seiltänzer. Die Männer waren davon unterrichtet worden, dass Kommissar Katzbach den Fall übernehmen sollte. Sie erstatteten ungefragt Auskunft. Ein dritter Beamter führte noch Ermittlungen in der Nachbarschaft durch.

Paul Gerizzen war natürlich in der Gegend bekannt, aber man wusste nichts über ihn. Er tat nichts, er ging nur mit seinem Hund spazieren. Frührentner, das war klar. Aber inzwischen war er längst über die normale »Arbeitsgrenze« hinaus. Das konnte man sehen. Nein, sein genaues Alter wusste niemand, auch nicht die Inhaberin des Lebensmittelladens Ecke Meisenburgstraße, bei der Gerizzen seinen Wochenbedarf einzukaufen pflegte.

Der Beamte sagte: »Sie kannte gerade seinen Namen. Und dass er seit 'nem Dutzend Jahren bei ihr einkaufte. Nichts Tolles. Immer nur das Nötigste.«

»Wo ist eigentlich der Hund?«, fragte Katzbach und setzte sich auf die Kante eines der vier imitierten Biedermeierstühle. Er versuchte den intensiven Altmännergeruch zu identifizieren, der zwischen den dunkel gebeizten Möbeln hing. Tabak? Schweiß? Essensdünste?

»Den Köter haben die Nachbarn im Morgengrauen weggejagt. Der hat geschrien – nicht so einfach gekläfft, nein, geschrien hat der wie 'n Kind. Und weil er nicht aufhören wollte, haben die Leute mit Steinen geschmissen. War wohl nicht zum Aushalten. Wir hatten ja einen Mann hier. Der hat auch gesagt, dass es nicht zum Aushalten war.«

»Ich möchte nachher einen der Streifenbeamten sprechen, die gestern Abend nach dem Anruf des Unbekannten hier aufgekreuzt sind.«

»Geht in Ordnung, Herr Kommissar.«

Katzbach ließ den Blick wandern. Dann und wann hakten sich die Augen fest. An der Spieluhr, zum Beispiel, die unter dem schlecht gerahmten Nazarener-Druck von Jesus und den Emmausjüngern angenagelt war. An dem bräunlichen Foto in ovalem Glas, das eine Frau um die fünfzig mit nichts sagenden Gesichtszügen zeigte. An den Krimi- und Westernheftchen, die sich auf dem staubigen Vertiko türmten . . .

»Die Frau da«, sagte der Beamte, der das Haus nach Anhaltspunkten durchsuchte, »die Frau war seine Schwester. Sie hat ihm nach ihrem Tod das Haus vermacht. Das heißt, er hat's geerbt, weil sonst niemand da war. Das geht aus diesen Papieren hervor.« Er zeigte auf einen kleinen Stoß von Schriftstücken, den der uniformierte Beamte vor sich auf dem Tisch hatte.

»Schauen Sie das mal durch!«, sagte der Kater zu Horst Winn. Dann blickte er weiter auf das Foto mit dem Frauengesicht. Doch seine Gedanken schweiften ab. Wo der kleine Hund nur steckt?, dachte er. Unsinn, das war jetzt nicht wichtig.

Katzbach stand auf.

Er zermarterte seinen Kopf mit der Frage, was ›Fliege‹ Sagitta wohl mit alldem zu schaffen haben könnte. Aber da war kein winziger Anhaltspunkt. Im Gegenteil: Je mehr er nachdachte, umso mehr drängte sich ihm die Gewissheit auf, dass Sagitta mit dem Tod des alten Mannes nur sehr indirekt etwas zu tun haben könnte. Eine steile Falte bildete sich über Katzbachs Nasenwurzel.

Horst Winn kannte den Kater nicht gut genug. Sonst hätte er gewusst, dass der Kommissar sehr intensiv einen Gedankengang verfolgte, der ihm plötzlich gekommen war.

Winn schob seine Schlägermütze aus der Stirn und wischte sich den Schweiß ab, obwohl es in der Wohnung eher kühl war.

»Werfen Sie doch die alberne Mütze weg!«, murmelte Katzbach.

»Was sagten Sie?«

»Ach, nichts. Aber Sie könnten mal rauskriegen, Winn, was Paul Gerizzen früher beruflich gemacht hat und warum er vorzeitig arbeitsunfähig wurde.«

»Nicht nötig«, warf der andere Beamte ein, »ich kann's Ihnen auch so sagen. Maschinist beim Bergbau. Über Tage, also nicht unten vor Ort. Aber dann kriegte er 'nen Herzknacks und man bestätigte ihm Arbeitsunfähigkeit.«

»Wer ist man?«, wollte der Kater wissen.

»Na ja, die Knappschaft. Die rosa Papiere, das sind alles Knappschaftsangelegenheiten. Rentenbescheide. Auch 'ne Strafsache, weil Gerizzen seine kostenlose Kohlenzuteilung weiterverhökert hat. Hier ist ja Ölheizung, wissen Sie.«

»War Gerizzen ständig in ärztlicher Behandlung?«

»Keine Ahnung, Kommissar. Das müsste man aber bei den Knappschaftsleuten rauskriegen können. Die Versicherungsfritzen müssten das wissen.«

Katzbach sagte seinem Assistenten, er solle sich mit der Ruhr-knappschaft in Verbindung setzen.

Seltsame Sachen waren aus den Schränken und Schubladen ans Tageslicht gebracht worden: verschimmelte Hustenbonbons, Zeitungsausschnitte, eine Spielzeugpistole, durchgebissene Pfeifenmundstücke, Liebesromane aus der Vorkriegszeit . . .

Katzbach stellte fest, dass es im Wohnzimmer nur eine Hand voll Bücher gab und dass Gerizzen offenbar kein Fernsehgerät besessen hatte. Das kleine Radio gab schauerliche Pfeiftöne von sich. Es sah so aus, als hätte Paul Gerizzen keinen allzu großen Drang gehabt, seine Isolation zu durchbrechen. Oder war es einfach nur die Armut gewesen?

»Was ist mit Geld?«, fragte Katzbach.

Der uniformierte Beamte schaute auf einen Zettel. »Wir haben 47,24 Mark in einem Plastikkästchen im Wohnzimmerschrank gefunden und offenbar abgezählte zwölf Markstücke in einer Schublade in der Küche.«

»Sparbücher? Bankkontoauszüge?«

»Nichts. Vermutlich holte er seine Rente bar ab.« Und dann, fast wie entschuldigend: »Es ist kurz vor dem Monatsende, Herr Kommissar.«

Katzbach verkniff sich ein Grinsen.

Da machte der andere Beamte eine Entdeckung. Er fand im Futter des blümchengemusterten Sofas einen Briefumschlag mit fünf Hundertmarkscheinen. Mit der Pinzette trug er seine Beute vorsichtig zum Tisch, auf dem auch die anderen Sachen lagen.

»Ist da noch mehr?«, fragte der Kater.

Der Beamte verneinte, aber Katzbach schaute selbst nach. Zu sehen war nichts. Der Kater tastete mit den Fingern hinter dem verschlissenen Stoff herum, bekam eklige Dreckwürste zu fassen und kriegte modrigen Staub in die Nase. Doch dann griffen die

Finger etwas Festes. Ein zusammengefaltetes Stück Zeitungspapier.

»Da ist ja doch noch was!«, bemerkte der Beamte überflüssigerweise. Katzbach antwortete nicht.

Das Datum war noch auf dem Blatt zu sehen. Kaum einen Monat alt. Vorsichtig faltete der Kommissar das Papier auseinander. Die zwei dunkelroten Farbpartikelchen, kaum größer als Stecknadelköpfe, nahm er erst beim zweiten Hinsehen wahr. Zuerst dachte er, es wäre getrocknetes Blut. Doch dann stellte er fest, dass die Farbsplitter auf der Rückseite weiß waren.

»Komisch«, sagte der Polizist in Uniform.

»Wieso komisch?«, fragte Katzbach.

»Na ja, ich meine . . . Äh, ich will sagen . . . Na, ungewöhnlich ist das schon, wenn man bedenkt . . .« Er machte eine Pause, schluckte und suchte nach den richtigen Worten.

»Das mit den Pullen ist ja auch 'n Witz.«

»Pullen?«

Der andere Beamte schaltete sich ein. »In der Vorratskammer haben wir zwölf Flaschen Doppelkorn gefunden. Das ist insofern verwunderlich, als Gerizzen sich nach Aussage der Besitzerin des Selbstbedienungsladens sonst, wenn er die Rente kriegte, jeweils genau eine Flasche von dem Stoff kaufte. Monatsration. Und nun plötzlich gleich ein Dutzend!«

»Jahresration«, grinste der Kater. Dann wurde er ernst. »Ältere Leute sind manchmal so. Sie haben einen Hamstertick. Sammeln Vorräte, als müssten sie sich für eine Belagerung eindecken. Sie misstrauen der Welt draußen. Sie rechnen mit dem Schlimmsten. Wahrscheinlich war so etwas der Grund für Gerizzens Großeinkauf.«

»Aber wieso so plötzlich? Ich meine, all die Jahre . . .«

»Weil er plötzlich zu Geld gekommen ist. Stellen Sie fest, wann dieser Einkauf stattgefunden hat. Das ist wichtig.«

Der Beamte nickte. Er verstand nicht recht. Aber anscheinend traute er sich nicht, den Kommissar aus der anderen Stadt zu fragen.

Kriminalwachtmeister Winn tauchte wieder auf. Seinen Notizblock trug er wie einen Heiligen Gral vor sich her. Er hatte vom Knappschaftskrankenhaus die Adresse des Arztes bekommen, der Paul Gerizzen nach dessen Entlassung behandelt hatte. Außerdem brachte er eine Information der Fahndungsgruppe mit: »Hans-Joachim Rother ist zu Hause ausgerückt, keiner weiß, wo er jetzt steckt. Und die anderen Motorradfahrer sind noch immer nicht ermittelt. Das wär's, Kommissar.«

Warum machte der Kommissar keinen Tanz? Winn verstand das nicht. Er verstand auch nicht, warum Katzbach nicht längst zum großen Kesseltreiben auf ›Fliege‹ Sagitta geblasen hatte. Er fasste sich schließlich ein Herz und fragte.

»Ich glaube nicht«, sagte der Kater, »dass Sagitta überhaupt etwas von Paul Gerizzens Tod weiß. Ich bin mir nicht einmal sicher, dass Sagitta den Namen jemals gehört hat. Das ist natürlich nur eine Hypothese.«

»Aber die Spur auf dem Papier! Das ist doch zweifellos ein Fingerabdruck von Leo Sagitta.«

»Eben. Ich kann mir nämlich nicht vorstellen, dass ein Fuchs wie Sagitta irgendwelchen jungen Burschen seinen Fingerabdruck als Visitenkarte überreicht. Ich kann mir auch nicht vorstellen, dass Sagitta Leute anheuert, damit sie jemandem einen Schock vermitteln. Sagitta ist immer ein Sonderling gewesen. Ein regelrechtes Einmannunternehmen. Nein, das passt alles nicht zusammen. Vielleicht . . .« Katzbach hatte wieder die Falte über der Nase. »Vielleicht war die Falle für Sagitta, wer weiß.«

Winn verstand die Welt nicht mehr. »Aber wenn Sie Recht haben! Ja, wenn Sie Recht haben . . .«

»Ich sage nicht, dass ich Recht habe. Ich frage mich, ob ich Recht habe. Das ist übrigens von Bert Brecht.«

»Was?«

»Das Zitat. Sie müssen dafür sorgen, Winn, dass nichts von dieser Sache in die Zeitungen gerät. Jedenfalls noch nicht. Ich brauche noch etwas Zeit. Kann ich mich auf Sie verlassen?«

»Ich werde alle Stellen informieren!« Horst Winn bekam schon wieder rote Ohren.

Der dritte Untersuchungsbeamte tauchte auf. Neues hatte er nicht. Er bestätigte nur, was Katzbach bereits erfahren hatte: dass man in der Nachbarschaft nichts über Paul Gerizzen wusste, außer dass er im Ligusterweg wohnte.

Der Kater warf einen Blick in die kleine graue Küche, in deren Spülbecken verkrustetes Geschirr stand. Dann ging er noch einmal in den Garten hinter dem Haus.

Hinter den Beerensträuchern entdeckte er einen kniehohen Hügel, der mit weißlich grünen Nelken bepflanzt war. Ein Klinkerstein war wie ein Miniaturmonument darauf aufgerichtet. Die krickelige Schrift war anscheinend mit einem Nagel eingeritzt worden.

»Meinem lieben, lieben Lumpi-Hund.« Eine feiste Hummel turnte auf dem sonnenwarmen Stein herum. Katzbach störte sie nicht. Er ging ins Haus.

»Weiß man etwas über das Hundegrab da draußen?«

Der Polizist in Uniform nickte eifrig. »Vor einem Jahr etwa hat ihm eine Frau aus der Nachbarschaft seinen ollen Dackel überfahren. Sie hat zu Protokoll gegeben, das wäre das einzige Mal gewesen, dass sie mit Gerizzen geredet hätte. Gerizzen muss wohl ziemlich getobt haben. Sie hat ihm etwas Geld gegeben und er hat es angeblich auch genommen. Nach einer Woche hat er sich dann im Tierheim an der Grillostraße den Terrier geholt. Die Leute erinnern sich daran, weil es sonst nichts über Gerizzen zu sagen gibt.

Übrigens soll das Viech damals schon mehr tot als lebendig gewesen sein. Na ja.«

Katzbach sagte zu Horst Winn: »Den endgültigen Krankenhausbericht über die Todesursache müsste ich bald haben. Kümmern Sie sich darum! Und dann müssen wir noch zu Rothers. Das ist wohl langsam mehr als fällig.«

»Hauptwachtmeister Rother kann doch auch zu Ihnen ins Präsidium kommen!«

»Aber der Mann hat doch Urlaub, denke ich.«

»Wennschon. Ist doch nur wegen der Form.«

»Können Sie sich nicht vorstellen, dass es dem Rother peinlich ist, jetzt ins Präsidium zu gehen?« Katzbach hatte noch einen zweiten Grund. Er zog es immer vor, Leute, von denen er etwas wissen wollte, in ihren Wohnungen aufzusuchen. Wohnungen sagten oft mehr über die Menschen aus als Worte.

»Wo wohnt eigentlich der Arzt, der Paul Gerizzen behandelte?«, fragte der Kater, als sie in den Peugeot stiegen.

»Brucker Holt. Das ist auch hier in Bredeney. Gar nicht weit weg. Nikolaus Nesch heißt der Doktor. Ich hab alles aufgeschrieben, auch die Telefonnummer.«

»Gut«, sagte Katzbach.

»Was geschieht jetzt mit Sagitta?«

»Den vergesse ich schon nicht.«

Winn schaute den Kommissar von der Seite an, aber in dessen Gesicht war nichts zu erkennen. Sie bogen in die Alfredstraße ein. Der Feierabendverkehr machte sich bereits bemerkbar.

Der Kater war in Gedanken mit den seltsamen Farbsplittern beschäftigt. Dass sie eine Bedeutung hatten, stand außer Frage. Vielleicht barg das eigenartige Haus noch andere Geheimnisse.

»Wissen Sie, wo hier in der Nähe ein Zigarrenladen ist?«, fragte Katzbach.

Addy Luckenbach hockte im Schneidersitz auf dem Kokosteppich. Nervös zerbröselte er ein Keksstück, das zwischen den Teppichfasern gelegen hatte. Mit den Fußspitzen schob er den niedrigen Tisch hin und her.

»Ich hab den anderen gleich gesagt, du würdest nichts verraten, aber wenn du gesehen hättest, wie denen die Muffe gegangen ist, Mann!«

»Und du, hast du keinen Schiss?«

Addy biss sich auf die Unterlippe. »Warum der auch gleich umfallen musste! Oder haben dich die Bullen vielleicht bloß angeschmiert? Kann doch sein, dass sie dir nur Angst einjagen wollten, damit du uns verrätst. Am Ende ist der Mann überhaupt nicht tot und wir machen uns verrückt!«

Mit jähem Ruck brachte Hanjo den Schaukelstuhl in Bewegung. Die Zigarette zwischen seinen Fingern versengte fast schon die Haut. »Was du da redest! Natürlich ist der Mann tot. Meinst du vielleicht, die sagen sogar meinem alten Herrn was Falsches? Junge, Junge, in was für eine Scheiße sind wir da geraten! Mein Vater hat sich übrigens beurlauben lassen. Der ist fix und fertig.«

»Ob die weitersuchen nach mir und den anderen?«

»Worauf du einen lassen kannst. Die haben sich extra einen besonders Scharfen aus Düsseldorf kommen lassen.«

»Was soll denn der Quatsch? Sind die hier in Essen zu doof für solche Sachen?«

»Es muss was mit dem Zettel zu tun haben. Ich mein den Zettel, den uns der Knabe vor dem ›Memphis‹ gegeben hat. Zusammen mit dem Geld. Da stand zwar nur die Adresse drauf und die Uhrzeit, aber wahrscheinlich haben sie noch was darauf entdeckt. Spannend genug haben sie's ja angestellt.«

»Warum wir bloß zu 'ner bestimmten Zeit in Bredeney sein sollten! Kapierst du das?«

»Und warum so plötzlich der Streifenwagen da war! Das stinkt doch alles, Addy!«

»Wenn ich die Sau kriege, die uns das eingebrockt hat!«

»Ich würde mir 'ne Glatze schneiden lassen, wenn ich dafür erfahren könnte, was die ganze Show zu bedeuten hatte! Da steckt mehr dahinter, als wir uns träumen lassen, das kann ich dir flüstern. Es kommt mir immer noch vor wie im Kino. Ich kann's noch gar nicht glauben.«

»Du, Hanjo, dir ist doch vorhin ganz bestimmt keiner nachgegangen?«

»Käse! Auf der anderen Straßenseite hielt einer Wache, aber ich bin über den Hof von Pinkus' Kohlenhandlung gestiegen. Warum bist du eigentlich nicht zum Arbeiten gegangen? So was ist immer verdächtig.«

»Witzbold! Ich wusste doch gar nicht, was los war! Stell dir vor, ich bin gerade aufm Gerüst und dann kommt die Polente und holt mich vom Bau und alle schauen zu. Mahlzeit! Nee, da warte ich doch lieber zu Hause auf solche Überraschungen.«

»Und die anderen?«

»Keine Ahnung.« Addy zuckte mit den Schultern und stemmte sich stöhnend hoch. Die Beine waren ihm eingeschlafen. Er drehte an dem Lautstärkeknopf der Anlage und harter Rock ließ den Fußboden zittern. Wennschon. Addys Vater war schon seit Wochen zur Montage in Dänemark und die Mutter arbeitete nachmittags in der Packerei von Schulze & Fischedick. Der Opa von unten hatte es längst aufgegeben, mit dem Besen gegen die Decke zu stoßen.

»Du wärst doch besser zur Arbeit gegangen«, beharrte Hanjo. Er drückte endlich die Zigarette aus.

»Ich hab die Nacht kein Auge zugetan, Junge! Übrigens bist du ja auch nicht in die Schule gegangen, oder?«

»Mich haben sie auch die ganze Nacht geschlaucht. Außerdem . . .«

Er schwieg für ein paar Sekunden und schaute aus dem Fenster auf die trostlose Emmastraße hinunter. »Außerdem: Mich haben sie ja schon.« Hanjo dachte: Vielleicht schmeißen die mich sowieso von der Penne, wenn das rauskommt. Plötzlich fasste er einen Entschluss. »Kann ich bei dir übernachten, Addy?«

»Wieso denn?«

»Ich kann nicht nach Hause. Ich geh die Wände hoch, wenn meine Eltern mich so anstarren, als hätte ich einen abgemurkst. Verstehst du das?«

»Na schön. Aber besonders gut finde ich das nicht. Wenn dir doch einer nachgeschlichen ist . . .«

»Du denkst auch nur an deinen eigenen Arsch, was?«

»Ich hab dir doch gesagt, dass du bleiben kannst. Zieh also keine Schau ab! Und dass meine Alte nichts merkt!«

Hanjo gab keine Antwort. Er tat, als hörte er der Musik zu. Aber die ging durch seinen Kopf durch wie Wasser durch ein Sieb und in seinem Hals tat es weh vom vielen Rauchen. Die Gedanken gerieten immer wieder durcheinander. Hanjo gab sich alle Mühe, aber er verkrampfte mehr und mehr, er konnte sich einfach nicht konzentrieren. Kleine Macke im Hirn. Leer gebrannt. Da war nichts zu machen. Er gab es auf, sich irgendetwas von dem Mann in die Erinnerung zurückzurufen, der ihnen das Geld und den dreckigen Auftrag angedreht hatte.

»Du bist ja am Einpennen!«, sagte Addy. »Komm, hau dich auf die Couch und penn 'n Ströfchen!«

»Mach ich glatt«, lächelte Hanjo. Am liebsten hätte er vor Wut geheult. Was für Idioten wir doch waren!, dachte er.

Addy war in die Küche gegangen und hielt zwei kalte Koteletts in der Hand, als er zurückkam. »Willst du eins?«, fragte er kauend.

»Hau bloß ab mit dem Zeug!« Hanjos Stimme klang hysterisch. Der Gedanke an Essen setzte ihm mächtig zu.

»Dann eben nicht, liebe Tante!«, knurrte Addy beleidigt. »Du bist ganz sicher, Hanjo, dass du uns nicht verpfiffen hast?«

Hanjo tat, als wollte er ausspucken. Addy ging ihm auf die Nerven. Jetzt habe ich die Englischarbeit nicht mitgeschrieben, dachte er nur. »Behind those trees . . .« Und gerade diesen Quatsch hatte er so gepaukt. Er musste auch an das Mädchen denken, aber diesen Gedanken verdrängte er wieder.

Wir sollten etwas unternehmen, überlegte Hanjo. Vielleicht hatte er es auch laut gesagt, denn er hörte Addy mit vollem Mund fluchen. Dann fiel er in unruhigen Schlaf und die Mittagssonne malte bunte Kringel auf sein Gesicht.

Schlechte Karten

Wie ein Buddha thronte Kommissar Pauly mit gefalteten Händen hinter dem Schreibtisch in Katzbachs improvisiertem Büro, aber er räumte den Platz sofort, als der Kater und Wachtmeister Winn eintraten. Noch jemand war da.

»Hallo, Chef!«, rief Kriminalassistent Degenhardt. »Wie geht's denn so als Gastarbeiter? Haben Sie noch nicht Heimweh nach Düsseldorf?«

»Ein paar Tage kann ich eure Backpfeifengesichter schon entbehren. Läuft alles?«

»Ich denke schon. Picht schwitzt sich halb tot an den Unterlagen für den Meurer-Prozess, aber wir kommen schon zurecht. Und wie kommen Sie hier weiter? Stimmt es wirklich, dass Sagitta mit im Spiel ist? Man sagt . . .«

Katzbach überflog die Liste mit Namen, die man ihm zurechtgelegt hatte. Offenbar war es nicht schwierig gewesen, die Leute zu ermitteln, mit denen Hans-Joachim Rother im »Memphis« Kontakt hatte. »Man sagt viel«, brummte der Kater. »Was wir bis jetzt haben, ist ein Fingerabdruck. Der stammt wirklich von Sagitta. Aber das ist auch alles.«

»Was unternehmen Sie jetzt?«, fragte Degenhardt neugierig. Er versteckte seine Erregung ziemlich gut, doch wie alle seine Kollegen fieberte er danach, dass die alte Rechnung mit ›Fliege‹ Sagitta beglichen wurde.

»Mich würde auch interessieren, was Sie jetzt vorhaben, Katzbach«, sagte Pauly. Winn hatte seine Mütze abgenommen. Alle schauten den Kater erwartungsvoll an.

»Ich weiß es noch nicht.«

»Sie wissen es noch nicht?« Kommissar Pauly sprach überlaut und Überraschung und Tadel schwangen in seiner Stimme mit. »Dann wird es aber langsam Zeit, dass Sie sich was ausdenken. Inzwischen ist Ihr lieber Sagitta dreimal über alle Berge und Sie wissen nicht mal, was Sie wollen! Haben Sie wenigstens die Fahndung angeleiert? Sind die Flugplatzkontrollen informiert? Und die Grenzen? Da muss doch was geschehen! Wenn dieser Sagitta wirklich so gefährlich ist, wie Sie immer erzählen . . .«

Degenhardt kannte den Kater lange genug. Er wusste, dass man mit Katzbach so nicht reden konnte. Jetzt war er fast enttäuscht, dass der Kater nur ein bisschen die Mundwinkel verzog und zu verstehen gab, es wäre schon einmal jemand vom Kölner Dom gesprungen, weil ihm das Treppensteigen zu lange dauerte.

»Was wollen Sie damit sagen?« Nein, Kommissar Pauly war nicht so leicht beleidigt. Er hatte ein superdickes Fell, und das machte einen Teil seiner Erfolge aus.

»Ich will damit sagen, dass es kaum etwas Dünnflüssigeres gibt als ›Fliege‹ Sagitta. Hat er tatsächlich mit dieser Sache direkt zu tun, dann ist er, um es mit Ihren Worten zu sagen, in der Tat längst über alle Berge. Aber nehmen wir einmal an, er weiß gar nicht, dass jemand mit seinen Fingerabdrücken hausieren geht und ihn der blöden Polizei sozusagen auf dem Tablett präsentieren will. Halten Sie mich unter den Umständen für beschränkt genug, Pauly, dass ich haargenau das mache, was Herr Unbekannt erreichen will? Ich lasse mich nicht gern an der Nase herumführen, das können Sie mir getrost glauben! Und noch etwas: Wenn ich jetzt ins Horn tute und sämtliche Polizeiheerscharen einschließlich der Freiwilligen Feuerwehr und der Boy scouts mobil mache, dann könnte ich mir todsicher Sagitta aus dem Kopf schlagen. Der hätte sich schon verflüchtigt, ehe der erste Mann antrabt. Nein, wenn er hier in Essen sein sollte, dann habe ich nur eine Chance, ihn zu finden, ohne ihn zu suchen. Verstehen Sie mich, Pauly?«

»Nein.«

»Ich muss ihn aus seinem Versteck locken. Das kann ich nur über unseren Dunkelmann erreichen. Ich muss Sagitta zur Aktion zwingen.« Natürlich gab es auch den anderen Grund: Katzbach wollte nicht noch einmal das Risiko eingehen und bei einem Großeinsatz das Leben der Polizeibeamten gefährden. Das Lehrgeld war damals teuer genug gewesen.

»Wenn Ihre Theorie mal bloß nicht auf wackligen Füßen steht!«, gab Pauly zu bedenken.

»Sie steht bestimmt auf wackligen Füßen«, sagte Katzbach. »Hauptsache, sie kippt nicht um.«

Horst Winn war nicht ganz mitgekommen. Doch inzwischen hatte er seine Gedanken offenbar wieder geordnet. »Was klaut der Sagitta denn so im Allgemeinen? Ich meine, wo der doch als Dieb so einen Ruf hat . . .«

»Eine gute Frage«, gab Katzbach zu. »Wir müssen eine Menge Fakten in den Topf schmeißen und hinterher alles durchsieben. Kann sein, dass was hängen bleibt.«

Degenhardt warf ein: »Wir haben von der EDV alles Wichtige in logische Zusammenhänge bringen lassen. Ich glaube, die Akten hier sind ganz hübsch aufschlussreich. Ein Trend beispielsweise springt ins Auge: Leo Sagitta hat offenbar stets Aufträge von irgendwelchen Hintermännern übernommen. Werkspionage, Raub von wichtigen Unterlagen, kostbare Schmuckstücke stehen auch auf der Liste. Alles Dinge, die er selbst überhaupt nicht weiterverwerten konnte, es sei denn, er hatte jeweils die entsprechenden Kontakte.«

»Also immer gezielte Aktionen«, brummelte Pauly.

Katzbach steckte ein Zigarillo an. »Es könnte ein wichtiger Hinweis für uns sein. Wir werden sehen.« Die blauen Kringel zogen lange Schlieren. Fast ein wenig verträumt, schaute der Kater dem Rauch nach. »Hat das Labor schon etwas über die Farbsplitter wissen lassen?«, fragte er plötzlich.

»Noch nicht«, sagte Winn. »Soll ich nachfragen?«

»Später.«

Kommissar Katzbach nahm aus dem Dossier, das Degenhardt aus Düsseldorf gebracht hatte, ein Foto im 18-x-24-cm-Format. Es zeigte einen dünnen Mann mit lustigem Kinnbärtchen und freundlichen dunklen Augen in der Halbtotalen. Der Mann mochte um die fünfzig sein und hatte schütteres farbloses Haar. Das Bild war nicht sehr scharf. Es war aus großer Entfernung mit dem Teleobjektiv aufgenommen worden. Doch die Ausschnittvergrößerung ließ erkennen, dass dieser Mann von ausgesprochen gepflegtem Äußeren war.

»Das ist er?«, fragte Pauly.

»Sieht der so aus?« Winn hatte Kulleraugen wie ein Kind, das seine Geburtstagsüberraschung noch nicht ganz fassen kann.

»Manchmal sieht er so aus«, lächelte Katzbach. »Manchmal sieht er auch ganz anders aus.«

»So harmlos«, sagte Winn.

Katzbach sah ihn an. »Es wundert mich, dass Sie als Kriminalbeamter eine solch unqualifizierte Äußerung machen. Als ob man den Leuten an der Nase ansehen könnte, ob sie harmlos sind oder nicht! Im Märchen sind die Blonden immer die Guten und die Buckligen die Schurken. Aber wir sollten uns jetzt wohl nicht über Märchen unterhalten.«

Winns Ohren liefen wieder an.

Degenhardt sagte: »Ich muss wieder fahren. Quittieren Sie mir noch, Chef, dass Sie die Akte Sagitta übernommen haben, ja? Dann kann ich wohl nur noch Waidmannsheil wünschen.«

Degenhardt machte sich auf den Weg. Winn ging auch hinaus, um den Laborbericht abzuholen. Kommissar Pauly stand schwerfällig auf. Katzbach spürte, dass er an etwas herumdruckste.

»Es ist wegen Rother«, begann Kommissar Pauly. »Scheußliches Gefühl, einen Kollegen in Verdacht zu wissen. Was halten Sie von der Theorie, dass es was mit Rauschgift zu tun hat? Glauben Sie, dass Rother auf irgendeine Weise . . . Na, was halten Sie von Rother?«

»Ich kenn ihn doch gar nicht. Fragen Sie mich morgen.«

»Sie kennen ihn noch nicht? Ich denke, Sie waren vorhin bei ihm!«

»Nein, ich wollte mir erst ein Bild vom Tatort machen. Aber ich fahre jetzt zu ihm.«

Pauly zeigte durch das Fenster. Auf der Zweigertstraße stauten sich die Autos, die östliche Richtung zum Rüttenscheider Stern war völlig verstopft. Aus dem Landgericht schräg gegenüber schlängelte sich das Heer der Büroangestellten.

»Ich geh wohl besser zu Fuß«, sagte Katzbach.

»Genau. Ist nicht so sehr weit. Fridtjof-Nansen-Straße. Hat Winn Ihnen den Weg gezeigt?«

»Ich hab einen Stadtplan.«

Sie gingen zusammen hinaus. Pauly legte dem Kater die Hand auf den Arm. »Wenn Sie rauskriegen, dass Rother mit dem Schlamassel nichts am Hut hat«, sagte er, »Mann, dann gebe ich ein Vollbesäufnis für die ganze Belegschaft aus!«

»Dann sparen Sie mal schön!«, lachte Katzbach.

Im Foyer wartete Winn. Er hielt einen Zettel in der Hand. Es stand nicht viel darauf: »Grobanalyse Farbspuren. 255-IV-Abt. K 9/6-6-73. Rote, stark nachgedunkelte Kaseinfarbe, Basis Kreidegrund. Objekt stammt mutmaßlich aus der Mitte des 16. Jahrhunderts. Keine weiteren Spuren. Endgültiges Ergebnis folgt. Gez. P. Plönies.«

»Mager, nicht?«, sagte Winn.

»Nein«, widersprach Katzbach, »das möchte ich nicht sagen. Sagen Sie, gibt es hier einen Sachverständigen für Kunstgeschichte?«

»Das Folkwangmuseum ist ziemlich in der Nähe.«

»Eigentlich wäre mir ein Restaurator oder so etwas lieber. Ob Sie so jemanden für mich ausfindig machen?«

»Ich hör mich sofort um. Noch etwas?«

»Was haben Sie für heute Abend vor?«

»Na ja, eigentlich . . . Eigentlich haben wir Karten, meine Verlobte und ich. Wir wollten uns ›Helden‹ anschauen.«

»Dann seien Sie mal ein Held und bringen Sie Ihrer Verlobten schonend bei, dass sie heute mit ihrer Schwester oder mit der guten Oma ausgehen muss, ja?«

Horst Winn wollte erklären, dass seine Verlobte weder eine Schwester noch eine Oma hätte, aber er verkniff es sich mannhaft.

»Welchen Auftrag haben Sie für mich?«

»Gehen Sie ins ›Memphis‹! Aber nehmen Sie die Liste mit. Auf der Liste stehen acht Namen. Wir suchen drei von den Jungen. Kriegen Sie raus, ob einer der Spaßvögel von der letzten Nacht im ›Memphis‹ auftaucht! Aber unternehmen Sie nichts, bis ich da bin! Von Rother aus fahre ich sofort hin. So gegen acht werde ich da sein, denke ich.«

»Meinen Sie wirklich, die Burschen lassen sich heute im Lokal sehen? Die werden sich doch verkrümelt haben.«

»Dann machen Sie eben ein negatives Ausleseverfahren. Alles klar?«

Winn schluckte. »Einigermaßen.«

»Noch etwas«, sagte der Kater. »Ziehen Sie sich ein bisschen adäquater an, ja? In dieser Montur lassen die Sie gar nicht erst in den Schuppen rein.«

Kommissar Katzbach ließ einen reichlich verdatterten Winn zurück, als er sich im Grüngürtel des nördlichen Gruga-Park-Ausläufers unter die hastigen Menschen mischte, die zu den Straßenbahnhaltestellen und zu den Parkplätzen drängelten. Später bog er in die Schönleinstraße ein und schlenderte gemächlich zwischen Fliederbüschen und leicht angestaubten Patrizierhäusern der Rüttenscheider Brücke zu.

Katzbach hatte keine konkrete Vorstellung von dieser Stadt gehabt. Er kannte Essen von einigen Durchfahrten, aber im Grunde war ihm der Ort fremd. Wahrscheinlich hatte er sich, wenn überhaupt, eine der typischen Kohlenpottkulissen mit qualmenden Schloten und gigantischen Schlackehalden vorgestellt. Dass die Stadt auch diese Seite zu bieten hatte, verwunderte ihn ein wenig. Fremde Städte irritierten ihn zunächst immer. Vielleicht lag es daran, dass er inzwischen zu stark auf Düsseldorf fixiert war. Ich muss aufpassen, dass mir diese kindische Unsicherheit nicht aufs Gehirn schlägt, dachte Katzbach ohne Selbstmitleid.

Er überlegte angestrengt, ob er nicht bereits einen Fehler gemacht hatte. Hatte er in dem Haus des toten alten Mannes etwas übersehen? Gab es nicht doch ein offenes Motiv für diese Tat? Oder war alles nur eine Verkettung dummer Zufälle? Lief er einem Phantom nach?

Links hinter der Brücke fand Katzbach sofort die Fridtjof-Nansen-Straße. Sterile dreigeschossige Häuser. Da und dort auch ein bisschen Geschnörkel von der Jahrhundertwende. Gegenüber der kleinen Post stand das Haus, das er suchte. Rothers wohnten im Obergeschoss.

Argwöhnisch schaute die Frau den großen, dunklen Mann an, der vor der Korridortür stand.

»Mein Name ist Katzbach. Darf ich eintreten? Ich möchte gern mit Herrn Alois Rother sprechen.«

Aus dem Hintergrund rief jemand: »Lass ihn rein, Maria!«

Einen Augenblick später stand der Kater Alois Rother gegenüber. Katzbach roch eine leichte Alkoholfahne. Die Frau zog sich in die Küche zurück, aber sie ließ die Tür einen Spalt offen und hinter dem Milchglas war ihre Kontur sichtbar. Katzbach spürte, dass sie heimlich zuhören wollte, doch er ließ es sich nicht anmerken. Hatte sie nicht ein Recht darauf?

Ein Wohnzimmer aus dem Kaufhauskatalog. Wie wohnt der deutsche Bürger? Teakfurnierter Schrank, flache Sitzgruppe aus zwei Sesseln und einem Sofa mit dem ovalen Rauchtisch dazwischen, ein Gummibaum mit Ableger. Die gerahmten Drucke an den Wänden zeigten den »Turm der blauen Pferde« von Franz Marc und hastig stilisierte Vogelmotive. Wie ein Altar das Fernsehgerät.

»Trinken Sie 'nen Schluck?«, fragte Alois Rother.

»Gern«, sagte Katzbach und nahm auf Rothers einladende Handbewegung hin auf dem Sofa Platz.

»Ein Pils? Es ist schön kühl.«

Der Kater nickte. Er beobachtete die fahrigen Bewegungen des Mannes, der sich alle Mühe gab, seine Nervosität und seine Angst zu überspielen. Alois Rother fuhr sich mit der rechten Hand durch sein spärliches hellbraunes Haar, das oberhalb der Stirn bereits die Kopfhaut durchscheinen ließ, und es sah so aus, als bereitete es ihm Mühe, sich darauf zu konzentrieren, ein Glas aus dem Schrank zu nehmen.

»Man hat Sie eigens aus Düsseldorf geholt, nicht wahr?«

Warum fragt er das, wenn er es weiß?, dachte Katzbach. Er schenkte sich selbst ein und achtete darauf, dass der Schaum nicht zu hoch stieg. »Weil ich einige Erfahrung mit ›Fliege‹ Sagitta gemacht habe. Deshalb.«

»Nehmen Sie keine Rücksicht. Natürlich hat es auch mit mir zu tun. Ist doch logisch.«

»Womit beschäftigen Sie sich zur Zeit? Ich meine: dienstlich.«

»Nichts Besonderes. Hauptsächlich Routinekontrollen in der Bahnhofsgegend und in einigen einschlägigen Lokalen. Essen ist ja in dieser Branche kein besonders heißes Pflaster. Und außerdem . . . « Er brach ab und kniff die ohnehin schon dünnen Lippen noch fester zusammen. In seinen Brillengläsern blitzten die Strahlen der Abendsonne, die fast waagerecht ins Zimmer fielen.

»Und was ist außerdem?«

»Außerdem haben sie ja ihre Stars für Sonderfälle. Unsereins ist mehr für die Plackerei zuständig.« Er lachte meckernd, als hätte er einen grandiosen Witz gemacht. Doch es brach nur oberflächlich aus ihm heraus, sein Gesicht lachte nicht mit. Rother schien ziemlich angeschlagen. Die Bitterkeit eines mittleren Beamten: irgendwo im Mahlwerk der Stellenpläne und Besoldungstarife hängen geblieben. Der Jüngste war er auch nicht mehr. Und dann das hier. Wenn dieser Vorfall ihm nur nicht die letzten Chancen vermasselte! »Aufm ganz falschen Dampfer sind Sie, Herr . . .«

»Katzbach.«

»Herr Katzbach. Das ist absurd. Eine schöne Scheiße hat er angerichtet, aber das ist absurd, da die Flöhe husten zu hören. Dass ich im Rauschgiftdezernat tätig bin, ist reiner Zufall, und dass ausgerechnet unser Junge in diesen Mist reingerasselt ist, ist auch reiner Zufall. Das hat nichts miteinander zu tun, das können Sie mir glauben!« Seine Stimme wurde lauter. Er blickte dem Kater ins Gesicht, als wollte er ihn hypnotisieren.

»Es war Ihre Idee, sich beurlauben zu lassen«, gab Katzbach zu bedenken.

»Verzeihung, ich rede zu viel.«

»Ist es nicht denkbar, dass jemand dem Jungen die Falle gestellt hat, um sich an Ihnen zu rächen oder um Sie zu erpressen? Kleiner Denkzettel? Oder eine Warnung?«

»Glauben Sie's?«

Kommissar Katzbach bot Rother ein Zigarillo an, aber der lehnte ab. »An sich ist es ziemlich gleichgültig, was ich glaube.« Er tat ein paar Züge. »Aber wenn es Sie beruhigt: Ich glaube es nicht. Vermutlich haben wir uns ablenken lassen. Wenn Sagitta was mit Rauschgift am Hut hat, lasse ich mich pensionieren. Ihr Sohn ist noch nicht wieder aufgetaucht?«

»Nein. Wir haben gar nicht gemerkt, dass er sich weggeschlichen hat. Plötzlich war sein Zimmer leer. Der kann vielleicht was erleben! Das reicht dem wohl noch nicht, wie er alles schon vermurkst hat. In der Schule war er natürlich auch nicht. Typisch. Die jungen Herren finden es ja unzumutbar, in die Schule zu gehen, nur weil sie etwas wenig Schlaf gekriegt haben. Aber rumtreiben tut er sich! Der müsste bei der Polizei sein! Der müsste mal unseren Dienst machen! Wenn ich das schon höre: müde!«

»Wissen Sie, wer die anderen drei Jungen waren? Ich meine, haben Sie eine Vermutung?«

Alois Rother hatte keine. Sein Sohn schweige sich über seinen Umgang aus, man habe ja als Vater heutzutage nicht mehr das Recht, Rechenschaft über das Privatleben des Herrn Sohn zu verlangen. »Jedenfalls ist er mit keinem aus der Klasse bekannt. Mit denen will er nichts zu tun haben, hat er gesagt. Er treibt sich lieber mit primitiven Banausen rum!«

Wenn er doch aufhörte, wie ein Idiot zu reden, dachte Katzbach. Warum hasst er seinen Sohn nur so?

»Hatte Ihr Sohn Zugang zu Rauschgiften? Oder banaler gefragt: Nimmt er irgendwelchen Stoff?«

Das Blut schoss Alois Rother ins Gesicht. Er suchte nach Worten. Der Kater ließ ihm Zeit. Er trank sein Bier aus und lauschte zur Tür hin, wo er ein kaum wahrnehmbares Geräusch gehört hatte. Die Sonnenstrahlen brachen sich im geschliffenen Glas des Aschenbechers und malten phantastische Bilder in allen Spektralfarben auf die ockergelbe Tapete.

»Einmal«, murmelte Rother, »habe ich grünen Afghanen bei ihm erwischt. Nur ein bisschen. Aber ich habe ihm ein paar hinter die Ohren gehauen, dass es nur so gescheppert hat. Bei Hasch hört der Spaß auf!«

Katzbach dachte: Hat er nicht schon vorher aufgehört? Laut sagte er: »Nur einmal?«

»Ja. Musst du haschen, musst du dich kaputtmachen?, habe ich ihn gefragt. Ich hab ihm gesagt, ich hätte schon Fixer gesehen, die hätten 'n Meerschweinchen für ihre Mutter gehalten, so kaputt wären sie gewesen. Da hat er mir geschworen, der Hans-Joachim, dass er es nur ein einziges Mal versucht hätte, weil es ja so viele täten. Er hätte es ja nur mal versuchen wollen, hat er mir gesagt. Und einen Horrortrip hätte er gehabt, das Zeug würde er nie mehr anfassen, darauf würde er sein Ehrenwort geben. Mit dem Horrortrip, das war natürlich nur nachgequatscht. Horrortrip! Klingt so schick spannend. Aber es ist ihm wohl nicht bekommen und ich glaube ihm schon, dass er die Finger davon lässt. Wär ja auch noch schöner! Wir legen uns krumm für den Jungen. Klar, die Schule soll er besuchen. Ich will mir nicht nachsagen lassen, ich hätte nicht auf alles verzichtet, nur damit der Junge . . . Na ja, und das ist dann der Dank! In Grund und Boden muss man sich schämen. Von wildfremden Leuten Geld annehmen! Da muss ja so was bei rauskommen.«

»Ihr einziges Kind?«, fragte Katzbach und stand auf.

»Ja. Meine Frau war nach der Geburt ziemlich schlecht dran. Später hatte sie auch noch eine Fehlgeburt. Aber warum erzähle ich Ihnen das alles!«

»Kann ich mal einen Blick in sein Zimmer werfen?«

»Warum?«

»Nur so. Ich möchte es gern. Und dann sollten Sie mir bitte ein Foto von ihm geben. Wenn wir ihn suchen, müssen wir wenigstens wissen, wie er aussieht.«

»Suchen? Was wollen Sie denn noch von ihm? Er hat doch schon alles zu Protokoll gegeben!«

»Ich möchte trotzdem noch mit ihm sprechen«, wich der Kater aus. Alois Rother gefiel das nicht, man konnte es ihm ansehen. »Sie wollten mir sein Zimmer zeigen«, erinnerte Katzbach.

»Wenn Sie wollen.«

Hastige Schritte in der Diele. Beide Männer taten, als hörten sie es nicht. Es roch intensiv nach einem Reinigungsmittel. Ob seine Mutter wohl weiß, wo er steckt?, überlegte der Kater.

Che Guevara, Camilo Torres, dann Karl Marx in halbtonfreier Fotoverfremdung. Über dem schmalen Eisenbett Mick Jagger und ein poppiges Hair-Plakat. Auf dem Wandregal waren die Bücher unordentlich gestapelt, dagegen war das kleine Schreibbord peinlich sauber aufgeräumt. An die Fensterscheibe waren kleine Filzstiftzeichnungen geklebt. Offenbar versuchte Hanjo Rother sich in Karikaturen. Auf die Holzimitation des Kleiderspindes war mit weißer Plakafarbe geschrieben: Venceremos!

Alois Rother beschrieb mit der linken Hand einen Halbkreis. »Das soll sich ein Mensch anschauen! Nur so ein Zeugs haben die im Kopf, nur so ein Zeugs. Da sollte man doch . . .«

»Wär's Ihnen lieber, er würde sich einen röhrenden Hirsch und 'ne Blockflöte an die Wand nageln?« Katzbach war es allmählich leid, den Jungen gegen seinen Vater verteidigen zu müssen.

»Und das ist überhaupt das Letzte!«, kicherte Alois Rother fast hysterisch und zeigte auf das Poster mit der grünen Suzuki 500. Die Augen hinter den starken Brillengläsern wirkten jetzt seltsam verschwommen. Weinte er? »Dieses Ding hat er sich in den Kopf gesetzt. Es hätte eine kontaktgesteuerte Transistorzündung. Man höre sich das bloß an! Und hydraulisch gedämpfte Federbeine. Weiß der Teufel, was das heißen soll. Ich versteh nichts davon, ich hab für Fünfscheiben-Trockenkupplung und Verdichtungsverhältnisse keine Antenne. Ich weiß nur eins: dass wir für solchen Tüttelkram kein Geld haben! Das weiß ich verdammt genau! Wir legen uns krumm . . .«

Da war es wieder. Katzbach schaute auf den grünen Feuerstuhl mit Metallic-Glanz und bulligem Tank. Er verstand Alois Rother. Aber er hatte auch für Hanjo Verständnis, der mit den Söhnen und Töchtern reicher Leute zusammen in der Klasse war.

»Ich bin mit den Leuten, mit denen Hanjo Umgang pflegt, ganz und gar nicht einverstanden. Die setzen ihm solche Flöhe in die Ohren. Früher, früher war unser Sohn ganz anders.«

»Ich denke, Sie kennen die Leute nicht, mit denen Ihr Sohn gewöhnlich zusammen ist?« Katzbach schaute seinen Kollegen nicht an. Die ganze Sache war peinlich und vermurkst. Ihm fiel ein dämlicher Schlager ein: »Wärst du doch in Düsseldorf geblieben . . .« Der Kater sah auf die Uhr.

»Ich kenn sie auch nicht. Ich meine: Ich weiß keine Namen und keine Adressen. Aber dass sie einen schlechten Einfluss auf Hanjo ausüben, das weiß ich.« Seine Stimme wurde plötzlich laut. »Das haben wir ja vergangene Nacht gemerkt!«

Katzbach fragte: »Ist Ihr Sohn ein guter Schüler?«

Rother zog ein Taschentuch aus der Hosentasche. »Gut? Ich weiß nicht. Gott ja, er kommt mit. Aber ob er gut ist? Wahrscheinlich nicht übermäßig. Aber ich weiß es nicht. Ich habe einfach keine Ahnung. Denken Sie vielleicht, er sagt es mir? Ja, denken Sie vielleicht, der große Herr Sohn spricht mit seinem spießbürgerlichen Vater . . .«

»Und der spießbürgerliche Vater, spricht der mit seinem Sohn?«, unterbrach Katzbach.

»Ach, die sind doch alle so unheimlich klug, diese jungen Hüpfer, die wissen doch alles viel besser. Die haben doch nur ein müdes Lächeln für unsereins.« Alois Rother fummelte noch immer an seinem Taschentuch herum. »Der Beruf frisst einen auf«, murmelte er. »Wir sind inzwischen wohl ziemlich weit auseinander.«

Es wurde Zeit. Was er erfahren wollte, hatte er nicht erfahren. Kommissar Katzbach kam sich eigenartig hilflos vor. Gut, ein paar Einblicke hatte er gewonnen. Aber was hatte das letztlich mit diesem Fall zu tun! Dass Alois Rother eine weiße Weste hatte, jedenfalls was den Verdacht der Staatsanwaltschaft betraf, stand für ihn außer Frage.

»Ich kann mich darauf verlassen, dass Sie mich sofort informieren, wenn Ihr Sohn sich sehen lässt?«

»Noch einmal rückt er mir nicht aus!«, knurrte Rother.

»So hatte ich das eigentlich nicht gemeint«, sagte der Kater.

Sie standen wieder in der Diele. »Wenn er sich telefonisch melden sollte, reden Sie ganz ruhig mit ihm, machen Sie ihn nicht noch mehr verrückt. Und vielleicht fällt Ihnen doch noch ein Name ein, den Sie mir sagen sollten.«

Rother schüttelte den Kopf. Die säuerliche Bierfahne überdeckte die anderen Gerüche in der Wohnung.

Ganz leise war die Frau aus der Küche getreten. »Warum Hans-Joachim nicht nach Hause kommt!«, lächelte sie tonlos.

Katzbach verabschiedete sich rasch. Ein paar Floskeln noch im Treppenhaus. Na ja, Herr Kollege, wird schon werden, Herr Kollege, alles Gute, Herr Kollege. Ein Gedanke hatte sich in Katzbachs Kopf eingenistet, der ihn auch nicht losließ, als er bereits im Taxi hockte und in Richtung Innenstadt fuhr. Warum hatte Alois Rother nicht mehr nach ›Fliege‹ Sagitta gefragt? Er musste doch annehmen, dass Sagitta seinen Sohn für ein Verbrechen ausgenutzt hatte. Warum interessierte ihn das so wenig? Oder war da noch etwas anderes?

»Ich muss 'nen Umweg fahren«, sagte der Taxifahrer. »Die Brüder haben die ganze Altstadt aufgerissen. Das hört und hört nicht auf mit der bekloppten Bauerei.«

»Ja«, antwortete Katzbach. Er hatte nicht richtig zugehört. »Das ist überall so. Trösten Sie sich.«

Kriminalwachtmeister Winn schien in höllischen Schwierigkeiten zu stecken. Trotzdem musste der Kater laut lachen, denn Winn hatte den Rat mit dem Garderobenwechsel allzu wörtlich genommen. In seinen ausgefransten Jeans und der gammeligen Jacke sah er grandios lächerlich aus. Ganovenball zu Karneval: dass er nicht noch eine Strumpfmaske trug, war schon ein Wunder. Doch die Burschen, die ihn an dem runden Tischchen bei der Toilettentür in die Mitte genommen hatten, waren zweifellos nicht ganz so lustig, wenn sie sich auch johlend zu vergnügen schienen. Das »Memphis« war gerammelt voll. Grelle Lichter, die oberhalb des silbrigen Thekenaufbaus installiert waren, zuckten im Stakkato und huschten gelb und grün über die Gesichter der Tanzenden. Im Rhythmus des harten Rock schepperte die Wandverkleidung mit. Sie hatten Bill Haley wieder ausgegraben und ließen ihn dröhnen, was die Lautsprecherboxen hergaben.

Junge Leute zumeist. Passend zu den Motorrädern, die draußen auf den Kunstschieferplatten der Fußgängerzone abgestellt waren. Aber auch andere Mädchen und Jungen, fast uniformiert wirkend in ihrer verwaschenen Jeansbekleidung. Sie lutschten an ihren Colas und redeten aufgeregt aufeinander ein. Katzbach hatte sich immer gewundert, dass man sich unter der Geräuschglocke solcher Musik unterhalten konnte, aber anscheinend ging es. Vielleicht war es eine Frage der Redetechnik. Für ihn glichen die Münder, die sich unentwegt öffneten und schlossen, dem Pumpen der Fische hinter dem Aquariumglas.

Der Kater schob sich an der winzigen Tanzfläche vorbei und wunderte sich, dass man buchstäblich keine Notiz von ihm nahm, obwohl er hier wie ein Eishockeyspieler beim Pingpong-Turnier wirkte.

Winn konnte ihn nicht sehen. Sie hatten ihn auf einen Stuhl gesetzt und hielten ihn am Kragen fest. Katzbach zählte fünf Jungen. Sie mochten zwischen siebzehn und zwanzig Jahre alt sein. Zwei trugen Motorradkleidung. Sie standen um Horst Winn herum, als verhörten sie ihn. Winns Gesicht war hochrot, Schweiß perlte auf seiner Stirn, und das lag wohl nur zum Teil an seiner dicken Jacke.

»Dass ihr mit 'nem halben Dutzend hier seid, imponiert mir auch nicht«, hörte Katzbach Horst Winn sagen. Er hielt sich wacker, das musste man ihm lassen.

»Du kommst hier nicht weg, Männeken, bis du ausgepackt hast!« Das war der Längste von allen. Er hielt Winn bei den Jackenaufschlägen und schüttelte ihn.

»Nimm die Pfoten weg!«, zischte Winn ihn an.

»Also, noch mal«, beharrte der Lange, »wieso schnüffelst du hier rum? Wer hat dich geschickt?«

»Ich«, sagte der Kater. Er musste es fast schreien, sonst hätten sie ihn nicht gehört. Schreien schien hier überhaupt die Basis für jegliche Verständigung zu sein.

»Wat will denn der Opa hier?«, fragte einer der Motorradfahrer verblüfft, nahm seinen Kaugummi nicht aus den Zähnen und baute sich vor Katzbach auf.

»Gut, dass Sie kommen!«, stöhnte Winn.

»Wat geht dat denn den Opa an, wat wir hier so reden?«

Katzbach zeigte die Zähne, das Katerlachen, bei dem sich nur die Lippen verzogen. Der Kommissar schob den Langen zur Seite und der ließ es sich gefallen und sagte keinen Mucks. Dass er sich damit viel Ärger ersparte, ahnte er vielleicht nur dumpf. Feindseligkeit und Verblüffung standen in den Gesichtern der Jungen. Winn war aufgestanden und zupfte seine Jacke zurecht. Aus der Musikbox lärmte jetzt »See you later«. Der Kellner in weißem Bolero stand in einiger Entfernung, blickte argwöhnisch aus unruhigen Mäuseaugen herüber und traute sich nicht irgendetwas zu unternehmen.

»Halten Sie sich bloß raus, Mann!«, bellte der andere in Motorradzeug. Er strich sich die Haare aus dem Gesicht. Katzbach sah, dass er eine Narbe am linken Unterarm hatte.

»Nein«, sagte der Kater, »ich halte mich nicht raus. Im Gegenteil.« Der Junge mit der Narbe schien seine Aggressionen kaum noch bändigen zu können. »Soll ich ihm eine scherbeln?«, fragte er und schaute den Langen fast flehend an.

»Ach, halt doch die Schnauze, Pünte!«

»Ich bin von der Polizei«, sagte der Kater und nahm die ovale Metallmarke aus der Jackentasche, in die die Worte Kriminalpolizei Nordrhein-Westfalen, Düsseldorf und die Nummer 27 eingestanzt waren.

»Wirklich 'n Bulle!«, staunte der Lange.

»Muh«, sagte Katzbach, »wirklich 'n Bulle.«

Der Junge mit der Narbe, den sie Pünte nannten, hustete lachend und schob die Hände in die Seitentaschen seiner schnürenverzierten Lederjacke. »Der Beerdigungskomiker da«, er zeigte mit dem Kinn auf Horst Winn, »hat auch erzählt, er wär von der Polente. Aber wir haben uns gesagt, der is ganz wat anderes, der.«

Sie lachten alle.

»Ich hatte doch meine Dienstmarke vergessen!«, raunte Winn dem Kater zu.

»Und sonst?«, fragte der Kommissar.

»Och, ganz gut. Ich glaube, ich habe die Namen von den drei anderen. Der da drüben, der mit der Narbe, ist einer von ihnen. Die anderen beiden sind nicht hier. Aber sonst, sonst wären sie so ziemlich jeden Abend hier, meint die Kleine hinter dem Tresen.«

»War es leicht, sie zum Reden zu bringen? Oder war die schon vorprogrammiert?«

»Die hat sofort geredet. Die hat Angst. Die ist nämlich nur auf Bewährung draußen.«

»Was hatte sie denn angestellt?«

»Hat mit einem Dealer zusammengearbeitet. Angeblich hat er sie aber erpresst. Irgendwie war sie wohl abhängig.«

Schon wieder Rauschgift? War das Zufall oder gab es da Zusammenhänge? Katzbach unterdrückte ein Gähnen.

»Können wir jetzt hier die Mücke machen?«, fragte der Lange. »Oder liegt noch was an? Mit Ihnen haben wir ja sowieso nichts an der Mütze, Meister. Wir wollten nur von dem kleenen Schnüffler da . . .«

»Der kleine Schnüffler ist seit dem frühen Morgen auf den Beinen und tut seine Arbeit und für seine Überstunden kriegt er keinen Pfennig. Begreifen Sie das? Außerdem muss der kleene Schnüffler heute Überstunden machen, weil ein paar Halbgescheite idiotischen Unsinn verzapft haben und jetzt auch noch die Drückeberger spielen!« Der Kater war laut geworden. Er zog ein Zigarillo aus der Brusttasche und brannte es hastig an. »Wie im Kindergarten ist das! Und jetzt möchte ich, dass Sie dem kleenen Schnüffler die Adresse von den drei Figuren geben, die gestern die Nachtpartie mit Hanjo Rother unternommen haben. Kapiert?«

Horst Winn bekam wieder hochrote Ohren. So gefiel ihm das schon eher. Er nahm Block und Kugelschreiber aus der Tasche und schaute angriffslustig in die Runde. »Ich höre«, sagte er.

»Müssen wir was sagen?«, fragte der Lange. »Können Sie uns zwingen?« Er schaute Katzbach von der Seite an. Violette Lichter tanzten auf seinem Gesicht. »Wissen Sie, was Sie uns können? Aber gleich dreimal rauf und runter!«

Die anderen johlten vor Vergnügen.

»Sie können selbstverständlich Ihre Anwälte verständigen«, schlug der Kater vor und verzog keine Miene.

Plötzlich stand das Mädchen da. »Telefon!«, rief sie und zeigte auf den Jungen mit der Narbe. Dann sagte sie: »Hanjo ist an der Strippe.« Sie sagte es so laut, dass der Kater es auch verstehen konnte. War das Absicht? Anscheinend.

»Wat denn?«, staunte Pünte. »Hanjo? Hat der denn 'ne Meise unterm Pony? Ich bin nicht da, Christa. Sag ihm, ich bin nicht da!«

Winn wollte zum Telefon stürmen, aber der Kater hielt ihn am Ärmel fest.

»Aber, Kommissar!«

»Nein!«, entschied der Kater. Winn verstand mal wieder die Welt nicht mehr. Warum ließ der Kommissar sich diese Chance entgehen, Hanjo Rothers Aufenthaltsort festzustellen? Katzbach lächelte ein bisschen.

»Sie hören es ja«, sagte Katzbach zu dem Mädchen. »Der Herr dort ist nicht da.«

»Wat is dat denn jetzt wieder für 'n Trick?«, fragte Pünte und legte argwöhnisch den Kopf schief.

Einer von den fünfen, er hatte bisher den Mund noch nicht aufgemacht, fummelte sein fliederfarbenes Halstuch zurecht und schüttelte heftig den Kopf. »Wir wissen überhaupt nicht, wovon Sie überhaupt quasseln. Wir hauen jetzt ab.«

»Gut«, sagte Katzbach, »Sie müssen es wissen. Fährt einer der Herren zufällig in meine Richtung? Ich könnte mir das Taxi sparen.«

»Niemand fährt in Ihre Richtung!« Der Lange lachte laut.

Der Kellner brachte ein Bier. Katzbach zahlte sofort. »Seltsam, dass Sie so genau wissen, in welche Richtung ich will.«

»Egal, in welche Richtung. In Ihre Richtung fährt jedenfalls keiner von uns.«

»Bemühen Sie sich nicht«, lächelte der Kater. »Ich habe schon verstanden.« Er trank einen tiefen Schluck. Das Bier war entschieden zu kalt. »Ja, und damit ich es nicht vergesse! Morgen möchte ich Hanjo Rother und die drei anderen Heldensöhne sprechen. Es ist wichtig! Und merken Sie es sich jetzt bitte gut: Ich habe nicht vor noch weiter bei Ihnen den Clown zu spielen. Und Herr Winn ist mir auch zu schade für diese Rolle. Kapiert? Das hier ist jetzt Ernst. Ich kann's auch auf die andere Tour! Hanjo Rother und die anderen sollen sich morgen mit unserer Dienststelle in Verbindung setzen. Bestellen Sie das bitte weiter, sofern Sie nicht selbst betroffen sind. Alles klar?« Und zu Horst Winn: »Schreiben Sie ihnen die Telefonnummer auf!«

Dann trank Katzbach das Glas leer und schlängelte sich grußlos durch das Knäuel der Hüpfenden und Stampfenden davon, Horst Winn in seinem Windschatten.

Warum bin ich nur so nervös?, dachte der Kater. Ist es richtig, sie so anzufahren? Im Vorbeigehen nahm der Kater für den Bruchteil einer Sekunde das Gesicht des Mädchens hinter dem Tresen wahr. Es war nicht einmal ein Augenblick. Das Mädchen musste maßlose Angst haben. Die Musikbox spielte Paul McCartneys sentimentales »Here, there and everywhere«.

Fladderiger Wind in den zugigen Altstadtstraßen. Katzbach merkte erstaunt, dass kaum Leute zu sehen waren. Er dachte an Düsseldorf, wo um diese Zeit die Innenstadt brodelte.

Am Porscheplatz erwischte Horst Winn seinen Bus. Katzbach schlenderte noch ein bisschen durch die Straßen. Er dachte an seine Familie. Doch er ertappte sich dabei, dass seine Gedanken abschweiften. Vielleicht steckte Sagitta in einer dieser unscheinbaren kleinen Absteigen. Was wollte er nur hier?

Kommissar Katzbach nahm am Bahnhof ein Taxi und ließ sich zum Polizeipräsidium bringen, ging jedoch nicht mehr hinein, sondern stieg in seinen Wagen um und fuhr zur Manfredstraße, wo man ihm in einer Pension ein Zimmer reserviert hatte. Kurz vor dem Einschlafen stellte Katzbach fest, dass er eigentlich Hunger hatte. Aber die Müdigkeit war größer.

Zur gleichen Zeit schloß in Bredeney ein Mann vorsichtig die Kontakte der Signalanlage, die sämtliche Fenster des Erdgeschosses sicherte und bei der leisesten Berührung von außen die Polizeistation in der Graf-Bernadotte-Straße alamierte. Derartige Anlagen waren in dieser feudalen Wohngegend nichts Außergewöhnliches.

Hätte der Mann noch einen Blick auf den vom spärlichen Mondlicht schwach beleuchteten parkähnlichen Garten geworfen, hätte er vielleicht die Gestalt wahrgenommen, die plötzlich aus dem Schatten der Ziegelmauer trat und gebückt über den Rasen huschte. Aber all das ging so schnell und so geräuschlos, dass der Mann im Haus vermutlich seinen Augen nicht getraut hätte und die Bewegungen draußen für blanke Einbildung oder für einen schlechten Scherz seiner überreizten Nerven gehalten haben würde. So sah er auch nicht, wie die Gestalt auf der roten Asche vor der Haustür niederkauerte und etwas in den Boden ritzte. Sekunden später lag der kleine Park wieder in tiefer Ruhe.

Den Pfeil, der auf sein Haus zeigte, bemerkte der Mann auch nicht, als er am nächsten Morgen aus der Tür trat, um die Zeitung am Gartentor aus dem Briefkasten zu holen.

Jemand lügt

»Dass Sie mich nicht falsch verstehen«, sagte Oberstudiendirektor Zöllnering, »ich wäre wohl der Letzte, der der Zementierung sozialer Unterschiede das Wort reden wollte. Schluss mit dem Klassendenken, Bildungschancen für jeden! Die Zahl der Arbeiterkinder, die eine höhere Schulbildung erreichen oder gar den Weg zum Studium finden, ist leider, leider noch immer . . .«

Der Hall, den ihre Schritte in dem fast vollständig gekachelten Gang der dritten Etage verursachten, schluckte die weiteren Worte des Schulleiters. Der Oberstudiendirektor, ein Mann in den besten Jahren, bewegte sich ein bisschen wie ein Operettenstar in seinem dunkelblauen Nadelstreifenanzug. Das linke Bein zog er eine Spur nach.

Katzbach hörte gar nicht mehr auf das, was der Direktor ununterbrochen redete. Die ganze Schule in ihrer sterilen Sauberkeit erinnerte ihn an eine gigantische Metzgerei. Durch die Fensterfront an der linken Seite des Flures konnte Katzbach bewaldetes Hügelland und schemenhaft die Konturen eines ausladenden Gehöftes sehen. Ein schönes Bild. Die Klassenräume lagen natürlich zur anderen Seite, wo die Vormittagssonne nicht ablenken oder gar fröhliche Gedanken erzeugen konnte. Es war eine ältere Schule, ein Protzbau aus dem 19. Jahrhundert.

Undeutliche Wortfetzen drangen bis auf den Flur: Ist im Plusquamperfekt natürlich anders und . . . Nur den Divisor jetzt umkehren, damit . . . Iustitium, also der Stillstand der Gerichte seitens des Staates in Zeiten der Gefahr . . . Darum die Konjunktivregeln und die Verwechslung von avoir und être . . . Von Tür zu Tür gab es ein anderes Programm, als würde man am Radioknopf herumdre-

hen. Von sehr weit entfernt eine Frauenstimme, die von Provoka-
tion und Nicht-länger-gefallen-Lassen schrillte.

»Aber es gibt leider gewisse Unterschiede, die in der Tradition ihre
Wurzeln haben«, dozierte der Direktor. »Verstehen Sie, was ich
damit meine?«

»Es wäre mir lieb, wenn Sie sich deutlicher ausdrücken würden«,
sagte der Kater. Sie hatten die letzte Tür erreicht. Drinnen schien
man sich heftig an die Köpfe geraten zu sein. Direktor Zöllnering
blinkerte missbilligend mit den Augen.

»Dr. Bieberstein ist drin«, sagte er. »Er ist der Klassenlehrer.«

»Sie wollten mir etwas erklären, Herr Zöllnering«, erinnerte der
Kater.

»Ach ja, von der Tradition sprach ich. Das war's doch, ja? Nun ja,
ich muss Sie wiederum bitten mich nicht misszuverstehen, wenn
ich die Meinung vertrete, dass Hans-Joachim Rother irgendwie
nicht in diese Klasse passt. Wir haben hier den Extremfall, dass
alle außer Rother aus . . .« Nein, er sagte nicht: aus besseren
Familien. Er fing das Wort, das er schon auf den Lippen hatte, mit
fast akrobatischem Geschick wieder ein, modulierte das B um und
sagte: »Aus sozusagen begüterten Familien stammen. Ärzte, Ban-
kiers der alten Schule, Unternehmerpersönlichkeiten . . .« Der Direktor blickte aus dem Fenster und konnte Katzbachs Gesicht
nicht sehen. Wenn er es gesehen hätte, hätte er vermutlich nicht
weitergesprochen. »Durchweg Akademikerfamilien. Ein Milieu, in
dem Hans-Joachim Rother einfach einen Fremdkörper darstellt.
Egal, wie man zu alldem steht, aber Rothers Eltern tun ihrem Sohn
keinen Gefallen damit, dass sie ihn in dieser Klasse lassen. Seine
Noten geben meiner Theorie Recht. Die Versetzung in die Abitur-
jahrgangsstufe erscheint sehr gefährdet. Ich habe mir eigens das
Klassenbuch vorgenommen. Wahrscheinlich ist der Junge gar
nicht unbegabt, aber hier handelt es sich nun einmal . . .«

».. . um den Staub der Jahrhunderte«, sagte der Kommissar.

»Wie meinen Sie?«

Die Pausenklingel schepperte. Sie hatten es zeitlich genau abgepasst. Direktor Zöllnering ging sofort auf die Tür zu, hinter der eine allgemeine Gebrüllorgie zu beginnen schien. Auch in den anderen Klassen wurde es laut.

Er riss die Tür auf und postierte sich im Rahmen. Das Gebrüll vertröpfelte wie ein Wasserschwall, den man plötzlich abgedreht hat. Zischlaute, kleine Zurufe, dann war es still in der Klasse.

Katzbach brauchte einen Augenblick, um Bieberstein auszumachen. Auch er trug sein Haar schulterlang. Aber sein rötlicher Bart war rübezahlhaft dicht und unterschied sich von dem Flaum der anderen. Katzbach zählte dreizehn Schüler. Nur zwei davon waren Mädchen.

»Das ist Herr Kommissar Katzbach von der Kriminalpolizei!«, rief der Direktor viel lauter, als es nötig war. »Er hat einige Fragen an Sie. Bitte, halten Sie sich zur Verfügung. Und unterstützen Sie durch präzise Antworten die ohnehin nicht leichte Arbeit der Polizei!«

»Amen!«, murmelte einer.

Allgemeines Gemurmel. Katzbach hörte mehrmals den Namen Hanjo. Der Direktor blähte sich mächtig auf, reckte ruckartig seinen Kopf, verließ dann aber, plötzlich und ohne sich weiter um den Kommissar zu kümmern, den Klassenraum.

Bieberstein hatte zwei Hände zu viel. Ohne Zweifel behagte ihm die Situation nicht, aber er schien sich nicht schlüssig zu sein, was er nun tun sollte. Das Zucken in seinem Bart ließ auf Kaubewegung schließen.

»Katzbach«, sagte der Kater und hielt dem Lehrer seine Hand hin. Der ergriff sie hastig.

»Bieberstein. Ich – ich bin der Klassenlehrer. Der Herr Direktor hat

angedeutet . . . Ich meine, hat meine Klasse mit irgendwelchen –
wie soll ich sagen . . .«

»Ich habe nur ein paar Fragen«, sagte Katzbach. »Es handelt sich
um Hans-Joachim Rother.«

»Ach so. Ja, ich . . . Ist es etwas Gravierendes?«

»Ist Hans-Joachim Rother hier?«

»Nein, er – er ist nicht hier. Gestern fehlte er auch schon. Ist ihm
etwas – etwas passiert?«

Katzbach schüttelte den Kopf. »Geht es, dass ich ein paar Minuten
allein mit der Klasse spreche?«

Mit einem Mal wurde Biebersteins Stimme lauter. »Bestehen Sie
darauf? Mir wäre es lieber, ich wäre anwesend, wenn Sie . . .«

Was sollte das bedeuten? Wollte der Lehrer sich vor der Klasse
aufspielen? Wollte er sich anbiedern? Oder war er wirklich besorgt? Vor allem: Warum war er so nervös?

Das Getrappel auf den Korridoren ebbte ab. Die Geräusche vom
Schulhof, der auf der Südseite lag, drangen nur schwach bis
hierher. Der Kater konnte die abweisenden Blicke fast körperlich
auf der Haut spüren. Das Gerede hatte aufgehört.

»Es geht um Ihren Mitschüler Rother«, sagte Katzbach. »Ich möchte
diejenigen von Ihnen, die näheren Kontakt zu ihm haben, um ein
paar Informationen bitten. Die anderen«, er wandte sich an den
Klassenlehrer, »können selbstverständlich schon nach draußen
gehen.«

Eine Wand des Schweigens. Katzbach wartete. Seine Blicke wan-
derten kaum merklich über die dreizehn Gesichter. Der Kater
registrierte ein wenig Spott, ein bisschen Neugier, gespielte Lan-
geweile, dann eine Mischung aus Trotz und Desinteresse. Einige
begannen zu rauchen. Eines der Mädchen ließ die Kordjacke von
der Schulter gleiten und stellte herausfordernd die Brüste zur
Schau, die sich deutlich unter dem T-Shirt abmalten. Die anderen

grinsten und warteten gespannt auf Katzbachs Reaktion. In der Fensterecke schälte ein Schüler mit den Zähnen eine Apfelsine. Er trug ein bronzenes Peace-Zeichen als Gürtelschnalle.

Das andere Mädchen brach plötzlich das Schweigen. »Darf der das überhaupt? Hat der überhaupt einen Haussuchungsbefehl?«

»Sie gehen ins das falsche Kino«, sagte Katzbach schroff. »Ich suche nichts. Ich habe eine Frage gestellt und ich warte noch immer auf Antwort.«

»Bitte!«, rief Dr. Bieberstein.

Der Apfelsinenschäler sagte: »Wir können Ihre Frage leider nicht beantworten. So sorry!« Einige lachten wieder.

»Schön«, nickte Katzbach. »Aber dafür haben Sie sicher auch eine plausible Erklärung, oder?«

»Natürlich.«

»Ist das ein sehr großes Geheimnis? Oder hätten Sie vielleicht die unaussprechliche Güte, sich die Würmer nicht einzeln aus der Nase ziehen zu lassen?«

»Bitte!«, rief der Klassenlehrer wieder.

Das Busenmädchen gluckste albern, brach dann aber plötzlich ab, weil auch die anderen still waren. Wahrscheinlich hatten sie an Katzbachs Stimme gemerkt, dass der Kommissar die Lust an diesem neckischen Spielchen zu verlieren begann. Undeutlich ahnten sie wohl auch, dass sie sich an ihm die Zähne ausbeißen würden. Katzbachs Blick fiel auf den gerahmten Spruch an der hinteren Wand: »Ars gratia artis«. Jemand hatte mit Filzstift eine Karikatur des Metro-Goldwyn-Mayer-Löwen darüber gemalt. Hanjo Rother? Gab es wenigstens diesen Hinweis auf seine Existenz in der Klasse?

»Es hat niemand näheren Kontakt zu Hanjo Rother«, erklärte ein Junge in Military-Look.

»Niemand? Sind Sie sicher?«

Mehrere riefen durcheinander, dass niemand persönlichen Kontakt zu Hanjo Rother hätte. »Einzelgänger«, schnappte Katzbach auf. »Eigenbrötler – macht eben jeder seinen eigenen Scheiß – Privatkram . . .«

»Aber Tina von der Hay, Sie . . .« Bieberstein schluckte verwirrt den Rest seiner Worte herunter. Irritiert schaute er das Mädchen an, das unwillkürlich in Abwehrstellung ging. Der Kater tat, als hätte er nichts bemerkt. Das Mädchen beschäftigte sich intensiv mit den Fingernägeln.

»Ist schon mal jemand von Ihnen im ›Memphis‹ gewesen?«

Doch, drei, vier Schüler waren schon im »Memphis« gewesen, aber »nur mal so«, und einer hatte auch Hanjo Rother dort gesehen, aber: »Der war da mit ein paar Typen.« Mehr hatte keiner zu sagen. Katzbach wollte auch nach Drogen fragen, aber er merkte, dass es sinnlos war, und er war auch überzeugt, dass der Hase ganz anders lief. Darum fragte er nicht.

Der Apfelsinenschäler war endlich fertig geworden. »Vielleicht sagen Sie uns mal, was überhaupt mit Hanjo los ist. Sie fragen hier rum . . . Vielleicht kann man ja mal erfahren, was er angestellt hat.«

Alle klopften auf die Tischplatten. Da war wieder das schadenfrohe Grinsen. Wem galt es? Hanjo Rother? Wohl nicht, wohl eher dem Polizeimann, den sie spontan als Gegner empfanden. Katzbach war das gewohnt. Die da oben! Bullen, autoritäre Knüppelschwinger, Erfüllungsgehilfen der Staatsmacht . . . Katzbach konnte die ganze Skala der Beschimpfungen rückwärts pfeifen. Mit der Zeit hatte sich eine Hornhaut gebildet. Die Unterstellungen trafen ihn nicht mehr persönlich. Die Vorurteile waren zäh wie Kaugummi.

»Ich habe nicht den Eindruck, dass Ihr Interesse für Hanjo Rother besonders groß ist«, sagte der Kater. »Aber gut, ich will Ihnen erklären, um was es geht. Hanjo Rother ist in Schwierigkeiten geraten, weil ihn ein skrupelloser Herr Unbekannt für seine schmierigen Pläne missbraucht hat. Die Ermittlungen sind im Gange und darum darf ich Ihnen keine Details sagen. Aber eines kann ich Ihnen versichern: Hanjo Rother ist nicht schuld an dem, was sich daraus entwickelt hat. Ich hoffe, das freut Sie.«

Ein bisschen Betroffenheit auf den Gesichtern. Hatten sie wirklich ein Spektakel erwartet? Oder war die Gleichgültigkeit nur Fassade gewesen? Vielleicht tue ich ihnen unrecht, dachte der Kater, vielleicht stehen sie doch auf seiner Seite.

Er sagte: »Hat jemand von Ihnen gestern oder heute Kontakt mit Hanjo Rother gehabt? Hat Hanjo Rother vorgestern einem von Ihnen gesagt, was er am Abend vorhätte? Könnte sich jemand von Ihnen denken, wo Hanjo Rother sich aufhält, auch über Nacht, wenn er nicht zu Hause ist? Bitte, überlegen Sie genau, ob Sie mir zu diesen Fragen konkrete Informationen geben können! Wenn nicht – nun, ich will Ihnen nicht die ganze Pause stehlen. Also?«

»Bitte!«, sagte Bieberstein und schaute auffordernd und hilflos zugleich seine Schüler an.

Das Ergebnis war gleich null. Unaufgefordert standen die Schüler auf und verließen den Klassenraum. Auch Bieberstein ging nach draußen, aber er ließ seine prall gefüllte Aktentasche auf dem Schreibtisch stehen. Nur einer blieb zurück.

»Ich bin Rolf Mecklenbruch«, sagte er und ordnete mit gespreizten Fingern sein schulterlanges braunes Haar. Es war der Apfelsinenschäler. Unter seinen Jeans schauten die Spitzen weißer Mokassins hervor. Auf seinem Hemd wiederholte sich das Peace-Zeichen der Gürtelschnalle. »Kann ich Sie noch einen Moment sprechen?«

»Natürlich«, sagte Katzbach. »Bei der Gelegenheit können Sie mir wohl auch verraten, was die Bemerkung Ihres Klassenlehrers zu bedeuten hatte. Tina von der Hay, Sie erinnern sich?«

»Na ja, Tina . . . Also, das war so . . . Wie soll ich sagen?«

»Wie es war.«

»Die waren mal 'ne Weile befreundet, die beiden. Ist aber schon vor Weihnachten wieder in die Brüche gegangen. Tina hat, glaub ich, Schluss gemacht. Wäre ihr zu langweilig mit Hanjo. Was weiß ich! Tina hängt gern auf Partys rum. Gartenfeste mit Schwof und Cocktails und so. Für Hanjo ist das nichts. Macht der nicht mit, so was.« Und nach einem kleinen Zögern: »Traut der sich auch nicht. Soziales Gefälle, wenn Sie so wollen. Scheißrelikt aus Omas Zeiten, aber das gibt's eben noch. Das war dann auch der Grund dafür . . . Ja, eben, dass das schief ging mit den beiden. Tina hat dann so 'nen Knaben von der Ingenieurschule kennen gelernt, der fährt 'n Cabrio.«

»So ist das. Und was wollten Sie mir sagen?«

Rolf Mecklenbruch wischte sich die Hände an den Hosenbeinen ab und schaute an Katzbach vorbei. »Ich möchte nicht, dass Sie uns falsch verstehen. Wegen Hanjo, meine ich. Das liegt nicht an uns, ich meine . . . Äh, das – das liegt an Hanjo. Er kapselt sich ab, der ist immer nur für sich. Im Unterricht ist er anwesend, okay. Aber schon in der Pause, da hockt er irgendwo auf 'ner Mauer und blättert massenweise Motorradprospekte durch. Wenn der mal für irgendein Fach nicht gearbeitet hat: Meinen Sie, der lässt sich von einem helfen? Kein Stück! Wir organisieren das alle mit den Hausarbeiten. Der macht dies – der macht das, tja, und dann tauschen wir aus. Aber Hanjo, den interessiert so was überhaupt nicht. Also wirklich, das liegt nicht an uns . . .«

Vielleicht liegt es an den Verhältnissen, dachte der Kater, aber er war sich seiner Sache nicht sicher. »Haben Sie etwas gegen Hanjo Rother?«

»Ich? Wieso? Nee, hab ich nicht.«

Diese verdammten Missverständnisse! Katzbach suchte nach einem Zigarillo, aber er hatte die Schachtel im Wagen gelassen.

Wenn das schon bei den jungen Leuten anfing! Die einen denken, dass sich der andere abkapselt, und der denkt, dass er ausgestoßen wird. »Sprechen Sie doch mal mit ihm! Vielleicht wartet Hanjo Rother darauf, dass ihn einer mal wirklich anspricht und Kontakt herstellt. Gerade jetzt könnte er's gebrauchen. Haben Sie es schon mal versucht?«

»Na ja, ich . . .«

»Na ja, sagen viele.«

»Was kann ich denn dazu, dass mein Alter 'n Zementwerk besitzt!«, brauste Rolf Mecklenbruch auf.

Er hat sehr gut verstanden, dachte Katzbach, er weiß genau, wo der Hase im Pfeffer liegt. »Was sagten Sie vorhin? Relikt aus Omas Zeiten?«

»Ja, aber bringen Sie das mal Hanjo bei!«

»Bringen Sie es ihm bei! Versuchen Sie es zumindest.«

Rolf Mecklenbruch atmete tief durch und nickte.

Bieberstein kam zurück und nahm seine Tasche. Draußen schrillte die Schelle hässlich zum Ende der Pause. »Ich begleite Sie hinaus«, sagte Bieberstein. Der Flur war noch leer. Durch das offene Fenster drang Lachen herauf. Kinderstimmen sangen rhythmisch: »Hello, my little boy, come, listen, what I say! Sit down on your po-po and drink your ca-ca-o!«

»Vorhin«, sagte Bieberstein, »habe ich den Schülern zu erklären versucht, warum Heinrich Heine sich tarnen, sich anpassen musste, wenn auch nur zum Schein. Wenn er seine kritischen Texte in einer Zeit böser Bürgerlichkeit veröffentlichen wollte, hatte er überhaupt keine Wahl. Zumindest zum Schein musste er sich wie einer von ihnen benehmen. Darum entstanden eben manche Texte, die uns heute Rätsel aufgeben. Aber meine lieben Schüler waren damit nicht einverstanden. Heinrich Heine wäre eben nur ein – ein Scheißliberaler gewesen.«

»Sie sind eben noch jung. Sie müssen noch eine Menge lernen, vor allem, dass es im Leben nicht nach dem Schema Heiß-Kalt oder Gut-Böse geht, sondern dass sich das Leben zwischen diesen Polen abspielt. Das hat nun mal mit Erfahrung zu tun.« Der Kater kam sich reichlich albern vor. Er mochte solche Gespräche nicht. Pathetische Lebensweisheiten. Im Grunde war doch alles ganz anders.

»Da spielen sie sich auf wie die tollsten Revoluzzer«, sagte Bieberstein, »und legen eine erschreckende Intoleranz und Hartherzigkeit gegenüber Andersdenkenden an den Tag. In Wirklichkeit aber treiben sie nur Sandkastenspiele und orientieren sich am Kontostand ihrer Väter. Revolution! Ph!«

»Aber es sind doch nicht alle so.«

»Nein, natürlich nicht. Wahrscheinlich bin ich jetzt ungerecht. Aber die Stunde vorhin, verstehen Sie, Herr Katzbach, die Stunde vorhin hat mich doch sehr – sehr . . . Ich weiß nicht, wie ich das ausdrücken soll. Wenn sie wenigstens nicht ewig ihre angelernten Floskeln plappern würden! Wenn sie zumindest nicht so fanatisch wären!«

Katzbach lächelte. »Der Fanatismus ist ein ansteckendes Übel, das sich unter den verschiedensten Formen verbreitet und am Ende gegen uns alle wütet.«

»Was zitieren Sie da?«

»Heine.«

»Ach, Sie lesen Heine?«

»Immerhin stamme ich aus Düsseldorf«, grinste der Kater. »Vergessen Sie nicht, Herr Bieberstein, dass wir Düsseldorfer einen großen Nachholbedarf in Sachen Heine haben.«

Wie Schwimmer mussten sie sich durch die Flut der hereinströmenden Schüler arbeiten. Erhitzte Gesichter, Gejohle und Gekicher, da und dort hämmerte sich jemand mit verkrampftem Gesicht die letzten Vokabeln ein.

»Hanjo Rother ist kein guter Schüler, nein?«

»Nein, Herr Katzbach, er ist kein guter Schüler. Das Seltsame ist, er hat nicht einmal so etwas wie ein Lieblingsfach.«

»Man müsste herauskriegen, woran das liegt«, sagte Kommissar Katzbach.

Bieberstein hatte nicht zugehört. Er sagte: »Man muss Heinrich Heine ja heute ganz anders sehen. Das geschichtliche Verständnis Heines . . .«

Der Kater mochte den Lehrer leiden, aber irgendwie ging er ihm auf die Nerven. Ich habe mich zu lange hier aufgehalten, dachte Katzbach, und was hat es gebracht? Ja, was eigentlich?

Wachtmeister Winn wartete im Peugeot und qualmte seelenruhig eins von Katzbachs Zigarillos. Es war 10 Uhr 57.

»Machen Sie sich auch nicht in die Hose?«, fragte der Kater.

»Ich? Wieso?« Winn paffte tapfer. »Sie sind ganz schön lange da drin gewesen. Was haben Sie erfahren?«

»Dass man Heinrich Heine heute ganz anders sehen muss.«

Winn kämpfte mit einem Hustenreiz. Verständnislos schaute er den Kommissar an. Wollte der ihn auf den Arm nehmen? Aber der Kater verzog keine Miene. Winn klappte sein großes Notizbuch auf. »Ich hab in der Zwischenzeit so allerlei für Sie notiert, Kommissar. Drei freundliche Einladungen.«

»Na, dann schießen Sie mal los!«

»Ja, Sie werden lachen . . .«

»Woher wissen Sie das?«

»Pardon!«, murmelte Horst Winn und blies viel Dampf aus der Nase; aber dass seine Ohren rot wurden, war trotzdem zu sehen.

»Also, zuerst kam per Funk durch, dass Addy Luckenbach angerufen hat. Wie Sie wissen . . .«

»Hören Sie, Winn«, sagte der Kater und konnte sich das Lachen nicht ganz verbeißen, »was ich weiß, brauchen Sie mir wirklich nicht zu erklären.«

»Ja, gut, ja – ähm. Der Luckenbach rief im Auftrag von Hanjo Rother an. Und im Auftrag der beiden andern. Ja, und für sich natürlich auch. Also, die wollen mit Ihnen sprechen, die vier Gespensterbauer.«

»Das hatte ich mir gedacht. Weiter!«

»Na ja, aber die wollen nicht ins Polizeipräsidium kommen. Das hätten sie nicht nötig, ließen sie sagen.«

»Und wo hätten's die Herren gern? Vielleicht auf der siebten Sohle von Zeche Zollverein? Oder haben sie was anderes vorgeschlagen?«

»Im ›Montagsloch‹ wollen sie sich mit Ihnen treffen, Kommissar, genau 17 Uhr 15. Die spinnen doch, die Brüder!«

Auf letztere Bemerkung ging der Kater nicht weiter ein. Er schien zu überlegen. Dann fragte er: »Was ist das: Montagsloch?«

»So 'ne Geländestrecke für Motorräder. Da üben sie Motocross und hüpfen und fliegen andauernd mit gebrochenen Beinen und Ohren durch die Landschaft. Eigentlich ist es da verboten . . .«

»Sich die Ohren zu brechen?«

»Nee, da Motorrad zu fahren. Das ist so ein Privatgelände nördlich vom Baldeneysee. Sagen Sie, Kommissar, Sie wollen doch nicht etwa dahingehen?«

»Doch, natürlich.«

»Das kann doch gefährlich werden! Die haben nämlich verlangt, dass Sie ganz allein kommen!«

»Na, dann muss ich wohl tun, was sie wünschen.«

»Ich verstehe Sie nicht, Kommissar! 'zeihung, dass ich das so offen sage. Aber wir brauchen doch bloß unsere Fahndungsabteilung einzuschalten und dann haben wir die Sportsfreunde eine halbe Stunde später auf dem Tablett. Wir kennen ja inzwischen die Namen. Ich kann das wirklich nicht verstehen.«

»Sie sind ja auch noch jung«, sagte der Kater schroff. Er merkte es selbst. Winn gab sich immerhin viel Mühe. »Ich will etwas von den jungen Leuten, verstehen Sie? Ich kann sie mir vorführen lassen wie Tanzbären, klar. Aber was passiert dann? Sie verkrampfen. Ihr Trotz meldet sich, ihr natürlicher Widerstand. Wer lässt sich schon gern manipulieren! Ich erreiche also genau das Gegenteil von dem, was ich möchte. Ich will, dass sie sich erinnern, kapiert? Sie müssen schon freiwillig mitmachen. Durch Angst erreicht man so gut wie gar nichts, Angst lähmt das Gedächtnis. Und außerdem sind die Zeiten der Folter Gott sei Dank vorbei. Verstehen Sie mich?«

»Wenn Sie es so sehen . . .«

»Ich sehe es so. Weiter also. Sie sprachen von drei Einladungen. Das war die erste. Geben Sie gleich durch, dass ich sie annehme. Rufen die zurück?«

»Nein, sie haben gesagt, sie würden auf jeden Fall da sein.«

»Gut. Die zweite Einladung?«

»Der Kriminaldirektor möchte Sie sprechen. Wenn es Ihnen recht wäre, um 15 Uhr.«

»Wir werden sehen. Geben Sie durch, ich wäre um 15 Uhr da, wenn mir nichts Wichtiges dazwischenkommt.«

»Kriminaldirektor Wutig heißt nicht nur so. Der kann ganz schön wutig werden. Wenn Sie mich fragen . . .«

»Nein, ich frage Sie nicht. Was ist mit der dritten Einladung?«

»Ja, die . . .«, hustete Horst Winn und wollte sich gar nicht mehr beruhigen. Katzbach schob das Zigarillokästchen in die Seitentasche seines Sakkos, um Winn nicht noch einmal in Versuchung zu führen. »Die dritte Einladung«, sagte Winn mit einem Frosch im Hals, »ist eigentlich die erste. Dr. Nesch sagt, er hätte jetzt Zeit für Sie.«

»Nesch?«

»Ja. Dr. Nikolaus Nesch. Der Arzt, der Paul Gerizzen zuletzt behandelt hat. Er praktiziert übrigens nicht mehr. Aber an den alten Gerizzen hat er sich sofort erinnert.«

»Sehr gut. Wo wohnt der Arzt?«

»Och, das ist gar nicht weit. Brucker Holt. Aber wissen Sie, was. Dr. Nesch lädt Sie zum Waldspaziergang ein! Ist das nicht 'ne herrlich bekloppte Idee?«

»Wieso? Waldspaziergänge sollen doch gesund sein!«

Nein, Horst Winn wurde aus dem Kommissar aus Düsseldorf absolut nicht klug. Er hatte vielleicht einen Wutausbruch, bestimmt aber keinen Heiterkeitserfolg erwartet. Hatte es der Kommissar denn niemals eilig? »Punkt zwölf Uhr an der Waldschänke, hat der Nesch gesagt. Und er würde höchstens fünf Minuten warten. Ist doch 'n Herzchen, der Doktor, nicht?«

»Pünktlichkeit ist die Höflichkeit der Könige, wissen Sie doch. Waldschänke, das ist vermutlich ein Lokal, ja?«

»Ja. Da beginnt das Waldgebiet, das nach Süden hin bis Werden geht. Wissen Sie, wo die Abtei ist, Essen-Werden.«

»Ich weiß. Da bleibt noch Zeit, Gerizzens Haus zu besuchen. Wer ist jetzt dort?«

»Obermeister Draheim. Er macht Bestandsaufnahme. Für solchen bürokratischen Quatsch ist er prima zu gebrauchen.«

»Ich frage mich, ob Gerizzens Haus nicht doch noch ein Geheimnis für uns parat hat. Vielleicht haben wir etwas übersehen . . . Nun starten Sie doch!«

Das seltsame Haus lag still in der Vormittagssonne. Der Gestank hatte sich verflüchtigt. Die Beamten hatten das Unterste nach oben gekehrt, aber sie hatten nichts mehr gefunden. Auch der Hund hatte sich nicht mehr sehen lassen.

Auffallend an Dr. Nesch waren die imposanten Augenbrauen, deren absolute Schwärze zu dem schlohweißen Haar kontrastierte. Wache Augen hinter einer Schildpattbrille: ein bisschen gütig, ein bisschen ironisch. Die Augen eines Mannes, der schon viel gesehen hat. Der Arzt trug trotz der Wärme einen Lodenmantel. Er wirkte kräftig und für sein Alter, das jenseits der Siebzigergrenze liegen musste, ungemein vital.

Missbilligend schaute er auf das eben angezündete Zigarillo des Kommissars.

»Dann wollen wir mal«, sagte der Arzt, gab dem Kater die Hand und legte einen mächtigen Schritt vor, dass Katzbach trotz seiner langen Beine Mühe hatte, zu folgen. Winn fuhr mit dem Wagen voraus zum Ausflugslokal »Zur Platte«, das sie als Treffpunkt vereinbart hatten.

»Ich hoffe, es stört sie nicht allzu sehr, dass ich Sie begleite, zumal bei so schönem Wetter.«

»Wahrscheinlich tut es Ihnen auch gut«, lächelte der Arzt. »Ich vertrete mir jeden Mittag die Beine, egal, ob es Backsteine regnet oder ob es Revolutionen gibt. Da gehe ich nicht von ab. Exakt auf die Minute spazier ich los. Das sagte ja schon der Fuchs von Saint-Exupéry: Es muss feste Bräuche geben.«

»Vielleicht haben Sie Recht«, sagte der Kater.

»Darum konnte ich Sie heute auch nicht bei mir zu Hause empfangen, Herr Katzbach. Ich denke aber, Sie können mir auch im Laufen die Fragen stellen. Ich hörte, Sie sind eigens aus Düsseldorf geholt worden. Stimmt das?«

»Das stimmt.«

»Warum? Ist die Essener Polizei unfähig?«

»Das ist es nicht«, sagte Katzbach. »Es hatte zuerst den Anschein, dass einer der hiesigen Kriminalbeamten in den Fall verwickelt sein könnte. Darum hat man mich geholt. Sozusagen als neutralen Außenseiter. Man wollte keinen Essener Beamten in Gewissenskonflikte bringen.« Von ›Fliege‹ Sagitta sagte der Kater kein Wort. Dr. Nesch knöpfte den Lodenmantel auf und saugte sich die Lungen voll Luft. Sie hatten den hellen Mischwald erreicht und kamen schnell voran, denn der Weg war abschüssig. In den Buchen zwitscherten die Vögel. Dann und wann gaben Schneisen und Schonungen den Blick auf die Hänge der anderen Seite des Ruhrtals frei.

»Ich wäre Ihnen dankbar, wenn Sie mir etwas über Paul Gerizzen erzählen könnten.«

»Seltsame Sache, nicht wahr? Ihr Kollege hat mir von diesem – von dieser Tat berichtet. Das heißt: Ich sage doch besser Untat. Ist das nicht ungeheuerlich? Was in den Schädeln von solchen jungen Burschen vor sich geht, das möchte ich ums Verrecken gern mal analysieren. Ich begreif es nicht. Ich begreif es einfach nicht! Was hatte der alte Mann denen getan?«

»Vermutlich nichts.«

»Eben! Lange Haare und nichts da drunter. Das ist meine Meinung, Herr Katzbach.«

Der Kater schniefte ein bisschen durch die Nase. Das tat er immer, wenn ihm etwas nicht gefiel. »Ich glaube nicht«, sagte er, »dass es etwas mit langen Haaren zu tun hat.« Dann wechselte er das Thema. »Sie wollten mir etwas über Paul Gerizzen erzählen, Dr. Nesch. Speziell über seine Krankheit. Es ist sehr wichtig für uns.«

»Wollten ist gut!«, widersprach Dr. Nesch. »Ihr Mann hat mir ja sozusagen keine andere Wahl gelassen. Tja, ich habe mir sofort die alten Unterlagen herausgesucht. Dass ich seit zwei Jahren nicht mehr praktiziere, wissen Sie?«

»Ich weiß.«

»Da kann sich natürlich am Krankheitsbild inzwischen viel verändert haben.«

»Wesentliches?«, wollte Katzbach wissen.

»Nein, das wohl nicht mehr. Ich denke, dass Paul Gerizzen sich gar keinen neuen Arzt mehr gesucht hat, als ich aufhörte zu praktizieren. Bei meinem Nachfolger ist er jedenfalls kein einziges Mal aufgetaucht.«

»Wie krank war er?«

»Todkrank. Das wusste er auch. Alle wussten das. Die ganze Nachbarschaft. Manche Leute sprachen mit mir darüber. Gerizzens Herz war total kaputt. Die kleinste Aufregung . . . Na ja, Sie wissen ja selbst, was mit ihm passiert ist. Solch eine makabre Karnevalsveranstaltung hat dreimal gereicht, das können Sie mir unbesehen glauben. Dass er's überhaupt so lange gemacht hat, grenzt schon fast an ein Wunder.«

»Ganz konkret, Doktor: Der Schreck hat gereicht, ja? Es war nicht etwa nötig, Paul Gerizzen noch anderweitig, etwa durch Drogen, zu präparieren?«

»Ich sagte es doch. Natürlich hat der Schreck gereicht. Er muss sich so sehr entsetzt haben . . . Wollen Sie's schriftlich?«

»Ja«, antwortete der Kater auf die ungehaltene Frage des Arztes. »Ich hätte es wirklich gern schriftlich. Sagen Sie, erinnern Sie sich noch an Paul Gerizzen?«

»Ziemlich genau.« Dr. Nesch kickte einen dicken Fichtenzapfen vom Weg in die Brombeerranken. »Er brachte immer seinen kleinen Köter mit in die Sprechstunde. Ich konnte es ihm einfach nicht abgewöhnen. Einen Terrier. Ja, ich erinnere mich genau. Einmal hat das Biest sogar den Schlauch von meinem Stethoskop zerbissen. So ein Viech war das. Er hing wohl sehr an seinem Köter. Er hat nicht mal mit dem Hund geschimpft, er hat einfach das Stethoskop bezahlt. Hat man bei den Burschen, die Opa Gerizzen auf dem Gewissen haben, denn nicht irgendetwas gefunden? Ich meine . . .«

»Ja?«

»Ich meine, irgendwas, das auf den Grund schließen lässt für diese unmenschliche Tat!«

Kommissar Katzbach schüttelte den Kopf. »Komisch«, sagte er, »eigentlich wollte ich Sie fragen und nun fragen Sie mich. Nun gut, ich will Ihnen offen sagen, dass ich nicht glaube, dass die Jungen ein Motiv hatten. Aber irgendein anderer, irgendjemand im Hintergrund muss ein Motiv haben.«

»Aber Gerizzen ist – hm, ich meine, Gerizzen war doch völlig bedeutungslos.«

Katzbach schniefte wieder. »Ich habe immer gedacht, niemand wäre bedeutungslos.«

»So habe ich das nicht gemeint«, widersprach der Arzt. »Fangen Sie nur nicht an zu philosophieren. Wir Mediziner sind nun mal Zyniker. Das bringt der Beruf so mit sich.«

»Schon gut«, sagte der Kater.

»Und die Polizei war sofort zur Stelle, wie ich hörte?«

»Ja, jemand muss sie benachrichtigt haben. Seltsam, nicht? Einen der Burschen hat man ja auch geschnappt.«

»Und die anderen?«

»Die werde ich wohl heute noch zu sehen kriegen.«

»Dann müssen Sie doch die Wahrheit aus denen rauspressen können! Die müssen doch kapieren, dass es ihnen an den Kragen geht, wenn sie nicht verraten, wer ihnen diesen – diesen widerwärtigen Auftrag gegeben hat!« Der Arzt war regelrecht in Rage geraten. Er schlug sich mit der rechten Faust in die linke Handfläche und schaute den Kater an, als wollte er sagen: Lassen Sie mich das mal in die Hand nehmen, ich werde denen schon die Flötentöne beibringen!

Sie hatten das Hirschgehege erreicht. Hinter dem hohen Maschendrahtzaun weideten muntere Kälber das spärliche Gras ab. Die Hirschkühe zerrten an der Futterraufe getrockneten Klee aus dem Holzgestänge. Junge Hirsche mit sprießendem Geweih veranstalteten Boxkämpfe. Weit im Hintergrund lagen die alten Herren auf der faulen Haut und ließen sich die Sonne auf das Fell scheinen. Der Kater freute sich an diesem Bild. Warum musste er hinter anderen Leuten herrennen? Ein bisschen beneidete er den Arzt, der tun und lassen konnte, was er wollte.

»Diese Burschen müssen doch irgendetwas von ihrem Auftraggeber wissen. Nehmen Sie die nur mal rau in die Mangel, Herr Katzbach! Das sollte doch mit dem Teufel zugehen . . .«

»Die Folter ist seit einigen Wochen abgeschafft«, gab Katzbach zu bedenken.

»Spotten Sie nur! Aber als Arzt habe ich 'ne Menge erlebt, das kann ich Ihnen flüstern. Wenn manch einer rechtzeitig ein paar hinter die Löffel gekriegt hätte . . .«

Der Kater sagte nichts. Was sollte er dazu auch sagen? Dass er anderer Meinung sei und dass er Prügel noch nie für eine Lösung gehalten habe? Nein, nein, er war nicht zum Diskutieren hier und die Zeit drängte. Was er erfahren wollte, hatte er erfahren: nämlich, dass jemand, der Bescheid wusste, Paul Gerizzen leicht hatte in Todesangst versetzen können und dass diese Todesangst tödlich gewesen war für den alten Mann.

»Minka, Minka, Minka!«, rief der Arzt. Er wedelte mit einer Möhre, die er sich aus der Manteltasche gezogen hatte. »Minka, Minka, Minka!« Da löste sich eines der Schmaltiere aus dem Rudel und trabte zum Zaun. »Feine Minka«, sagte der Doktor, »feine, feine Minka! Bist ja auch die Schönste, du!« Die Hirschkuh fraß ihm die Möhre aus der Hand.

Im Lokal »Zur Platte« saßen um die Mittagszeit nur wenige Gäste. Der auffallendste Gast war Kriminalwachtmeister Winn, der dabei war, den olympischen Rekord im Kirschtorteessen zu brechen. Er sah kaum von seiner Arbeit auf, als Dr. Nesch und der Kommissar das Ausflugslokal betraten.

»Auf einen Kaffee haben Sie doch noch Zeit, Herr Katzbach, ja? Sie sind mein Gast.«

»Gern, Dr. Nesch.«

Sie nahmen im Rondell des Türmchens Platz. Tief im Tal schlängelte sich graugrün die Ruhr. Der Kater genoss das Panorama: die Werdener Abtei mit oxidiertem Kupferdach, fast senkrecht darunter die Brehminsel, auf der sich die Leute sonnten, im Osten der Baldeneysee mit flimmernden Segelbooten.

»Sehen Sie ganz links auf dem Berghang das große Gebäude?«, fragte Dr. Nesch. »Das ist Villa Hügel.«

»Ich sehe es. Großer Schuppen!«

»Früher wohnte da die Kruppdynastie.«

»Und heute?«

»Heute, ja, heute werden da Kunstausstellungen veranstaltet. Indische Miniaturen oder Teppichknüpfereien aus dem vorderen Kongogebiet oder mexikanische Fruchtbarkeitsgöttinnen – na ja, immer solche Sachen.«

»Mögen Sie so etwas nicht?«, fragte der Kater. Ein lila livrierter Ober nahm die Bestellung auf. Winn hatte seine Kuchenschlacht geschlagen und kam näher.

»Mich interessiert solch antiquierter Krimskrams nicht«, sagte der

Arzt. »Und ich empfinde auch keine heiligen Schauer, wenn mir jemand erzählt, dieses oder jenes Püppchen stamme aus dem posemuckelsten Jahrhundert vor Christi Geburt. Was soll's! Ich interessiere mich für moderne Kunst.«

»Ach!«, entfuhr es dem Kater.

»Wundert Sie das?« Dr. Nesch sprach überlaut.

»Ein bisschen«, gab der Kater zu.

Dr. Nesch zog ein gigantisches Taschentuch aus der Hosentasche und schnäuzte sich ausgiebig. »Jetzt habe ich eben Zeit für mein Hobby. Moderne Plastik und neue Druckgrafik, das sind meine Gebiete. Mit den alten Klamotten kann man mich nicht mehr hinter dem Ofen vorlocken.«

»Was sammeln Sie denn, Dr. Nesch? Ich meine, was haben Sie schon an Plastik?«

»Interessiert Sie das wirklich? So ein Polizeimensch . . .«

»Sollte nach Ihrer Meinung wohl primitivere Interessensgebiete haben. War es das, was Sie sagen wollten?«

»Keineswegs!«, wehrte der Arzt ab. »Ich meinte nur . . . Also, der englische Bildhauer Harry Moore, also, der ist mein ausgesuchter Favorit. Von dem hab ich schon eine Menge Kleinplastiken. Ja, und sonst . . .«

»Sie sprachen auch von Druckgrafik«, erinnerte der Kater, der bereits heimlich auf seine Uhr schaute.

»Druckgrafik . . . Ja, kennen Sie denn was davon?«

»Ein bisschen schon.«

»Was denn so?«

»Grieshaber zum Beispiel. Die Farbradierungen von HAP Grieshaber interessieren mich sehr. Er macht ja fast ausschließlich Farbradierungen.«

»Sie kennen wirklich was davon!«, lobte Dr. Nesch. »Sehen Sie und ausgerechnet Grieshaber-Radierungen habe ich auf der letzten

Kunstmesse in Düsseldorf frisch eingekauft! Sie sollten mich wirklich einmal zu Hause besuchen!«

»Vielleicht nehme ich Ihre freundliche Einladung an«, sagte der Kater. »Mal sehen.«

Die beiden Polizeibeamten verabschiedeten sich von dem Arzt, der genüsslich in die Mittagssonne schaute. Nein, für Kunstgespräche war jetzt wirklich keine Zeit. Der Kater wusste, dass die Sache endlich ins Rollen kommen musste.

Auf der Fahrt zum Präsidium lag das Katerlächeln wieder auf seinem Gesicht. Es wirkte so freundlich wie eine Drahtschere. Aber Horst Winn wusste es nicht zu deuten.

Hanjo Rother betrachtete sein Gesicht im Spiegel. In die Schnauze sollte ich mir hauen, dachte er, stundenlang. Das unentwegte Kribbeln seiner Nerven konnte er kaum aushalten. Am liebsten hätte er laut hinausgeschrien, dass er es nicht mehr ertragen könnte, dass es nicht mehr auszuhalten sei, dass ihm die ganze beschissene Situation zum Hals heraushänge und dass endlich, endlich der Knoten platzen müsste. Baden müsste ich, dachte Hanjo Rother, stundenlang baden. Aber darum wollte er Addys Mutter nicht bitten. Frau Luckenbach glaubte die Geschichte von den schulfreien Tagen wegen einer Rötelnepidemie sowieso nicht mehr ganz. Wenn nur Addy bald käme!

Fast die ganze Nacht hatten sie sich darum gestritten, ob es klug wäre, auf die Forderung des Kommissars aus der anderen Stadt einzugehen. Pünte war spät am Abend mit der Nachricht gekommen, der Kommissar aus Düsseldorf lasse sagen, dass sie sich mit ihm in Verbindung setzen sollten. Und das sei ihre letzte Chance, sonst würden sie ihn von der anderen Seite kennen lernen. Pünte war für Toten-Mann-Spielen gewesen. Nichts hätte der Kommissar in der Hand, gar nichts. Und finden würde er sie bestimmt nicht, wenn sie alle dichthielten.

Hanjo wusste es besser. Er kannte die Möglichkeiten der Polizei. Im Grunde wunderte er sich, dass die Falle nicht schon längst zugeschnappt war. Warum spielte der fremde Kommissar Katz und Maus mit ihnen? Warum eigentlich? Nein, Hanjo machte sich keine Illusionen und er sagte es auch den anderen. Da musste ein Trick dabei sein. Und genau davor hatte Hanjo Angst.

16 Uhr 20. Addy war noch immer nicht von der Arbeit zurück. Wo er nur so lange blieb? Hoffentlich hatte er den Kommissar wirklich angerufen.

Hanjo zupfte an den braunen Härchen auf seiner Oberlippe. Bald würde er sich rasieren müssen. Seine Gedanken schweiften immer wieder ab zu dem alten Mann, der ein unendlich entsetztes Gesicht gemacht hatte, bevor er vor dem idiotischen Gespenst zusammengebrochen war. Von was für einem Teufel waren sie nur geritten worden! Der erste Schreck war vorbei und ganz allmählich setzte bohrender Schmerz ein, der sich nicht vertreiben ließ. Die Gedanken kamen. Immer wieder das Bild des alten Mannes. Und dann das andere Gesicht, das eigentlich nur ein Fleck gewesen war, auf dem die Gläser der Sonnenbrille wie gefährliche Suchscheinwerfer gewirkt hatten, gegen die man nicht ankonnte. Habt ihr nicht Lust, euch 'n paar Scheinchen zu verdienen? Sehr klein hinter den Gläsern, kaum sichtbar, die Augen.

Wie ein leeres Blatt Papier. Nein, da war nichts, an das Hanjo sich erinnern konnte. Sie hatten ihn in der Nacht auf dem Polizeirevier schon befragt und später im Präsidium war er geradezu gelöchert worden. Aber sosehr er sich auch quälte: Da war nichts, was ihm aufgefallen wäre. Addy, Pünte und Mischa Albermann wussten auch nichts zu sagen. Scheiße, der hat uns ausgetrickst!, stöhnte Hanjo zum tausendsten Mal in sich hinein. Es war zum Verrückt- werden.

Auch an die Schule dachte Hanjo, aber nicht sehr intensiv. Würden sie ihn überhaupt vermissen? Wohl nicht. Ursus Bärchen, der Lateinlehrer, würde sein Witzchen parat haben: Na, unser lieber Freund Rother hat wohl gerochen, dass ich ihm mal auf den Zahn fühlen wollte. Und was hat unser teurer Freund getan? Richtig, er hat sich krank werden lassen . . . Klar, die anderen würden lachen. Tina natürlich auch.

Hanjo versuchte das Bild des Mädchens wegzuwischen, aber das ging nicht so einfach. In der Küche schepperte Addys Mutter mit dem Kaffeegeschirr herum. Sie hatte ihren freien Nachmittag, da kochte sie ununterbrochen Kaffee.

Hanjo dachte nicht an seine Eltern. Er dachte auch nicht mehr an die Suzuki. Irgendwie kam ihm alles so unwirklich vor, wie ein Kinofilm, wie ein böser Wachtraum, den man beeinflussen, den man einfach ausradieren kann. Konnte sich ein Leben in zwei, drei Tagen wirklich so verändern?

Das Wetter setzte ihm zu. Wenn es wenigstens regnen würde! Aber draußen mogelten sich die Strahlen der Nachmittagssonne bis in die letzten Häuserschluchten, und das machte den Mief des kleinen Zimmers – voll von Zigarettenqualm und Körpergeruch – noch unerträglicher. Hanjo hatte in Addys winziger Bude schon immer so etwas wie Platzangst gespürt. Doch nun, wo er wie ein Gefangener hier hockte, war es fast zum Durchdrehen.

Hanjo hämmerte gegen das Gesicht im Spiegel. Der Ekel kam ihm hoch. Wenn es wenigstens das andere Gesicht wäre, das mit der Sonnenbrille und den kleinen Augen dahinter!

Kleine Augen? Wieso kleine Augen?

Hanjo versuchte sich zu konzentrieren. Ja, die Augen hinter den dunklen Gläsern, die einmal oder zweimal kurz durch irgendwelche Lichtreflexe aus dem »Memphis« sichtbar geworden waren. Vielleicht war die Pendeltür aufgemacht worden. Oder waren es Autoscheinwerfer gewesen? Egal. Aber die Augen waren besonders klein gewesen: verändert, nicht so, wie Augen eigentlich sind, intensiver – und auch bedrohlicher. Oder bildete Hanjo sich das nur ein, jetzt in der Erinnerung, wo er anfing Gespenster zu sehen und sich selbst zu misstrauen?

Hanjo hauchte gegen den Spiegel und langsam überzog sich das Glas mit Beschlag. »Armleuchter«, schrieb Hanjo mit dem Finger, »Deutschlands größter Armleuchter, der Weltmeister im Armleuchten: Hanjo Roth . . .«

Weiter kam er nicht. Die Klingel ging kurz-kurz-lang-kurz-kurz: Addy war gekommen. Endlich.

»Das ist Addy!«, rief Frau Luckenbach aus der Küche. »Kommt er denn nicht rauf?«

Hanjo war schon auf der Treppe. Er hörte Frau Luckenbach noch rufen, aber er gab keine Antwort.

Die Kawasaki tuckerte aufgeregt. Addy hatte den Sturzhelm nicht abgenommen. Er wies wortlos auf den Soziussitz. Zementstaub hatte seine Hände und sein Gesicht gepudert. Anscheinend hatte Addy sich nicht einmal die Zeit zum Waschen genommen. Hanjo war kaum aufgestiegen, da sprang die schwere Maschine wie ein Raubtier an. Hastig griff Hanjo nach Addys Schultern.

»Der Bulle hat angebissen!«, schrie Addy gegen den Fahrtwind.

»Das dachte ich mir.«

»Wenn der uns austricksen will, mach ich ihn fertig! Da kannst du Gift drauf nehmen!«

»Quatsch doch nicht so geschwollen, Addy! Wenn der uns hopsnehmen wollte, dann hätte er das längst getan. – He, wo fahren wir denn überhaupt hin?«

»Ins Montagsloch. Das heißt: Wir treffen uns mit Pünte und Mischa am Sportplatz von Sportfreunde 07. Der Bulle scheint verdammt neugierig zu sein. Na, dem werden wir einheizen!«

»Fahr doch nicht wie eine gesengte Sau, Addy! Und quassel um Gottes willen nicht so groß kariert! Mir kommt langsam die Kotze hoch.«

»Ach? Höschen schon voll, der Kleine?« Addy legte die Maschine in die Kurve, dass sie mit den Knien fast den Straßenbelag berührten. Es war 17 Uhr 12. Von der Florastraße aus bogen sie in die Eduard-Lucas-Straße ein. Dort, wo die Häuserzeile zu Ende war, warteten Mischa und Pünte ungeduldig auf ihren Hondas. Addy legte noch einen Zahn zu.

Sie hatten sich entschieden, so redeten sie nicht mehr viel. Addy schlenkerte mit dem Arm und deutete den beiden anderen an, sie sollten ihm folgen. Dann drehte er wieder das Gas auf und donnerte quer durch die Parkanlagen des Gruga-Stadions. Später bog er in die Frankenstraße ein. Die beiden anderen Maschinen kamen nach. Addy und Hanjo sprachen auf der ganzen Fahrt kein Wort mehr miteinander.

Nur ein paar Mopedfahrer tummelten sich am Montagsloch. Aber sie gaben röhrend die Bahn frei und verzogen sich ins hügelige Waldgelände, als sich die drei Motorräder näherten. Hanjo spähte nach allen Seiten, aber von irgendwelchen Polizeifahrzeugen war nichts zu sehen. Nur ein reichlich mitgenommener Peugeot parkte unter den Krüppelkiefern.

»Der ist überhaupt nicht gekommen!«, schrie Mischa hinüber.

»Und was ist das?«, fragte Hanjo.

Eine dunkle Gestalt war auf dem Kamm der zweiten Hüpfwelle, die sie Sprungschanze nannten, zu sehen. War das der Kommissar?

Hanjo sagte zu Addy Luckenbach: »Ich wette, das ist er. Nun fahr doch endlich! Oder hast du das Höschen voll?«

Auf die Retourkutsche reagierte Addy nicht, aber er ließ seine Kawasaki vorwärts schnellen, als ginge es um den Goldenen Lenker.

Der Fahrtwind trieb Hanjo hunderttausend Nadeln ins Gesicht. Die Bodenwellen warfen die Maschine jedes Mal meterhoch in die Luft. Hinter sich hörte Hanjo das Knurren der Hondas.

Die dunkle Gestalt wurde größer.

Warum geht er nicht aus dem Weg?, dachte Hanjo. Teufel, er kann doch nicht auf der Piste bleiben! Addy schien das Gleiche zu denken, denn er brüllte unartikulierte Laute in den Wind und zeigte auf den Mann, der auf der Motocross-Piste stand, sich nicht bewegte und die Hände in den Hosentaschen hielt.

»Der spinnt doch!«, schrie Addy. Aber das Gas nahm er nicht zurück. Im Gegenteil.

Die dunkle Gestalt schoss heran. Ja, kein Zweifel, der Mann stand da und rauchte und schien nicht daran zu denken, aus dem Weg zu gehen.

»Festhalten!« Addys Worte überschlugen sich fast. Ganz tief lag Addy Luckenbach auf der Kawasaki. Hanjo klammerte sich an ihn. Er trug keinen Schutzhelm. In seinen Ohren rauschte das Blut.

»Bist du bekloppt?«, rief Hanjo.

»Neiiiin!«, jubelte Addy.

Sand stob auf und warf weiße Fontänen seitlich in die verkrüppelten Büsche. Es war, als würfen die Motorradfahrer alle Angst der letzten Tage, alle Wut und alle Verwirrung in die Waagschale, um in einem beinahe wahnwitzigen Kamikazeflug so etwas wie Befreiung von dem Druck, der auf ihnen lastete, zu erzwingen. Hanjo konnte nicht mehr schreien, der Wind fetzte ihm die Worte vom Mund weg. Als seine Finger an Addys Lederjacke abrutschten und er den Halt verlor, merkte Addy es nicht einmal. Dicht an Hanjos Körper fauchten die Hondas vorbei.

Mit dem Gesicht pflügte Hanjo den harten Sand, Staub drang ihm in Mund und Nase, seine Hände grapschten vergeblich nach Grasbüscheln und Wurzelwerk, und während er wild rudernd in die Talsohle der Sandgrube schlitterte, sah Hanjo Addy Luckenbach und seine schwere Kawasaki hoch über der Sprungschanze – einen Atemzug lang wie zur Fotografie in der Luft erstarrt. Dann hörte es sich an, als ob ein Lastwagen Kies auskippte. Der dunkle Mann stand noch immer, wo er vorher gestanden hatte. Das konnte Hanjo im Vorbeirutschen sehen. Die Hondas waren zum Hang hin ausgeschert und mit abgewürgten Motoren im Fließsand zum Stehen gekommen. Doch was war mit Addy?

Addy hatte sich bereits aus dem ausgedörrten Brombeergestrüpp herausgearbeitet. Er lag auf den Knien und starrte seine Maschine an, die ein Dutzend Schritte tiefer wie ein böses Insekt sirrend im Staub tobte und erst nach einer Weile austuckerte.

»Sie kriegen die Punkte!«, rief der Mann.

»Welche Punkte?«, fragte Addy Luckenbach verständnislos und zerrte sich den Sturzhelm vom Kopf.

»Für sprühenden Humor«, antwortete der Mann.

Hanjo konnte den Kommissar zunächst nur von hinten sehen: eine ziemlich lange, schlanke Gestalt in dunklem Anzug. Dann, als der Kommissar sich zu ihm umdrehte, sah er auch das seltsam lächelnde Gesicht, das von den spöttischen Augen beherrscht wurde. Der Kommissar rauchte gelassen. Mischa und Pünte, die inzwischen herangekommen waren, nahmen drohende Haltung an. Doch das schien den lächelnden Mann nicht weiter zu beunruhigen.

»Mein Name ist Katzbach«, sagte er. »Jemand von Ihnen hat mich hierher bestellt. Ist das richtig?«

»Was wollen Sie eigentlich von uns?«, fragte Addy, der noch immer im Sand hockte, überlaut. Dann stand er auf und kam näher. »Was soll das? Warum schnüffeln Sie uns nach?«

Der Kommissar schnipste mit den Fingern, als wollte er sagen: Müssen wir denn wirklich mit solchen Albernheiten Zeit verplempern?

Die drei Jungen standen jetzt vor dem Kommissar. Viel später, als sie im »Memphis« am Fenstertisch mit Streichhölzern knobelten, sagte Addy: »Tja, als wir so vor dem standen, also, da war irgendwie die Luft raus. Ehrlich.«

Mischa und Pünte wischten sich verlegen die Hände am Lederzeug ab. Addy war damit beschäftigt, sein Hemd in die Hose zu stopfen. Hanjo versuchte prustend, den Dreck aus seiner Nase zu entfernen. Sein Gesicht brannte.

»Fangen Sie an?«, fragte Kommissar Katzbach. »Oder soll ich anfangen?«

»Fangen Sie an!«, entschied Hanjo und wunderte sich selbst über seine Worte.

Der Kommissar nickte. »In Ordnung. Lassen wir jetzt mal die Diskussion darüber, wie kindisch Ihre Gespensteraktion bei Paul Gerizzen war, außer Acht. Darüber wird noch eine Menge zu reden sein. Das wird man Ihnen nicht ersparen können. Reden wir jetzt auch nicht über Ihr unsagbar albernes Verhalten, als Sie sich tatsächlich einbildeten, Sie könnten sich dünnemachen, obwohl wir Hanjo Rother schon hatten. Sie müssen die Polizei wirklich für eine Herde von Vollidioten halten!«

Pünte murmelte etwas vor sich hin. Der Kommissar überhörte es. Hanjo schämte sich, aber das zeigte er nicht. Er kaute an seinem rechten Daumennagel herum, den er sich beim Sturz eingerissen hatte.

»Sie haben überhaupt kein Recht . . .«, fing Addy an, aber er brach ab, als er das Gesicht des Kommissars sah. Natürlich wusste er, dass sie bisher verdammt glimpflich davongekommen waren.

»Wir sollten zur Sache kommen«, schlug der Kommissar vor.

»Also?«, fragte Pünte. »Wat is denn, Meister? Wat läuft?«

»Reden Sie nicht wie ein Depp!«, fuhr ihn der Kommissar an, dem Püntes Kumpelhaftigkeit nicht zu schmecken schien. »Ich will mit Ihnen über den Mann reden, der Ihnen den Auftrag gab, Paul Gerizzen zu erschrecken. Ich hoffe, selbst Ihnen ist inzwischen klar geworden, dass Sie sich als Handlanger für einen Mord anheuern ließen!«

»Sie!«, begehrte Addy auf.

»Ist was?«, fragte der Kommissar. Nein, es war nichts. Addy steckte sich eine Zigarette in dem Mund, brannte sie aber nicht an. Den anderen bot er keine an. »Erklären Sie mir bitte, wie es zu dem Gespräch mit dem unbekannten Mann kam. Beschreiben Sie mir den Mann. Dass es dunkel war, weiß ich, und dass der Mann eine Sonnenbrille trug, weiß ich auch. Konzentrieren Sie sich also! Stellen Sie sich die Szene noch einmal genau vor! Und bitte: Kommen Sie mir nicht mit der Floskel, es wäre Ihnen überhaupt nichts aufgefallen oder Sie könnten sich nicht mehr erinnern! Wir sind hier nicht im Kino.«

»Wat der da rumquatscht!«, sagte Pünte.

Der Kommissar zeigte mit dem Zigarillo auf Püntes Nasenspitze. »Wir können das alles auch anders über die Bühne bringen. Aber wundern Sie sich dann bitte nicht! Von mir aus können Sie bei Ihrer Oma das kleine Trotzköpfchen spielen. Jedenfalls nicht bei mir. Das ist jetzt meine letzte Warnung. Vielleicht haben Sie noch immer nicht begriffen, dass es sich um einen Mordfall handelt.«

»Halt doch die Fresse, Pünte!«, zischte Addy.

»Er war ganz normal gekleidet«, sagte Hanjo. »Er trug einen braunen oder grauen Mantel. Bei dem diffusen Licht war das nicht genau zu erkennen. Er hatte einen ganz normalen Hut auf. Schwarz oder dunkelblau, würde ich sagen.«

»Oder dunkelbraun oder so«, warf Mischa ein.

»Ja, und dann konnte man sein Gesicht nicht sehen wegen der Brille. Aber das wissen Sie ja.« Hanjo zuckte die Schultern.

»Seine Stimme?«

»Er flüsterte. Er hatte sie verstellt. Aber das habe ich doch alles schon zu Protokoll gegeben!«

»Ich will es trotzdem noch einmal hören«, beharrte Katzbach und nahm einen kleinen Block aus der Tasche.

Nein, sie wussten nicht viel zu sagen. Das Geld hatten sie gesehen, das vor allem. Da hatten sie gar nicht mehr auf den Mann geachtet. Sie hatten auf ihren Maschinen gehockt, als sie mit dem Unbekannten vor dem »Memphis« verhandelten. Auf Katzbachs Geheiß schob Pünte seine Honda an die Sprungschanze. Dann mussten sie im Sitzen die Größe des geheimnisvollen Geldgebers schätzen. Als das Experiment zu Ende war, merkte Hanjo, dass der Kommissar ein winziges Lächeln auf dem Gesicht hatte.

»Gerüche?«, fragte der Kommissar. »Ist Ihnen da etwas aufgefallen? Überlegen Sie!«

»Meine Maschine lief schon«, sagte Addy.

Plötzlich erinnerte Hanjo sich an die Augen. »Die Augen«, sagte er, »die waren so komisch verkleinert. Das habe ich zweimal gesehen. Ich . . .«

»Ja?« Der Kommissar hörte gespannt zu.

»Trotz der Sonnenbrille . . . Also, wie durch so 'n umgekehrtes Fernglas. Verstehen Sie, was ich meine?«

»Natürlich. Es war keine Sonnenbrille. Es war eine Brille gegen Kurzsichtigkeit. Nur eben mit getönten Gläsern. Richtig so? Oder wollten Sie etwas anderes sagen?«

»Haargenau!« Hanjo war sich ganz sicher.

»Nee«, Pünte machte mit den Händen eine abwehrende Bewegung, »nee, dat wär mir aufgefallen. Dat bildet der Hanjo sich bloß ein, wat?« Die beiden anderen wussten dazu nichts zu sagen. Addy meinte, ihm wäre das ganz und gar nicht aufgefallen. Mischa sagte, er hätte auf das Gesicht des Mannes überhaupt nicht geachtet. »Ich hab man bloß auf die Flöhe gekiekt.«

Aber Hanjo blieb dabei: Die Augen des Mannes wären extrem verkleinert erschienen. Eigenartigerweise lenkte der Kommissar von diesem Thema ab. War das denn nicht wichtig?

Sie redeten noch ein bisschen, aber es kam nichts Neues dabei heraus. Hanjo hatte den Eindruck, dass der Kommissar längst erfahren hatte, was er wissen wollte. Aber was konnte das gewesen sein? Was hatten sie denn Großartiges zu sagen gewusst?

»Morgen Nachmittag«, sagte Kommissar Katzbach, »erwarte ich Sie alle drei im Polizeipräsidium. Sie müssen Ihre Aussagen zu Protokoll geben. Und Ihre Personalien brauchen wir auch. Bringen Sie also Ihre Personalausweise mit, klar? Ich schlage 18 Uhr vor. Geht das?«

»Nee, also hören Sie mal . . .«

»Nein, ich höre nicht!« Der Kommissar unterbrach Pünte scharf. Er schaute auf die Uhr. »Sie verstehen es immer noch nicht. Also, genau 18 Uhr. Es bleibt dabei!« Dann wandte er sich an Hanjo. »Ich möchte noch mit Ihnen allein sprechen.«

»Mit mir?«

»Großer Gott! Schiele ich denn?«

»Was wollen Sie denn noch von Hanjo?«, fragte Addy Luckenbach argwöhnisch. »Der hat doch schon alles gesagt!«

»Schönen Feierabend noch!«, brach Katzbach das Gespräch ab. Seine Handbewegung war eindeutig. Maulend zogen Addy, Mischa und Pünte ab, wuchteten ihre Maschinen hoch und starteten nach einigen Fehlversuchen. Addy schaute sich mehrmals um, dann gab er Gas und schoss auf der gegenüberliegenden Seite der Motocross-Strecke über die Sandhügel davon.

»Sie können mit mir fahren«, sagte der Kommissar.

»Und wenn ich nicht will?«

»Dann können Sie laufen.«

»Was wollen Sie von mir? Ich hab wirklich alles gesagt.«

»Ich möchte, dass Sie nach Hause gehen.«

»Und warum?« Viel Trotz lag in Hanjos Stimme.

»Weil sich Ihre Eltern Sorgen machen und weil Sie alles noch schlimmer machen durch Ihre Sturheit.«

»Ist das alles? Haben Sie noch mehr solche guten Ratschläge? Sie reden wie 'n Pastor.«

»Ich habe noch einen Ratschlag. Ob er gut ist, müssen Sie selbst entscheiden. Gehen Sie wieder zur Schule! Gehen Sie morgen wieder zur Schule! Machen Sie es sich nicht zu leicht und machen Sie es denen nicht zu leicht! Zum Teufel, begreifen Sie denn nicht, Sie spielen schön blöd Ihre gesellschaftliche Klischeerolle durch und reden genau denen das Wort, die alles schon vorher gewusst haben!«

»Meinen Sie den Direx? Woher wissen Sie überhaupt? Waren Sie etwa . . .«

»Ja, ich war.« Katzbach berichtete, was er in Hanjos Gymnasium gehört hatte. Er ließ nichts aus. Vor allem berichtete er über das, was Dr. Bieberstein und Rolf Mecklenbruch gesagt hatten. Hanjo antwortete nicht.

»Glauben Sie bitte nicht, ich käme hier auf die sentimentale Tour!«, sagte Katzbach. »Ich kenne Sie kaum. Ich spiele nicht den mitfüh- lenden Onkel. Mir geht es ganz einfach um die Veränderung herrschender Unsitten. Das ist es.«

Sie hatten den Peugeot erreicht. Hanjo sagte: »Setzen Sie mich irgendwo ab in Rüttenscheid! Ich weiß nicht, ob ich nach Hause gehe. Ich muss erst darüber nachdenken. Mir stinkt es, dass mein Vater nicht zu mir hält.« Dann sehr leise: »Egal, ob ich Scheiß mache oder so, ich will, dass er auf meiner Seite steht. Auf meiner. Aber das tut er ja nicht.«

Sie fuhren los. Es war 17 Uhr 54.

Sehr theatralisch gestaltete Restaurator Josef Graffe, der im Polizeipräsidium sein mit verchromten Skalpellen und Sticheln und Vergrößerungsokularen angefülltes Köfferchen auspackte, seinen Auftritt. Der Kater unterbrach ihn nicht. Doch das Urteil, dass die Farbpartikelchen mit an Sicherheit grenzender Wahrscheinlichkeit von der Fassung einer spätgotischen Holzskulptur stammten, formulierte Graffe präzise. Es hatte den Anschein, dass er fast enttäuscht die Bühne wieder räumte. Offenbar hatte er Spannenderes erwartet. Katzbach lächelte.

Er lächelte auch, als der Polizeichef später reichlich pomadig versicherte, es sei ihm ein großes Vergnügen, endlich einmal dem illustren Hauptkommissar Katzbach von den Düsseldorfer Kollegen von Mensch zu Mensch gegenüberzusitzen, hätte er doch schon so viel vom »Kater« gehört.

Katzbach lächelte auch noch, als der Polizeichef seinen wortreich verpackten Rüffel anbrachte und seinem Erstaunen Ausdruck verlieh, dass eigentlich noch keinerlei einschneidende Aktion von Seiten des berühmten »Gastarbeiters« erfolgt sei. »Wir müssen doch langsam mal etwas sehen, lieber Katzbach! Wie sehen denn Ihre Pläne eigentlich aus?«

»Das sage ich Ihnen morgen«, lächelte der Kater. Kriminalwachtmeister Winn stockte der Atem.

»Und wann gedenken Sie die Öffentlichkeit zu informieren?«

»Wahrscheinlich auch morgen. Das wird überhaupt ein ziemlich entscheidender Tag werden: Morgen.«

Mehr sagte der Kater nicht. Der Polizeichef, ohnehin sauer, weil Katzbach reichlich eigenmächtig eine Terminänderung veranlasst hatte, schloss bald die Konferenz.

Der Kater zog sich in sein improvisiertes Büro zurück. Sein rätselhaftes Lächeln irritierte Horst Winn sehr.

Katzbachs Gedanken beschäftigten sich intensiv mit einem Lügner.

Zeit für den Köder

Das Käsebrötchen kam dem Kater wie ein Riesenkaugummi vor, aber er gab nicht auf. Fahndungschef Küchler schlürfte geräuschvoll, zwischendurch laut nach Luft japsend, den glühend heißen Kaffee. Um den Pappbecher hatte er ein Taschentuch geschlungen, damit er sich nicht die Finger verbrannte. Kommissar Pauly stocherte mit dem Brieföffner in seinem Zahnfleisch herum. Horst Winn schien der einzige unter den vier Männern zu sein, der halbwegs guter Laune war. An seine komische Mütze konnte sich Katzbach noch immer nicht gewöhnen.

Pauly ruckelte unruhig mit seinem Schreibtischsessel herum. Der Tag würde wahrscheinlich wieder äußerst heiß werden und das behagte ihm so wenig wie sein Leberschaden. »Dann dürfte Ihre Theorie also stimmen«, nuschelte er ohne große Begeisterung. »Da beißt keiner mehr 'nen Faden von ab. Schön und gut: Sagitta ist also nicht der Mörder. Aber wer ist es dann? Häh?«

»Der Kaiser von China«, sagte Katzbach, »oder vielleicht Old Shatterhand persönlich. Für mich ist die Frage im Augenblick sekundär.«

»Das ist doch nicht Ihr Ernst!« Der Fahndungschef war aufgestanden und hielt den leeren Becher über den Papierkorb, aber er ließ ihn nicht los.

»Mein heiliger.«

Auch Kommissar Pauly verstand das nicht. Er zielte mit dem Brieföffner, an dem etwas widerlich Weißliches hing, auf Katzbachs Brust. »Dann möchte ich mal erfahren, was zur Zeit Ihre vordringlichen Sorgen sind, Herr Kollege.«

»Ich möchte zuerst wissen, welche Rolle ›Fliege‹ Sagitta bei dem

Spielchen spielt. Alles andere . . . Ja, alles andere ist dann eigentlich nur noch ein Klacks.« Der Kater schnipste mit Daumen und Zeigefinger. Sein Kampf mit dem Brötchen war siegreich beendet. Pauly und Küchler legten die Köpfe schief. Das sollte begreifen, wer wollte: Alles andere ist dann eigentlich nur noch ein Klacks.

»Vielleicht«, bemerkte Küchler und ließ endlich seinen Becher fallen, »vielleicht ist das mit ›Fliege‹ Sagitta bloß eine Ente. Vielleicht hat der überhaupt nichts mit der Sache am Hut. Reines Ablenkungsmanöver oder so. Wenn Sie mich fragen . . .« Er sagte den Satz nicht zu Ende.

»Wir werden sehen. Bald sind wir schlauer.«

»Ach? Und wie wollen Sie das rauskriegen, Katzbach, wenn man mal bescheiden anfragen darf?«

»Wir legen einen schönen Köder für Sagitta aus.«

»Aha, einen Köder!«, spöttelte Pauly.

Nein, sie kannten den Kater in Essen nicht gut genug, um die steile Falte über seiner Nasenwurzel zu deuten. Hätten sie ihn besser gekannt, wäre ihnen aufgegangen, dass Katzbach einen Schritt weiter war, als sie glaubten. »Es wird Zeit, dass wir die Presse einschalten. Haben Sie die einschlägigen Redaktionen informiert, Winn?«

Horst Winn, der neben der Tür an der Wand gelehnt hatte und im Augenblick nichts Interesseres als seine Schuhspitzen zu kennen schien, nickte eifrig. »Um zwölf tanzen die Knaben an. Wie Sie's gesagt haben.«

»Gut. Dann bleibt ja noch ein bisschen Zeit.«

Küchler wollte wissen, weshalb Katzbach so sicher sei, dass der Unbekannte beim »Memphis« nicht Sagitta gewesen sein könne, wo die Jungen doch so gut wie nichts zu berichten gewusst hätten. Kommissar Pauly übernahm die Erklärung. »Er hat mit den Jungs die Größe des geheimnisvollen Buhmanns durchgespielt. Sagitta ist 'n ziemlicher Knirps, aber der, der muss mindestens normal lang gewesen sein.«

»Die Augen«, ergänzte Katzbach. »Der junge Rother hat eine wichtige Entdeckung gemacht. Der Mann trug anscheinend eine stark geschliffene Kurzsichtigenbrille. Also keine simple Sonnenbrille, sondern eine richtige Brille mit getönten Gläsern. Sagitta ist nicht kurzsichtig. Im Gegenteil.«

»Das überzeugt mich nicht sehr«, nörgelte Küchler. »Das klingt doch reichlich phantastisch.«

»Eigentlich nicht, glaube ich«, meinte Katzbach.

»Ach, Sie glauben? Wie find ich denn das? Der große Meister glaubt! Und dabei dachte ich immer, glauben wäre was für fromme Seelen und nicht für Polizisten!« Fast feindselig klang Küchlers Stimme.

Natürlich, dachte Katzbach, schlagen sie hier nicht gerade Purzelbäume vor Freude, dass ich in ihrem Revier wildere. »Ich bin total anderer Meinung«, widersprach der Kater scharf. »Nach meiner Auffassung besteht unser Beruf zum größten Teil aus Glauben und Zweifeln und Mutmaßen. Aber vor allem aus Glauben. Das hat etwas mit Phantasie zu tun, verehrter Freund! Verstehen Sie mich? Dass wir für unsere Annahmen die Fakten und die Beweise zusammentragen müssen, damit das alles ins Stadium der Gewissheit rückt, ist eine andere Sache. Aber wir hocken hier wohl nicht zum pseudophilosophischen Palaver herum.«

»Sie sind der Ansicht, dass die Fahndung jetzt beginnen kann?«, schaltete Pauly sich ein.

»Ja. Aber weil die Zeitungen erst morgen die Suche nach Sagitta an die große Glocke hängen werden, möchte ich, dass wir jetzt noch nicht wie die Elefanten in die Porzellanläden trampeln und Sagitta vorzeitig hochscheuchen.«

»Was heißt: vorzeitig?«, fragte Küchler.

»Ich möchte ganz einfach, dass Sagitta erst morgen aus der Zeitung erfährt, was passiert ist. Ich habe gute Gründe dafür, ich brauche noch etwas Zeit.«

»Und was schlagen Sie vor?«, fragte der Fahndungschef.

»Dass Ihre Leute mit größter Behutsamkeit und Diskretion alle Privatpensionen und kleinen Hotels durchforsten. Lassen Sie sich etwas einfallen! Die Leute können ja nach irgendeinem Millionärstöchterchen fahnden, das die ganz große Liebe entdeckt hat und von zu Hause durchgebrannt ist. Bei der Gelegenheit können die Männer sich dann die Gästebücher zu Gemüte führen. Alle Personen, die eventuell in Frage kommen könnten, schütteln wir anschließend auf ihre Wasserfestigkeit durch, klar? Winn, ist die Personenbeschreibung von Sagitta vervielfältigt?«

»Selbstverständlich!« Wie konnte ihn der Kommissar nur so etwas fragen! Wofür hielt er ihn eigentlich? Dass ihm wieder einmal die Röte in die Ohren schoss, konnte er nicht verhindern.

»Wenn was schief geht? Wenn er Lunte riecht?«

»Er darf keine Lunte riechen, Pauly!«

»Wenn's trotzdem schief geht?«

»Dann müssen wir noch einmal von vorn anfangen«, sagte Kommissar Katzbach. Er pustete Krümel von seiner Jacke. Dann ging er zur Tür. »Viel Erfolg! Wir sehen uns später!«

Küchler und Winn folgten ihm. Katzbach brannte ein Zigarillo an und schob die Hände in die Hosentaschen.

»He, Hännes!«, rief Kommissar Pauly. »Gehn wir am Sonntag zusammen nach Rot-Weiß?«

»Weiß noch nicht!«, rief Küchler zurück.

Eine junge Frau in einem äußerst offenherzigen weißen Kittelchen arbeitete am Computer. Weiter hinten im Saal arbeitete ein gutes Dutzend Männer und Frauen an flachen Schreibtischen mit Hängeregistraturen. Unentwegt klingelte irgendwo ein Telefon.

»Frau Ketteler«, der Fahndungschef tippte der Frau auf die Schulter, »das ist Hauptkommissar Katzbach aus Düsseldorf. Sie haben vielleicht gehört . . .«

»'türlich. Die Gerizzen-Sache. Tag, Herr Katzbach.« Sie hielt dem Kater ihr molliges Händchen hin und schaute neugierig an ihm hoch. Offenbar fiel ihre »Ortsbesichtigung« zufrieden stellend aus. »Dass Sie das so schnell ermittelt haben . . . Ich meine, dass der Rother seine Nase nicht mit drin hat in der Sache. Das hätte mir verdammt Leid getan um den Alois Rother, das können Sie mir glauben!« Das »verdammt« hörte sich aus ihrem überschminkten Mündchen lächerlich an.

Der Kater grinste sie freundlich an. »Ob wir Ihrem kleinen Computer mal ein paar Tröpfchen Öl spendieren, damit er uns ganz schnell etwas über Kunstraub ausplaudert?«

»Versuchen wir's mal!«, gluckste sie.

»Ich sage Ihnen ein paar Stichworte: gotische Holzplastik, farbig gefasst, Rot dabei. Muss – sagen wir – in den letzten vier Wochen passiert sein. Wertvolles Stück. Profiarbeit beim Diebstahl, Beute noch nicht wieder aufgetaucht. Haben Sie's? Ich schätze, als Tatort kommt nur Essen einschließlich der Randbezirke in Frage.«

»Großer Gott, dazu brauche ich doch Kasimir nicht erst in Trab zu setzen?«

»Kasimir?«, fragte der Kater.

Frau Ketteler trommelte mit den Fingern auf dem Metalldeckel des Speichergerätes herum. »Mein Schätzchen hier, das ist Kasimir. Und was Sie da suchen, Herr Katzbach, das . . . Moment, warten Sie mal!« Sie trippelte davon.

»Adrettes Persönchen.«

»Hm«, gab Küchler nuschelnd.

Horst Winn sagte: »Aber wenn sie einen nicht leiden mag, dann kann sie ganz schön giftig sein. Die hat Haare auf den Zähnen, kann ich Ihnen flüstern.« Den letzten Satz verschluckte er zur Hälfte, denn Frau Ketteler eilte mit einem gelben Dossier auf dem Arm heran.

Sie reichte dem Kater die Mappe. Nur wenig Papier darin. Am aufschlussreichsten der Zeitungsartikel aus der WAZ.

»Unglaublicher Kunstdiebstahl in Villa Hügel!« Eine fette Schlagzeile, rot unterstrichen. Und als Untertitel: »Weltberühmte Madonnenplastik verschwand trotz ›todsicherer‹ Alarmanlage – Polizei steht vor einem Rätsel«.

Der Kater überflog die Meldung.

»Auf geradezu mysteriöse Weise verschwand in der Nacht von Samstag auf Sonntag die als eines der schönsten Beispiele spätgotischer Holzschnitzerkunst bekannte Statue ›Mater dolorosa cum lacrimis roseis‹, die als Leihgabe des Klosters Maulbronn zu den Höhepunkten der Ausstellung ›Das Madonnenbild im Wandel der Zeit‹ zählte. Wie Kustos Dr. Friedrich Neier, der den Verlust in den frühen Morgenstunden bemerkte, feststellt, gilt sowohl die Panzerglasvitrine als auch die zusätzliche Alarmanlage als absolut einbruchsicher, was auch der Inspektor der Versicherungsgesellschaft und die Vertreter der Kriminalpolizei bestätigten. Wie aus dem Kloster Maulbronn verlautet, übersteigt der ideelle Wert des Kunstwerkes den auf eine Million DM geschätzten Handelswert bei weitem. Mit großer Bestürzung hat Prior . . .«

Der Kater fühlte, wie seine Hände feucht wurden. Er atmete tief ein und schob das Blatt mit dem aufgeklebten Zeitungsausschnitt wieder in das Dossier zurück. »Der Stand der Ermittlungen?«, fragte er.

»Nichts«, sagte der Fahndungschef, »absolut nichts. Die Sache ist jetzt – warten Sie! –, ja, elf Tage alt. Aber unsere Leute haben nicht die geringste Spur. Als wenn sich das Ding einfach in Luft aufgelöst hätte.«

»Wer bearbeitet den Fall?«

»Hauptwachtmeister Janusch. Wollen Sie mit ihm sprechen?«

»Natürlich.«

»Sie sollen doch nicht etwa sagen . . .«

»Doch«, nickte Katzbach, »das will ich. Ich denke, wir sollten langsam anfangen eins und eins zusammenzuzählen. Ich bin gespannt, ob zwei herauskommt.«

»Was meint er damit?«, raunte Frau Ketteler Horst Winn zu, doch der flüsterte zurück, da müsste sie den Kommissar schon selbst fragen.

Katzbach dachte: Wie sollte es da auch Spuren geben! Wie sollte die Polizei nicht vor einem Rätsel stehen! Er wusste nur zu gut, dass ›Fliege‹ Sagitta zur Kategorie der »genialen« Verbrecher gehörte. Langsam, sehr langsam verdeutlichte sich in seinem Kopf das Motiv und plötzlich wusste der Kater, warum Paul Gerizzen, der herzkranke Frührentner mit dem struppigen Terrier als Lebensgefährten, sterben musste. Eins und eins . . .

»Sagen Sie, hat Ihre Fahndungsabteilung einen brauchbaren Draht zur Essener Unterwelt?«, fragte Katzbach. Er saß mit Winn in dem düsteren Büro im Erdgeschoss und wartete auf Kriminalhauptmeister Janusch.

»Ich glaub schon. Bisher klappte das ganz gut.«

Katzbach murmelte etwas, das Winn nicht verstand. Es klopfte, dann flog die Tür auf und ein Mann in mittleren Jahren, der ungemein frisch gewaschen wirkte, stürmte ins Zimmer.

Katzbach sagte zu Horst Winn: »Spannen Sie schon mal die Pferde an!«

»Was soll ich?«

»Den Wagen vorfahren. Was denn sonst!«

»Aber – aber wohin fahren wir?«

»Ins Grüne.« Der Kater begrüßte Hauptmeister Janusch. Der lutschte sein Pfefferminzbonbon und war ganz bei der Sache.

Der süßliche Geruch frisch gemähten Grases drang von den Rasenflächen herein, die wie rasiert aussahen. Baumgruppen, nach irgendwelchen gartenarchitektonischen Prinzipien arrangiert, erinnerten an Oasen und bündelten die Sonnenstrahlen zu bunten Scheinwerferspots. Am Horizont, wo dunkler Fichtenbestand den ausgedehnten Park säumte, stelzten silbrige Reihervögel voll Würde und in scheinbar choreografischer Formation. Unwirklich mutete das alles an, betörend fast. Katzbach ließ den Wagen im Schritttempo über den geharkten Kies der breiten Allee rollen und bildete sich sekundenlang ein, er sei ausschließlich zu seinem Vergnügen hier.

Plötzlich hatten sie den wilhelminischen Riesenbau vor sich. Der Kater war überrascht. Zwar hatte er den ausladenden Komplex der Villa Hügel von der »Platte« aus bereits gesehen, doch waren die Dimensionen aus der Entfernung nur mangelhaft zu schätzen gewesen. Aus der Nähe muteten die ornamentgeschmückten Fassaden, die überbreiten Treppenaufgänge und die Fülle von Terrassen und Kaskaden und Geschnörkel nicht mehr spielerisch, sondern eher protzig an. Dass in diesem Tempel Menschen gewohnt hatten! Kommissar Katzbach betrachtete die zurechtgestutzten Platanen und dachte, dass ihn eigentlich eine Wiese voller Gänseblümchen mehr erfreuen könnte.

Dr. Friedrich Neier, verantwortlicher Ausstellungsleiter, erwartete den Kater und Kriminalwachtmeister Winn im Foyer. Sein breiter Mund schien ständig zu lächeln. In den Gläsern seiner offenbar teuren Brille spiegelten sich die grünlichen Fensterscheiben. Im Hintergrund, weit weg, brummte ein Staubsauger. Dr. Neier kam den Besuchern die letzten drei Meter entgegen. Seine ganze Haltung strömte ein geschäftiges Ich-bin-Informiert! aus.

»Kommissar Katzbach?«

»Ja. Dies ist mein Mitarbeiter Winn. Sie sind Herr Dr. Neier, ja?«

»Gewiss, gewiss. Ist das alles nicht schrecklich? Nicht einmal vor den heiligsten Kulturgütern haben gewisse Leute Respekt! In was für einer Zeit leben wir nur!«

Katzbach lächelte. »Ich glaube, gestohlen wurde so ziemlich zu jeder Zeit.«

Leicht irritiert, rückte der Kustos seine Brille zurecht. »Gewiss doch, gewiss. Aber hier ist ja nicht etwa eine Kuh gestohlen worden oder ein Auto. Hier hat sich jemand – wenn ich das einmal so formulieren darf – am Kulturgut der Allgemeinheit versündigt, wenn Sie verstehen . . .«

»Aber Herr Dr. Neier! Ich nehme an, Sie sind Kunsthistoriker. Da sollten Ihre Geschichtskenntnisse doch so weit reichen, dass Sie auch über die Geschichte des Diebstahls von Kulturgütern unterrichtet sind. Und was den Respekt betrifft, von dem Sie sprachen: Wer sagt Ihnen, dass derjenige, in dessen Besitz die ›Mater dolorosa‹ jetzt ist, keinen Respekt vor dem Kunstwerk hat?«

»Sie nehmen den Dieb sogar in Schutz?«

Der Kater lächelte noch immer. »Sie missverstehen mich. Ich wollte nur etwas klarstellen. Dass der Dieb – oder sagen wir besser: der Auftraggeber des Diebstahls – keinen Respekt vor dem Recht hat, ist eine andere Sache.«

»Ich hoffe, Sie bringen mir gute Nachricht«, sagte Dr. Neier und gab damit dem Gespräch eine andere Wendung. »Haben die Ermittlungen der Polizei endlich Früchte getragen?«

Früchte getragen! Katzbach hörte auf zu lächeln. »Es kann sein, dass wir einen Schritt weitergekommen sind.«

»Haben Sie eine Spur? Die Vorstellung ist für mich entsetzlich, dass jemand . . .«

»Herr Dr. Neier«, unterbrach der Kommissar, »meine Zeit ist im Augenblick äußerst begrenzt. Gestatten Sie darum, dass ich jetzt die Fragen stelle.«

Das Staubsaugergeräusch näherte sich. Winn zerknüllte seine Mütze zwischen den Fingern und bestaunte die Holzverzierung der hohen Decke. Eine unsichtbare Uhr tickte dumpf. In den farbigen Lichtstrahlen tanzte der Staub.

»Gehe ich richtig in der Annahme, dass die Figur auf dem internationalen Kunstmarkt schwerlich zu veräußern wäre?«

»Gewiss doch, Herr Katzbach, gewiss doch. Sie könnten ja auch nicht die Mona Lisa verkaufen. Jeder wüsste, wohin sie gehört. Nein, das wäre absurd. Aber was schließen Sie daraus?«

Nun stellt er schon wieder Fragen, dachte Katzbach. »Es bestätigt meine Ansicht, dass die Plastik aus Ihrer Ausstellung nicht zum Weiterverkaufen entwendet wurde.«

»Sondern?«

»Zum Behalten. Der Dieb war wohl nur das Werkzeug.«

Sie setzten sich langsam in Bewegung, Dr. Neier immer einen halben Schritt voraus und mit abgewinkelten Armen, als wollte er die Beamten daran hindern, irgendwo an den Ausstellungsvitrinen anzustoßen. Prächtig geschmückte Madonnenbildnisse mit viel Goldzierrat und eingelegten Steinen und Perlen, andere unscheinbar beim flüchtigen Hinsehen, doch dann Würde und Innerlichkeit ausstrahlend, wenn der Blick sich festhakte; auch Torsi und Fragmente, wohl nur für den Kenner von Interesse. Goldbeschlagen und mit schier stupidem Ausdruck thronte, angestrahlt von verdeckten Scheinwerfern, die »Goldene Madonna« vom Essener Münster in einem Extraraum.

Katzbach glaubte die eine oder andere Plastik zu erkennen. Er hatte ihre Bilder schon gesehen: eine Riemenschneider-Madonna im Strahlenkranz, eine romanische Pietà von bedrückender Melancholie, eine heitere Barockstatuette aus der Florentiner Schule, bäuerliche Skulpturen vom Niederrhein . . . Der Kater sah auf die Uhr: 11 Uhr 34. Nein, zum Schauen blieb keine Zeit.

Die leere Vitrine machte den Eindruck eines Aquariums, in dem die Fische fehlen. Ein Pappschildchen informierte über den Kunstraub. Und eine Postkarte lag da.

Vor allem diese Postkarte interessierte den Kater. Sehr viel weißer Rand. In der Mitte, wie ein Kleinod und nur streichholzschachtelgroß reproduziert, die Abbildung der »Mater dolorosa cum lacrimis roseis«. Das schmerzvolle Gesicht war gezeichnet von großen Tränen, die von den Augenwinkeln an den Nasenflügeln entlang bis zu den Mundwinkeln liefen. Trotz der Verkleinerung war das deutlich zu sehen. Das Oberkleid der Madonna und das Tuch, das kapuzenartig über den Kopf reichte, waren rot.

»Er hat sich durch die Bodenplatte herangearbeitet. Wie, das wird mir ewig schleierhaft bleiben. Und wie er den Stromkreis mit einem anderen Gerät abgeleitet hat, ohne eine Unterbrechung und damit die Auslösung der Alarmanlage herbeizuführen . . . Unfassbar! Selbst für Fachleute absolut unverständlich. Dabei war alles von Experten der Versicherungsgesellschaft sorgfältigst geprüft worden. Ich verstehe von diesen technischen Dingen ja nicht allzu viel.«

Winn meldete sich und hüstelte sich erst einmal einen Frosch aus dem Hals. »Unsere Spezialisten haben das alles gründlich kontrolliert. Allerdings erst, als es zu spät war. Die Alarmanlage war in Ordnung. Das Modernste, was auf dem Markt ist.«

»Wer bezahlt den Schaden?«, fragte Katzbach.

»Der Schaden ist nicht zu bezahlen! Aber wenn Sie von Geld reden: die Versicherungsgesellschaft. Unsere Ausstellungsgüter sind alle ausreichend versichert, soweit man das sagen kann, nicht wahr.« Dr. Neier trat dicht an den Kater heran. »Sehen Sie wirklich noch eine Chance, die Plastik wieder zu beschaffen, Herr Kommissar?« Fast beschwörend klang seine Stimme.

»Wir sollten den Tag nicht vor dem Abend loben«, wich Katzbach aus. »Dann nahm er vorsichtig den kleinen gläsernen Objektträger aus der Jackentasche und hielt ihn dem Kustos vor die Nase. »Schauen Sie sich diese Farbpartikel an. Könnten sie von dem Gewand der gestohlenen Plastik sein?«

Wortlos zog Dr. Neier eine Lupe aus seinem Taschenetui und betrachtete die roten Farbstückchen. Er ließ sich Zeit. Der Kater konnte sehen, wie seine Backenmuskeln arbeiteten. Kleine Schweißperlen bildeten sich am Haaransatz des Ausstellungsdirektors. Dann hob er den Kopf. »Ich halte es für durchaus möglich«, sagte er mit leicht vibrierender Stimme. »Wie kommen Sie daran?« Hatte der Kater die Frage nicht gehört? Jedenfalls ging er nicht darauf ein. Horst Winn wunderte sich. Aber er wunderte sich nicht zum ersten Mal und es würde auch nicht das letzte Mal sein.

»Können wir die Besprechung nicht in meinem Büro fortsetzen?«, fragte Dr. Neier. Wie zur Erklärung zeigte er den Gang hinunter. Erste Besucher näherten sich murmelnd.

»Wir können die Besprechung beenden«, gab der Kommissar zurück und steckte den Objektträger wieder in die Tasche.

»War das alles? Ich meine, haben Sie keine weiteren Fragen?« Dr. Neier schien verblüfft.

»Etwas habe ich noch. Könnte ich noch eine Postkarte von der

Madonna bekommen? Solch eine, die dort in der Vitrine liegt.«
Und dann mit kleinem Lächeln: »Nur so zur Erinnerung.«

»Gewiss doch, gewiss. Ich gebe sie Ihnen am Eingang. Die Karten
liegen dort aus. Man kann sie kaufen.«

»Na, dann kaufe ich mir eine.«

»Aber ich bitte Sie, Herr Katzbach!«

Als der Kater später eine Karte in der Hand hielt, war er sich
seltsam sicher, dass es ein Stück von genau einer solchen Karte
gewesen war, auf dem man ›Fliege‹ Sagittas Fingerabdruck gefunden hatte. Die Laboranalyse würde es ergeben, aber Katzbach
glaubte schon jetzt zu spüren, dass er Recht hatte.

Sie hatten das Ende des Parks erreicht. Katzbach legte den dritten
Gang ein. »Möchten Sie einen Hund haben?«, fragte er plötzlich.

»Ich?« Horst Winn war überrascht.

»Ja, Sie. Oder haben wir sonst noch jemanden im Wagen?«

»Ich – ich möchte, glaube ich, keinen Hund haben.«

»Und warum nicht?«

»Na ja, ich meine, wer soll sich denn um das Tier kümmern? Ich
bin ja den ganzen Tag aus dem Haus. Und in so 'ner normalen
Stadtwohnung . . . Nee, das wäre doch Quälerei.«

»Angenommen, Sie wären Rentner.«

»Was Sie da von mir verlangen!« Horst Winn merkte undeutlich,
dass Katzbachs Fragen nicht belanglos waren. Aber dass er sie
nicht verstand, machte ihn kribbelig. »Mit solchen Viechern muss
man ja dauernd Gassi gehen. Wär nichts für mich. Im Morgengrau-
en raus, damit Bello scheißen kann! Hua, widerlich, der Gedanke.«
Der Kater grinste. »Kriegen Sie heraus, durch welche Straßen Paul
Gerizzen morgens sein Hundchen spazieren führte! Erkundigen
Sie sich bei Zeitungsboten und Brötchenjungen und solchen Leuten. Es gibt ja eine Reihe Zeitgenossen, die früh auf den Beinen
sein müssen. Ermitteln Sie genau die Strecke, die Gerizzen übli-

cherweise mit seinem Hund zu gehen pflegte! Das ist sehr wichtig, kapiert?«

Horst Winn hatte kapiert.

Die schnatternde Mannschaft von Zeitungsleuten ließ sich lautstark über die Qualität des Polizeikaffees aus. Als Kommissar Katzbach mit dem Pressesprecher der Essener Polizei und mit Kommissar Pauly den Konferenzraum betrat, wurde er mit gespieltem Desinteresse empfangen. Der Pressesprecher hatte dem Kater schon vorher versichert, die wichtigsten Zeitungen und Boulevardblätter seien komplett vertreten. Katzbach überflog die Runde mit einem kurzen Blick. Es mochten ungefähr zwanzig Journalisten anwesend sein.

Kommissar Pauly stellte nach der kurzen Begrüßung durch den Pressebeauftragten den Kater vor. Allgemeines Kopfnicken, Kugelschreiber huschten über Notizblocks.

»Eine Vorfrage!«, meldete sich eine Reporterin in giftgrünem Hosenanzug. »Um welchen Fall handelt es sich eigentlich? Warum sind wir hier?«

Noch ehe Pauly etwas sagen konnte, erklärte Katzbach: »Es geht um den Kunstraub in der Villa Hügel.«

Wieder leises Raunen. Der Kater spürte körperlich den Blick, den Kommissar Pauly ihm von der Seite zuwarf. Er konnte auch die Gedanken des Kollegen erahnen, das war nicht schwer. Was für Alleingänge macht der Kerl nun schon wieder? Es geht doch um den Mord an Paul Gerizzen! In was mischt der sich denn jetzt ein? Hatten wir denn nicht abgesprochen . . .

Katzbach schüttelte unwillkürlich den Kopf. Er wollte diesen Fall zu Ende bringen und darum durfte gerade jetzt keiner einen Fehler machen. Nein, ›Fliege‹ Sagitta durfte nichts von einem Mord erfahren. Jetzt noch nicht. Auf diese Weise durfte er nicht irritiert werden: Die Folgen wären nicht auszudenken.

»Dann habe ich gleich noch eine Frage«, meldete sich die grüne Dame erneut. »Darf man aus der Tatsache, dass man Sie aus Düsseldorf hergeholt hat, auf die Unfähigkeit der Essener Polizei schießen diesen Kunstraub aufzuklären?«

»Man darf nicht!«, antwortete Katzbach scharf. Er konnte sehen, dass Kommissar Pauly dunkelrot angelaufen war. »Ich finde, dass Ihre polemische Frage nicht sonderlich sachdienlich ist. Unser Gespräch hier . . .«

Die Reporterin fuhr dazwischen. »Die Öffentlichkeit hat ein Recht auf exakte Information!«

Das Gemurmel schwoll an. Katzbachs Augen trafen den spöttischen Blick der Reporterin, aber er ließ nicht erkennen, ob er sich angegriffen fühlte.

»Ich denke, wir sollten zur Sache kommen«, schlug Katzbach vor und zündete sich ein Zigarillo an. Dabei fixierte er scharf die Dame in Grün, als wollte er sie daran hindern, ihre Attacke fortzusetzen. »Es geht um ›Fliege‹ Sagitta.«

Plötzlich fuhren Köpfe hoch. Die erfahreneren Berichterstatter schienen sich gut zu erinnern. So lange war das alles noch nicht her . . . Ja, ›Fliege‹ Sagitta: Das deutete auf einen Knüller hin. Was damals in Düsseldorf geschehen war, hatte die gesamte Presse – und nicht nur im deutschsprachigen Raum – beschäftigt.

»Vielleicht verstehen Sie jetzt, warum ich zur Unterstützung der hiesigen Polizei aus Düsseldorf gekommen bin.« Katzbach suchte auf einmal nach Worten. »Ich – ich habe gewisse Erfahrungen mit Sagitta gemacht, müssen Sie wissen.«

Einige der Anwesenden, vor allem die jüngeren Leute, konnten mit dem Namen Sagitta nichts anfangen. Der Kater sagte, was zu sagen war. Dass Leo Sagitta einer der raffiniertesten Trickeinbrecher sei, die es in der Kriminalgeschichte der Bundesrepublik jemals gegeben habe, dass es eine Weile still um ihn gewesen sei und dass er dünnflüssiger als Wasser und changierender als ein Chamäleon sei. Ja, auch dass Sagitta unter Umständen gefährlich werden könne, erklärte der Kater den Journalisten, die wortlos mitschrieben.

»Ich möchte Sie um Ihre Hilfe bitten. Vorhin wurde von den Rechten der Öffentlichkeit gesprochen.« Etwas spöttisch schaute Katzbach die Reporterin in Grün an. »Vielleicht könnten Sie in diesem Fall an die Pflichten der Öffentlichkeit appellieren, der Polizei bei der Fahndung nach Leo Sagitta durch sachdienliche Hinweise zu helfen.« Natürlich kam der Kater sich albern vor. Pflichten der Öffentlichkeit! Käse war das. Aber er musste diese dümmliche Phrase gebrauchen, obwohl er wusste, wie sehr Hinz und Kunz danach gierten, aus ihrer Mittelmäßigkeit, aus ihrer Unscheinbarkeit zu schlüpfen und James Bond zu spielen. Jeder mal ein kleiner Detektiv: Waren da nicht genug Fernsehsendungen, die dazu animierten und die bösen kleinen Gelüste der Spießer weckten? Nein, das war nicht nur Neugier. Da mischten sich archaische Jägerinstinkte hinein.

Katzbach sagte: »Leo Sagitta steht in dringendem Verdacht, aus der Ausstellung in der Villa Hügel die spätgotische Madonna ›Mater dolorosa cum lacrimis roseis‹ entwendet zu haben. Nun haben Ihre Blätter sicher eine Menge über den sensationellen Kunstraub gebracht, aber die letzten Erkenntnisse geben der Sache doch neue Akzente. Es besteht guter Grund zu der Annahme, dass sich Sagitta noch in dieser Gegend aufhält. Mehr kann ich Ihnen zu diesem Punkt, das werden Sie verstehen, beim augenblicklichen Stand der Ermittlungen nicht sagen. Aber ich versichere Ihnen . . .« Kommissar Katzbach redete routiniert sein Sprüchlein. Er fragte sich, warum sie nicht wissen wollten, wie die Polizei auf Sagitta kam. Pauly war dabei, sich abzuregen. Er knuffte dem Kater fast kameradschaftlich seinen Ellenbogen in die Seite, und das sollte wohl bedeuten: Sie sind ein ausgemachtes Schlitzohr.

»Gibt es schriftliches Material?«, fragte der dpa-Korrespondent, der schon unruhig auf seinem Stuhl herumrutschte, weil er seine Meldung so schnell wie möglich durch den Fernschreiber ticken lassen wollte.

»Wir haben eine Personenbeschreibung vorbereitet. Aber was die wert ist, können Sie selbst beurteilen: Sagitta kann sich im Handumdrehen verändern. Und das Foto, das wir für Sie reproduziert haben – herrje, das ist einige Jahre alt. Betrachten Sie's als Dekoration! Vielleicht schauen die Leser eher hin, wenn ein Bild dabei ist.«

»Was bleibt denn von all dem noch, was Sie uns über diesen – diesen Sagitta da erzählt haben, wenn nichts richtig stimmt?«, fragte die kesse Dame in Grün. »Wie können wir unsere Leser um Hinweise ersuchen, wenn nicht mal feststeht, wie dieser melodramatische Bursche aussieht! Verzeihen Sie, aber das kommt mir doch reichlich unlogisch vor!«

Da und dort beifälliges Gemurmel. Andere schienen nur an der Sensationsnachricht an sich interessiert zu sein. Hinweise aus der Bevölkerung – das kannte man! Hysterie kam dabei raus, sonst nichts.

Katzbach sagte: »Wenn das so einfach wäre, wie Sie das gern hätten! Beachten Sie bitte die Termine. Ein Mann von bestimmter Größe – und Sagitta ist nun mal auffallend klein – muss irgendwie und irgendwo innerhalb eines bestimmten Zeitraums eine immerhin 79 Zentimeter hohe Holzplastik von beträchtlichem Gewicht untergebracht haben. Hier sehe ich eine Chance. Auf den Blättern, die wir Ihnen nun zusammen mit den Repros des Fotos austeilen, sind einige Fragen vorformuliert. Ich wäre Ihnen dankbar, wenn Sie diese Fragen sinngemäß übernehmen würden.« Wieder das flaue Gefühl. War es richtig, was er tat? Aber Katzbach wusste, dass er jetzt nicht mehr zurückkonnte.

»Zusatzfrage!«, meldete sich die Reporterin. »Können wir unseren Lesern glaubhaft versichern, diese unerquickliche Sache stehe vor ihrer Aufklärung und das gestohlene Kunstwerk werde bald wieder da sein?«

»Nein«, sagte der Kater, »das können Sie nicht.«

Kurzes Gedränge um das Pressematerial. Die giftgrüne Damen warf dem Kater zum Abschied einen giftigen Blick zu.

Ein älterer Zeitungsmann mit Lach- und Sorgenfalten im Gesicht war zurückgeblieben und kaute an seiner Pfeife. Kommissar Pauly flüsterte dem Kater zu, das sei Jacques Weidemann, gewiefter Gerichts- und Polizeireporter und Korrespondent für mehrere überregionale Publikationen.

»Ich frage mich«, mümmelte Weidemann und nahm die Pfeife nicht aus dem Mund, »ich frage mich, was dahinter steckt. Sie haben doch nicht alles gesagt, Kommissar Katzbach! Ich bin über Ihren Ruf und über Ihre Arbeitsmethode ziemlich im Bilde. So einem alten Fuhrmann wie mir können Sie nichts vormachen. Sie wollen doch etwas ganz anderes erreichen!«

»Ob Sie nicht mal Tabak in Ihre Pfeife tun wollen?«, wich Katzbach grinsend aus.

»Das ist immerhin eine Antwort.«

»Präziser geht's nicht. Verstehen Sie?«

Der Mann nickte. »Ich hab mir als Weihnachtsgeschenk das Rauchen abgewöhnt. Dass das, was Sie da vorhaben, gefährlich ist, wissen Sie ja wohl selbst.« Da klang ein Vorwurf mit. Vielleicht

auch so etwas wie eine Warnung. »Wo wir beide ›Fliege‹ Sagittas
– nun ja: Eigenart kennen . . .« Er schaute ein wenig neidisch auf
Katzbachs Zigarillo. »Ein Köder soll das wohl sein, dieses Spielchen, ja?«

Die lautlose Maschinerie war angelaufen. Von der Fahndungszent-
rale aus spannen sich die Fäden in engem Raster über die ganze
Stadt. Unauffällige Damen und Herren stellten unauffällige Fragen,
prüften, beobachteten, taten gelangweilt, machten die Ohren
spitz. Und es gab einige äußerst unbürokratische Drähte in Berei-
che, die gemeinhin als Halbwelt und Nachtjackenmilieu bezeich-
net werden. Ein bisschen am Rande der Legalität, gewiss, aber
unerhört nützlich, wenn es darauf ankam. Natürlich musste hin
und wieder eine Hand die andere waschen.

Minutiös registrierten Fachleute Spur für Spur, verwarfen, strichen
aus, prüften erneut. Man wusste aus Erfahrung, dass es schwer
war, selbst in einer so großen Stadt unterzutauchen, wenn der
Polizeiapparat systematisch Planquadrat für Planquadrat zu sieben begann. Natürlich, Sagitta war nicht irgendwer, war kein
kleiner dummer Ganove, der tölpelhaft eine Elefantenspur hinter-
ließ. Aber, und das war sein Handikap, er konnte nicht ahnen, dass
plötzlich mit solcher Intensität nach ihm gefahndet wurde. Nur,
war er überhaupt in der Stadt?

Kommissar Katzbach saß an dem leeren Schreibtisch in dem Büro,
das nicht seines war und das ihm wie ein Badezimmer vorkam. Er
versuchte sich ganz leicht zu machen und jenen Schwebezustand
der Entspannung zu erreichen, den er brauchte, um Ordnung in
verwirrende Gedankengänge zu bringen.

Vor allem musste er sich von der Frage ablenken, ob er wirklich keinen Fehler gemacht hatte.

Das viel zu ernste Gesicht von Hanjo Rother tauchte für Sekunden auf. Dicht zusammenstehende Augen von unbestimmter Farbe und mit einem unbestimmten Ausdruck. Lustlosigkeit? Müdigkeit? Oder einfach nur Unzufriedenheit? Der magere Körper, unterstrichen von dem Helm dunkelbraunen Haares, wirkte eigenartig zerbrechlich, obwohl der Junge an sich normal proportioniert war. Wieder einmal wünschte der Kater sich in die Köpfe der Menschen schauen zu können.

Winn stürmte, ohne zu klopfen, herein. Er knallte dem Kommissar einen Stadtplan auf den Tisch und sagte wie aus tiefster Seele: »Da!«

Mit Filzstift war orangefarben eine Route durch einige Straßen von Essen-Bredeney eingezeichnet. Pfeile markierten die Richtung. Katzbach las Straßennamen: Meisenburgstraße, Ruschenstraße, Bredeneyer Wasserturm, Westerwaldstraße, Brucker Holt, Ligusterweg . . . Horst Winn hatte in Schönschrift auf den beigefügten Zettel gemalt: Opa Gerizzens Hundepinkelweg, gewöhnlich jeden Tag zwischen fünf Uhr und sechs Uhr am Morgen von Herr und Hund marschiert.

»Hunde marschieren nicht. Pfui!«

Aber als er Winns rote Ohren sah, fügte er hinzu, dass der Plan in Ordnung wäre.

»Brauchen Sie diesen Plan für etwas Bestimmtes?«, wollte Kriminalwachtmeister Winn wissen.

»Ich habe ihn schon gebraucht. Ich wollte etwas darauf finden.«

Winn legte den Kopf schief. »Und haben Sie es gefunden?«

»Ja«, sagte der Kater.

Jedes Steinchen, das das Mosaik ergänzte, machte das Bild deutlicher. Nein, es war wirklich kein schönes Bild.

»Sie denken daran, Winn, dass um 18 Uhr der junge Rother mit den drei anderen kommt? Nehmen Sie bitte die Aussagen zu Protokoll, ja? Haben Sie eigentlich von dem alten Ro... – von Hauptwachtmeister Rother irgendwas gehört?«

»Nee, der hockt wohl nach wie vor zu Hause herum.«

Dass Alois Rother zur selben Zeit den Registraturraum der Fahndungsabteilung betrat, konnte Horst Winn nicht wissen.

Tag des Tigers

Hässliche Fliegen krabbelten die Fensterscheibe hinauf, surrten aufgeregt, bestiegen sich, flogen bösartige Angriffe gegen Hanjos Kopf und waren überall. Hanjo tat nichts dagegen. Er knipste auch nicht das Licht an, obwohl die plötzliche Dämmerung das Lesen fast unmöglich machte. Eine Wolkenbank war von Westen herangewuchtet, hatte sich über die Stadt gelegt und machte die Wohnungen zu Backöfen. Hanjo hatte nichts als seine Schwimmshorts an. Kleine salzige Schweißbäche liefen ihm über das Gesicht.

Hanjo prustete eine Fliege von seiner Unterlippe und legte sich das Buch auf die Brust. Er versuchte zu repetieren. »But he dismantled himself often and became again a little boy in a dark alley . . .« Es war sinnlos. Er behielt die Zusammenhänge nicht und er begriff Virginia Woolfs Geschichte von der seltsamen Herzogin auch nur oberflächlich. Seine Gedanken irrten zurück zu der beschämenden Szene im Polizeipräsidium, die kaum zwei Stunden zurücklag und bei der Addy, Mischa, Pünte und er die unwürdigen Rollen von reuigen Lausejungen gespielt hatten: blöde, opportunistisch, hilflos. Verdammt, wie ihm das aufstieß! Aber sie hatten sich wie Idioten benommen und nun war es logisch, dass man sie wie Idioten behandelte. Dabei hatte er den Eindruck, dass die anderen heilfroh waren halbwegs ungeschoren aus der Sache rauszukommen. Sogar Addy, der doch sonst vor Kraft aus den Nähten platzte, hatte kriecherische Erbärmlichkeit an den Tag gelegt.

Und ich, dachte Hanjo, war ich anders? Habe ich nicht sogar die kleinsten Brötchen gebacken?

Wenn doch die Fliegen nicht wären! Hanjo wälzte sich auf den Bauch und hielt sich das Buch dicht vor die Augen. »The thick magnifying glasses . . .« Was hieß das überhaupt? Sie hatten in der Schule so getan, als wäre gar nichts gewesen. Als Tina ihm sogar einen Apfel anbot, hätte er fast einen Lachkrampf gekriegt. Warum veranstalteten sie nicht gleich eine Sammlung für den unterprivilegierten, gefallenen Hans-Joachim Rother, den kleinen Renommierneger der Klasse?

Hanjo fing an sich zu bedauern, aber er merkte es rechtzeitig. Die Wut stellte sich wieder ein.

Er horchte auf, als die Korridortür ging. Sein Vater kam zurück. Drei Schritte zur Garderobe, kleine Kehrtwende, dann ein, zwei, drei, vier Schritte zur Wohnzimmertür. Ach, diesmal nicht? Nein, er ging zuerst in die Küche. Das war ungewöhnlich. Da würde er sich also zunächst die Neuigkeit einverleiben, dass Sohnemann doch wieder nach Hause gekrochen war. Hanjo ekelte sich bei dieser Vorstellung. Doch zum Weglaufen war es jetzt zu spät. Eigentlich wollte er auch gar nicht weglaufen. Wohin denn!

Hanjo stand leise auf, öffnete behutsam die Tür und schlich in die Diele. Undeutlich hörte er die hastige Stimme seines Vaters und erstaunt stellte er fest, dass er gar nicht über ihn redete. Hanjo hielt den Atem an.

». . . haben sie gerade eben durchgegeben, dass es vermutlich der Kerl ist . . . Eigentlich weiter draußen erwartet, aber . . . Innenstadt – kleine Absteige in der Bartókstraße und unter falschem Namen – die ganze Zeit wohnt . . .« Dann sagte die Mutter etwas, aber sie sprach leise wie immer. ». . . mit mir nicht machen!«, polterte der Vater. »Ich kann diesen Katzbach, diesen Star da aus Düsseldorf, sowieso nicht verstehen. Diese neumodischen Methoden! Alles Quatsch . . . Sofort verhaften . . . Was der Unsinn soll. Ich werde jedenfalls . . .« Flüsternd redete der Vater weiter. Hanjo hörte nur, dass seine Mutter zweimal, dreimal zu widersprechen versuchte, aber verstehen konnte er nichts mehr.

Eigentlich hatte er auch genug gehört. Er schlich zurück in sein Zimmer und schrieb auf einen Zettel: kleine Absteige, Bartókstraße. Dann legte er sich wieder auf das Bett und fiel nach wenigen Minuten erschöpft in tiefen Schlaf. Die Fliegen, die auf seiner Stirn Sportveranstaltungen austrugen, spürte er nicht mehr. Er merkte es auch nicht, dass seine Mutter ins Zimmer kam und sich über ihn beugte.

Weit in der Ferne zuckten lautlose Blicke den tintigen Himmel hinunter, aber das Wetterleuchten kam nicht näher. Erst als Mitternacht vorüberging, kam ein leiser Wind auf und wehte die Hitze aus den engen Gässchen der Altstadt. Der Posten hinter der Plakatwand war doppelt besetzt. Jeweils einer der Beamten hielt unentwegt das Fernglas auf das Fenster im ersten Stock des jämmerlichen Hotels gerichtet, hinter dem ein kleiner Lichtschein die Anwesenheit eines Menschen verriet.

Der Betrunkene, der im Eingang des gegenüberliegenden Hauses scheinbar seinen Rausch ausschlief, meldete durch sein Walkie-Talkie, dass alles unverändert ruhig sei.

Für die Kriminalbeamten, die vom Holzlager der Sargtischlerei aus die hintere Front des Hauses überwachten, war die gelb und grau gesprenkelte Katze, die ruhelos die Abfallkübel in Erwartung vorwitziger Mäuse umrundete, die einzige Abwechslung. Im Haus selbst blieb alles still. Nur einmal, gegen drei Uhr, ging die Wasserspülung und dieser Vorgang war später gleich in sechs Beobachterberichten als einschneidendes Ereignis zu lesen.

Es schien, als hätte sich der kleine Mann im ersten Stock des schmalen Hotels, das sich ausgerechnet »Capri« nannte, einmauern lassen.

Oder befand ›Fliege‹ Sagitta sich gar nicht in seinem Zimmer? Hatte er vielleicht Wind bekommen? Hatten ihm seine Instinkte die Kette signalisiert, die sich mehr und mehr um seinen Aufenthaltsort zog? Der Lichtschein war letztlich kein sicherer Beweis. Und gesehen, nein, gesehen hatte keiner den schüchternen Gast, der nach Ansicht der feisten Wirtin eigentlich nur dadurch seine Existenz bewies, dass er Tag für Tag das Zimmer bezahlte, ansonsten aber nur mit gepacktem Koffer auf etwas zu warten schien. Ja, einige Male hätte er das Haus verlassen, aber jeweils nur für kurze Zeit. Seine Hauptbeschäftigung bestünde aus Warten.

Das könnte natürlich ihr durchgebrannter Ehemann nicht sein, nach dem sie schon seit Tagen suchte, hatte die Kriminalbeamtin der Wirtin versichert, nein, die Beschreibung würde ganz und gar nicht auf ihn zutreffen und man könnte ihre Fragerei getrost vergessen, denn da bliebe nur eins: weiterzusuchen nach diesem Schuft. Die Wirtin hatte das nicht weiter aufgeregt. Sie hatte in ihrem Leben schon so viele Tragödien erlebt, dass sie durch nichts mehr aus der Ruhe zu bringen war. Außerdem hatte sie ein halb volles Whiskyglas auf der schmuddeligen Anmeldetheke stehen gehabt. In anderer Leute Kram habe sie sich noch nie eingemischt . . .

Als der Morgen graute und wieder einen heißen Tag ankündigte, wurden die Polizeiposten ausgewechselt. Schlechte Laune bei den einen, die sich untätig eine Nacht um die Ohren geschlagen hatten, schlechte Laune bei den anderen, die wieder einmal viel zu früh aus den Betten gestiegen waren, um unausgeschlafen ihren Dienst anzutreten. Das uralte Defizit an Kriminalbeamten. Der Fahn-

dungschef kontrollierte selbst, ob die Männer der Vormittags-
schicht richtig postiert waren. Kommissar Katzbach ließ sich nicht
sehen.

Erste Lieferfahrzeuge rollten durch die leeren Straßen. Vom
Großmarkt drangen intensive Gerüche herüber. Putzfrauen
rückten an und brachten in den »besseren« Straßen, wo die
Kaufhäuser und die Bürosilos lagen, ihre Bohnermaschinen zum
Heulen. Die Kriminalbeamten packten ihre Thermosflaschen
aus.

Die Stunde des großen Rennens zu den Arbeitsplätzen kam. Die
Beobachter änderten ihre Taktik und mischten sich unter die
trippelnden Männlein und Weiblein, die ihre Morgenschwermut
wie einen Ballast vor sich hertrugen, schon abgehetzt wirkten, an
den Ampeln zu dickem Stau aufliefen und weiterhasteten, wenn
die Ampeln gnädig nickten.

Der grauhaarige Beamte mit den Segelfliegerohren, der von einem
neutralen Ford Transit aus das Haus mit dem Feldstecher abtaste-
te, stellte erstaunt fest, dass das Licht in dem Zimmer im ersten
Stock noch immer brannte.

Warum ließ sich Kommissar Katzbach nicht sehen?

Der Vormittag schlich zäh wie Kleister dahin. Die Hitze nahm zu.
Auch die Gereiztheit der Beobachter nahm zu: Die Konzentration
fiel schwer.

Erst am späten Mittag geschah etwas. Es war 14 Uhr 11, als die
schwere Kawasaki herantuckerte. Der Fahrer lenkte die Maschine
im Slalom zwischen den schimpfenden Fußgängern durch und
kümmerte sich einen Dreck um das Durchfahrtsverbot. Der Junge
auf dem Soziussitz hielt eine Schultasche auf den Knien.

Kein Zweifel, die beiden jungen Leute auf dem Motorrad suchten
etwas. Offenbar war es nicht schwer für sie, in der kurzen Seitenstraße ihr Ziel zu finden. Auf einem Baugrundstück, auf dem in

grotesker Fülle wilde Kamillen wucherten, stellten sie ihre Maschine ab. Der Fahrer zog sich den Sturzhelm vom Kopf und band ihn am Lenker fest.

Dass im Führerhaus des Transit eine Kamera zu surren begann, als sie das »Capri« betraten, merkten die beiden nicht.

Zuerst konnten sie in der schummerigen Empfangshalle, die nicht viel größer als eine Tischtennisplatte war, nichts erkennen. Hanjo Rother kniff die Augen zusammen und wartete, bis die farbigen Kreise sich verzogen hatten. Tief saugte er die kühle Luft durch die Nase ein. Doch dann spürte er den strengen Geruch von kalten Frikadellen und von Urin und er bemühte sich durch den Mund zu atmen.

»Komischer Laden«, flüsterte Addy Luckenbach.

Wie eine unsagbar feiste Ente wackelte die Frau im Blümchenkittel aus dem Hintergrund auf sie zu. Die Frau musste irgendwo gehockt haben, ohne dass man sie sehen konnte. Sie hatte gelbe Lockenwickler aus Plastik in ihrem Haarwust hängen.

»Tagchen«, sagte Addy Luckenbach.

Argwöhnisch schaute die Frau auf sein Lederzeug. Hanjos Schulmappe schien sie aber zu beruhigen. Dann, als sie merkte, dass kein Ärger zu erwarten sei, verzog sie den Mund zu breitem Grinsen und zeigte eine Batterie Goldzähne. »Wat denn, wat denn? Zimmer gefällig, die jungen Herren?«

»Nee. Kann sein, dass 'n Freund von uns hier wohnt. Deswegen kommen wir. Wir wollten mal nachschauen . . .«

». . . ob er sich hier überhaupt ein Zimmer genommen hat, wie er das vorhatte«, ergänzte Hanjo. Ein bisschen verschwörerisch erklärte er der Frau, dass sie ihren Bekannten gern überraschen würden, wenn sich das machen ließ. »So aus Spaß, verstehen Sie?«

»Dat is komisch«, murmelte die Frau. »Jetzt fängt plötzlich jeder an hier nach jemand zu suchen. Dat is doch mein Lebtach nich ganz koscher!«

Hanjo setzte sein liebenswürdigstes Lächeln auf, aber das konnte die Frau wegen der schlechten Beleuchtung wahrscheinlich nicht sehen. »Ein ehemaliger Arbeitskamerad von uns«, sagte er, »wir waren zusammen auf Montage.«

»Wie heißt der denn?« Die Frau verschränkte ihre Arme, so gut es noch ging, vor dem massigen Busen.

»Tja, wie der heißt!« Addy Luckenbach räusperte sich ausgiebig, aber es half nichts. »Wie der heißt . . .«

»Das ist nämlich so«, versuchte Hanjo sein Glück, »auf so Baustellen, müssen Sie wissen, da duzen sich alle. Wir haben vorhin auf dem ganzen Weg hierher überlegt, wie Paulchen – so haben wir ihn nämlich genannt – eigentlich mit Hausnamen heißt. Meinen Sie, wir wären drauf gekommen!«

»Wir haben uns richtig die Köpfe zerbrochen«, bestätigte Addy Luckenbach.

»Hier wohnt zur Zeit nur ein Herr Pfeil. Dat ist aber ausgeschlossen, dat der wat mit Montage am Hut hat. Wie der so aussieht!«

»Pfeil?«, sagte Hanjo.

»Pfeil?«, wiederholte Addy. »Das könnte glatt der Name sein. Ob wir mal . . .«

Die Frau griff nach dem Telefon. Was sollte das? Hanjo und Addy schauten sich an. Aber die Frau wählte nur eine Ziffer. Oben im Haus begann schrill das Rufzeichen zu lärmen.

»Der is ja gar nich da!«, staunte die Frau. »Wenn dat nich 'n Witz is. Der müsste doch auf seinem Zimmer sein. Der is nämlich überhaupt man nich wechgegangen, der!« Sie legte auf. »Dies is ein ordentliches Haus.«

»Wer zweifelt denn daran?«, fragte Addy.

»Dat stinkt doch zum Himmel, dat hier 'n schlechter Film läuft! Soll ich mal wat sagen? Hier is wat oberfaul! Sie können mir doch nich vormachen . . .« Sie hatte sich entschlossen. »Ich lass de Polizei kommen!«

Hanjo und Addy hatten es eilig. Pfeil, nein, das wäre wohl doch nicht der Name. Ein Irrtum, das Ganze: Paulchen hätte sie wahrscheinlich bloß angeschmiert. Nein, Paulchen würde mit Sicherheit nicht Pfeil heißen. Irgendwas mit Ö. Ötzmann oder Ötztal oder so ähnlich. Und einen schönen Tag auch noch.

»Uff!«, stöhnte Addy, als sie in die helle Sonne hinaustraten. »Nichts wie weg! Polente fehlt uns gerade noch!«

»Gerade jetzt«, bestätigte Hanjo.

Sie merkten nicht, dass die Kamera wieder lief. Addy warf die Kawasaki an und stülpte sich den Sturzhelm auf. Hanjo kletterte auf den hinteren Sitz.

»Seltsam ist es schon!«, rief Addy gegen das dumpfe Tuckern an, als er die Maschine langsam aus dem Baugrundstück lenkte. »Hast du dich bestimmt nicht verhört? Hat dein Oller ganz sicher diese komische Kaschemme gemeint?«

»Ganz klar. Die muss er gemeint haben.«

»Kommt mir alles reichlich behämmert vor. Ich würd unserem lieben Freund ja gern eins aufs Auge wichsen, weil er uns so hundsgemein aufs Kreuz gelegt hat. Aber Polizei, nee, da ist Essig. Mit Polizei hab ich für die nächsten paar Jahrhunderte die Nase gestrichen voll.«

»Als wenn die die Polizei holen würde!«

»Weiß man's?«

An der Ecke der Bartókstraße war ein Kiosk. Addy zeigte mit

seinem behandschuhten Daumen auf die Zeitungen, die mit Wäscheklammern an das Drahtgestell geheftet waren. »Da machen sie's wieder spannend!«

Als Hanjo die Riesenüberschrift »Jagd auf den Kunstdieb ›Fliege‹ Sagitta!« las, schoss ihm plötzlich ein irrer Gedanke durch den Kopf. »Stopp mal, Addy! Los!«

Addy Luckenbach nahm Gas weg und ließ die Maschine langsam ausrollen. Dann stemmte er die Füße auf die Straße und drehte sich zu Hanjo um. »Mensch, ich hab meine Mittagspause sowieso schon überzogen! Was ist denn?«

»Hast du den Namen auf den Zeitungen gelesen?«

»Das mit dem Kunstraub? Das ist doch die Geschichte mit der Villa Hügel, wo jemand so 'ne Figur geklaut hat.«

»Jaja, aber hast du den Namen gelesen, Addy?«

»Sagitta. Na und?«

»Weißt du, was Pfeil auf Latein heißt?«

»Jetzt leck mich doch einer am Arsch! Fängt der mit Latein an! Nee, ich weiß nicht, was Pfeil auf Latein heißt. Ich bin nämlich nicht so ein kluger Pinkel wie du!«

»Mensch, du bist vielleicht ein Spinner! Tätschelst mal wieder deinen Sozialkomplex, was, du Angeber?«

»Mann, quatsch doch keine Operetten! Ich bin eilig.«

»Jetzt sag ich dir mal, was Pfeil auf Latein heißt.«

»Oh Mann!«, stöhnte Addy und knallte die Hände auf den Benzintank. »Was soll das!«

»Pfeil heißt auf Latein Sagitta.«

»Sagitta?«

»Ja, Sagitta. Kapierst du?«

»Ich drehe durch! Wenn das stimmt . . . Du, wenn das zusammenhängt, dieser Kunstraub und unser – unser Mist . . . Mensch, Hanjo, in was sind wir da geraten!«

»Vielleicht hat es ja nichts miteinander zu tun. Vielleicht ist es auch nur Zufall.« Aber an diesen Zufall glaubte Hanjo Rother selbst nicht. Das konnte kein Zufall sein.

Addy Luckenbach war um die Nase herum blass geworden. Er zerbrach zwei Streichhölzer, ehe seine Zigarette brannte. »Was machen wir bloß?«, fragte er leise.

»Zuerst mal gar nichts. Ich muss erst überlegen. Ich hab ein ganz mieses Gefühl im Bauch.«

Addy meckerte: »Bei mir sitzt es mehr in der Hose.«

»Hör zu«, Hanjo hatte es plötzlich eilig. »Ich gehe von hier aus zu Fuß. Hau du ab zur Arbeit! Wir dürfen jetzt nicht noch mehr auffallen. Aber es bleibt dabei: Um fünf am Taxenstand an der Flora, ja?«

»Okay, Mischa und Pünte wissen Bescheid. Also dann, Junge, und halt die Ohren steif!« Addy Luckenbach fuhr entschieden langsamer an, als es sonst seine Art war.

Hanjo schob sich durch die drängelnden Menschenmassen, die sich auf der Kettwiger Straße ballten und schwitzend schwere Taschen und Kaufhaustragetüten schleppten. Er fühlte die Hitze nicht. In seinem Kopf spielten die Gedanken verrückt und er versuchte angestrengt die Ereignisse der letzten Tage in einen Zusammenhang zu bringen. Dann war also Sagitta der Mann gewesen, der sie zu Opa Gerizzen geschickt hatte? Stimmte das? Ja, es musste stimmen, denn sein Vater hatte von einem Kerl in der Bartókstraße geredet, als er mit der Mutter in der Küche war. Und weshalb hatte Gerizzen, der alte Mann mit der Angst in den Knochen, irgendwas mit dem Kunstraub zu schaffen? Herrje, wer sollte dieses Durcheinander begreifen?

Am Hauptbahnhof nahm Hanjo dann doch die Straßenbahn nach Rüttenscheid. Auf einmal dachte er an seinen Vater. Warum tut er das?, fragte er sich. Tut er das für mich oder tut er das für sich selbst? Warum will er auf eigene Faust hinter diesem Verbrecher her? Hanjo hatte auch die Unterzeile in der Zeitung gelesen: »Kommissar Katzbach sagt: Dieser Mann ist gefährlich!«

Kommissar Katzbach. Also beschäftigte der sich auch mit dem Kunstraub! Ging es nur um diese spätgotische Figur und hatte der Aufschrei sämtlicher bürgerlichen Kulturbeflissenen die Polizei mobilisiert? War der Mord an dem alten Mann plötzlich unwichtig? Rannten jetzt alle hinter einem bemalten Stück Holz her und vergaßen, was mit Paul Gerizzen geschehen war?

»Rüttenscheider Brücke!«, sagte die Stimme aus dem Lautsprecher. Hanjo nahm die Tasche und stieg aus. Er ahnte nur ungefähr, wie töricht ihr Besuch im »Capri« gewesen war. Wenn Sagitta nun wirklich aufgetaucht wäre? Ja, was dann? Hanjo wischte sich den Schweiß vom Hals weg. Kindisch!, dachte er. Sein Puls bullerte sichtbar. Aber neben der Angst war da noch die Wut. Je mehr er diesen Fall überschaute, umso größer wurde die Wut auf die eigene Blödheit und auf den skrupellosen Verbrecher, der sie als Werkzeuge für einen Mord missbraucht hatte.

»Habt ihr die Englischarbeit geschrieben, Hans-Joachim?«, fragte seine Mutter mit der widerlich zaghaften Stimme statt einer Begrüßung.

»Nein«, sagte Hanjo, »morgen erst.«

»Dann üb um Gottes willen heute Nachmittag fleißig, hörst du? Ich darf gar nicht daran denken, was passiert, wenn deine Arbeit schlecht ausfällt.«

Hanjo pfefferte die Tasche in die Ecke. Sie redet, als ob sie einen Säugling vor sich hat. Begreift sie nicht, dass sie mich wahnsinnig macht mit diesem weinerlichen Getue? Und natürlich hatte sie geschnüffelt. Wie konnte sie sonst wissen, wie er in Englisch stand!

»Ich weiß selbst, was ich zu tun habe.« Hanjo steuerte sein Zimmer an.

»Aber das Essen ist fertig, Hans-Joachim! Ich hab doch extra gebratene Blutwurst gemacht.«

»Ich will aber keine gebratene Blutwurst«, sagte Hanjo.

»Du musst doch was essen, mein Junge!«

Nein, dachte Hanjo, ich halte es wirklich nicht mehr aus. Du musst doch was essen, mein Junge . . . Er ekelte sich vor seiner Mutter. Sehr viel später, als er sich ein wenig beruhigt hatte, kam ihm der Gedanke, dass er sich ungerecht benahm. Vielleicht waren er und seine Zukunft die einzigen Hoffnungen im grauen Leben seiner Mutter.

Das Lernen für Physik fiel ihm trotz allem erstaunlich leicht. Er wunderte sich selbst.

Kommissar Katzbach lag angezogen auf dem Bett in seinem Hotelzimmer. Die Jalousie hatte er heruntergelassen. Der kleine Ventilator brachte die Luft nur kaum merklich in Bewegung. Die Nachmittagssonne malte Zebrastreifen auf die Wand über dem Bett. Katzbach war geübt in autogenem Training. Schon sehr bald stellte sich der Zustand absoluter Entspannung ein. Auch die Gedanken verzogen sich in irgendwelche Gehirnwinkel und ruhten aus. Der Kater hielt die Augen offen. Aber sie waren zur Zimmerdecke gerichtet und nahmen nichts wahr.

Katzbach musste die Verkrampfungen der durchwachten Nacht in Bredeney aus dem Körper bekommen, den quälerischen Kampf mit den Einbildungen der eigenen Phantasie, die seltsame Spielchen treibt, wenn die Zeit lang wird. ›Fliege‹ Sagitta war nicht gekommen. Im Grunde hatte Katzbach auch nicht damit gerechnet. Nur: Er wollte jetzt nichts mehr riskieren. Die Morgenstunden hatte er in Paul Gerizzens leerem Haus verbracht, hatte das Hundegrab betrachtet, hatte in einem Anflug von Sentimentalität die Blumen und die Gemüserabatten begossen, obwohl er genau wusste, dass über kurz oder lang alles verdorren würde, weil sich niemand darum kümmerte. Nein, Paul Gerizzen würde keine Spuren hinterlassen auf dieser Welt. Wo der Hund nur steckte? Vielleicht lebte der auch nicht mehr.

Dann hatte Katzbach im Präsidium die Berichte der Wachposten durchgesehen. Eigentlich waren es gar keine Berichte. Es hatte nichts zu berichten gegeben. Nur eben, dass die ganze Nacht das Licht gebrannt hätte, obwohl Sagitta sich anscheinend nicht gerührt hatte. Selbst mit Nachtgläsern war nichts festzustellen gewesen.

Die Zeitungen hatten genau so reagiert, wie der Kater es gehofft hatte. Jetzt wurde der Druck endgültig zu groß, jetzt musste ›Fliege‹ Sagitta handeln. Oder? Die Zweifel blieben: Sagitta hatte fast immer anders gehandelt, als man erwartete. Er war unberechenbar.

Als das Telefon auf dem Nachttisch anschlug, wusste Katzbach schlagartig, dass etwas schief gegangen war.

»Katzbach.«

Es war Kommissar Pauly. »Hören Sie, da stimmt etwas nicht. Eben hat die Zimmervermieterin vom ›Capri‹ angerufen. Man hat das Gespräch sofort zu uns weitergeleitet.«

»Was will die Dame denn?« Katzbach fühlte sich überwach.

»Mit ihrem Gast wäre irgendetwas nicht in Ordnung. Sie möchte, dass die Polizei mal nach dem Rechten sieht. Die ist jetzt mehr als vorsichtig, müssen Sie wissen.«

»Wieso?«

»Die war in was Dummes verwickelt und jetzt kriegt sie jedes Mal sofort kalte Füße, wenn sie die Flöhe husten hört. Gestern, meint sie, hätte eine Dame so eigenartig nach jemandem gesucht . . .«

»Das muss unsere Beamtin gewesen sein.«

»Ja, aber heute, heute wären in der Mittagsstunde zwei junge Burschen aufgetaucht und hätten sich nach einem Arbeitskollegen oder so etwas erkundigt, dabei hätten sie nicht einmal dessen Namen gewusst.«

Der Kater fluchte leise vor sich hin. »Wer war das?«, fragte er Pauly.

»Unsere Leute haben die zwei gefilmt. Der junge Rother und noch einer von den Hilfsmusketieren. Als ob die nicht schon genug in der Scheiße säßen! Wollen wohl auf eigene Faust die Rächer von Texas spielen.«

Katzbach konnte sich nur sehr schwach beherrschen. Er wechselte den Hörer in die andere Hand. »Was dann?«

»Dann sind die beiden wieder abgehauen, weil Sagitta überhaupt nicht da war. Stellen Sie sich das vor! Der war vielleicht die ganze Nacht nicht in seinem Zimmer und unsere Leutchen lagen da wie Heringe auf der Lauer!«

Katzbach atmete tief durch. Es war noch einmal gut gegangen! Er wusste, dass sie alle mordsmäßigen Dusel gehabt hatten. Jetzt kam es darauf an, zu verhindern, dass Sagitta etwas von den Besuchen und von dem Argwohn seiner Wirtin erfuhr. Sagitta durfte um keinen Preis herauskriegen, dass man ihm so dicht auf den Fersen war, denn sonst würde Katzbachs Plan mit an Sicherheit grenzender Wahrscheinlichkeit bestenfalls in einer Pleite enden – oder eben in einer Tragödie. »Ich hatte mir so etwas gedacht«, sagte der Kater.

»Was hatten Sie sich gedacht?«

»Dass Sagitta sich eine Möglichkeit schaffen würde, jederzeit unbemerkt sein Stübchen zu verlassen. So etwas steckt dem in Fleisch und Blut.«

»Aus Ihnen«, mümmelte Pauly, »soll ein Mensch klug werden!« Offenbar kaute er wieder auf dem Brieföffner herum.

»Ich lade Sie bei Gelegenheit zu einem kühlen Umtrunk ein!«, lachte Katzbach. Ihm war alles andere als fröhlich zu Mute, doch ihm lag daran, dass sich sein gespielter Optimismus stimulierend auf die anderen übertrug. Nur zu oft war es geschehen, dass den Kriminalbeamten Verbrecher durch die Finger glitten, weil sie selbst an ihrem Erfolg zweifelten.

»Da ist noch was, das müssten Sie wohl auch wissen, Katzbach. Ob es stimmt, ist zwar noch nicht raus . . .«

»Reden Sie schon!«

»Es hat den Anschein, dass Alois Rother im Alleingang hinter ›Fliege‹ Sagitta her ist. Muss irgendwie seine Spur erwischt haben. Zunächst ist das eine Vermutung, aber . . .«

»Viel schlimmer konnte es gar nicht kommen«, sagte Katzbach leise. »Ich bin in einer Viertelstunde im Präsidium. Veranlassen Sie bitte, dass in der Zwischenzeit nichts unternommen wird, absolut nichts!«

Ich hätte es wissen müssen!, dachte der Kater. Natürlich hätte ich es wissen müssen. Rother hatte einen seltsamen Eindruck gemacht, als Katzbach ihn in seiner Wohnung besuchte. Ein Mann, dem ohnehin das Misstrauen ins Gesicht geschrieben stand: Der musste ohne Rücksicht versuchen den Verdacht aus der Welt zu schaffen, er könnte auf der falschen Seite des Gesetzes stehen. Ja, hatten sie ihn nicht verdächtigt? Hatten sie ihm nicht nahe gelegt Urlaub zu machen, nachdem sie seinen Jungen bei einer krummen Tour erwischten? Und dann, ja dann war da ein Kommissar aus Düsseldorf gekommen. Das sprach doch Bände. Rother musste sich rehabilitieren, musste seinen

Ruf retten, musste verhindern, dass sie ihn auf die Seite schoben.

Katzbach hatte keine Schwierigkeit, sich in Rothers Situation zu versetzen. Die Verbitterung dieses Mannes, seine Enttäuschung, vielleicht sogar sein Hass: Das alles war zu spüren gewesen.

Wahrscheinlich hat er seinen Jungen dennoch gern, überlegte der Kater. Er fädelte den Peugeot geschickt in die Lücke ein, die der Einbiegerstau ihm plötzlich bot, und erreichte das Präsidium, noch bevor die Viertelstunde um war.

Zur Lagebesprechung hatte sich Kommissar Paulys Büro fast bis in den letzten Winkel gefüllt. Horst Winn suchte Katzbachs Blick auf sich zu ziehen, weil er ihm eine Nachricht signalisieren wollte. Er hatte seine Mütze auf.

»Wenn wir nur wüssten, warum sich Sagitta überhaupt noch in Essen aufhält«, begann Pauly und knackte selbstquälerisch mit den Fingerknöcheln.

»Aber das wissen wir doch«, sagte der Kater.

»Das wissen wir?« Hälse reckten sich. Horst Winns Kinn klappte herunter und seine Gesichtszüge bekamen einen leicht verblödeten Ausdruck. Pauly warf den Brieföffner hin, dass es schepperte. »Das wissen wir?«, wiederholte er.

»Ich denke doch«, sagte der Kater. »Sagitta hat seinen Auftrag ausgeführt und möchte nun sein Geld haben. Aber sein Auftraggeber gibt es ihm nicht.«

»Nein?«, fragte Pauly mit einer Spur von Spott.

»Nein«, sagte Katzbach. »Stattdessen versucht er Sagitta einen Mord anzuhängen und ihn der Polizei auf dem Teller zu servieren. Auch eine Art, seine Schulden zu bezahlen.«

»Und den Mörder«, fragte Pauly, »den kennen Sie vielleicht auch?«

Katzbachs Gesicht wurde ernst. »Ich denke, dass ich ihn kenne. Und ich glaube, ich weiß auch, warum Paul Gerizzen sterben musste.«

Frau Rother hatte sich im Schlafzimmer eingeschlossen. Sie kümmerte sich nicht darum, als das Telefon klingelte. Hanjo war schon im Treppenhaus, aber er machte sofort kehrt und schloss mit fahrigen Fingern die Wohnungstür auf.

»Hanjo Rother«, meldete er sich. Es war sein Vater. Hanjo hörte es schon am Atmen. »Hör zu, ich kann jetzt nicht lange sprechen. Hier stehen schon Leute vor dem Telefonhäuschen und . . .« Hanjo hörte einen schweren Lastwagen die Straße entlangrattern und konnte nicht verstehen, was sein Vater sagte. Dann schlug eine Kirchenuhr fünfmal. »Und sag Mutter, sie soll sich keine Sorgen machen, ja? Und wie gesagt, es wird wahrscheinlich spät. Sag es ihr! Ende.«

Ende: Das sagte er immer am Telefon, auch wenn er nicht mit einer Dienststelle sprach. Das hatte sich der Vater wohl für alle Ewigkeiten angewöhnt.

»Wo bist du, Vater? Wo bist du jetzt?«

Da war zwar noch ein Geräusch, aber Hanjo merkte, dass sein Vater schon nicht mehr zuzuhören schien. »He!«, schrie Hanjo in die Sprechmuschel.

»Was ist denn noch?« Es klang ungehalten.

»Bist du – bist du hinter Sagitta . . .«

»Junge!«, bellte der Vater. »Junge!« Hanjo hörte ihn schnaufen, dann war die Stimme scheinbar ruhig. »Hör genau zu, Junge! Vergiss sofort, was du gerade gesagt hast! Vergiss das sofort! Und wenn du auch nur mit einem Menschen ein Sterbenswörtchen darüber redest . . .« Es machte klick.

Verwirrt legte Hanjo auch auf, strich sich mit den Fingern die langen Haare zurecht und warf die Tür hinter sich zu. Er sprang die Treppe hinunter, dass das ganze Haus dröhnte. Fünf war vorbei. Die anderen warteten sicher schon.

Hanjo spurtete durch die Hektorstraße, bog in die Joseph-Lenné-Straße ein und fiel an der Ecke zur Rüttenscheider Straße in leichten Trab. Er konnte Mischa und Pünte in der Ferne sehen, und als er winkte, erkannte er, dass Addy auch schon da war. Er hatte sich lang auf der weißen Bank unter der Normaluhr ausgestreckt, obwohl viele Leute an der Straßenbahnhaltestelle um ihn herumstanden.

Wenn er doch wenigstens gesagt hätte, von wo er anrief!, dachte Hanjo. Wenn er wirklich ganz allein war und wenn Sagitta wirklich so gefährlich war, dann müsste man ihm doch helfen!

»Ich bin ein Trottel!«, knurrte Hanjo halblaut und legte einen Schritt zu.

Natürlich, die Kirchenuhr! Den Schlag kannte Hanjo. Auf dem Schulweg kam er Tag für Tag an der Markuskirche in Bredeney vorbei. Nein, er irrte sich bestimmt nicht. Das war der Stundenschlag der Markuskirche gewesen.

»Du bist ja völlig groggy«, sagte Mischa.

»Wat bisse denn so gerannt?«, fragte Pünte.

»War doch schon nach fünf!«

»Und?« Addy stand von der Bank auf. Er holte ein Zigaretten-päckchen aus der Brusttasche seiner rot beschnürten Leder-jacke und bot reihum Zigaretten an. »Wir hätten's nicht so eilig gehabt.«

»Aber ich«, sagte Hanjo.

»He«, Addy pustete das Streichholz aus. »Hast du was vor, Hanjo? Du kuckst so komisch. Also ich, ich hab die Schnauze bis zum Brustbein voll, das kannst du mir glauben.«

»Lass ihn doch erst mal erzählen, was los ist!« Mischa rieb mit dem Daumennagel die Totenkopffolie an seinem weiß-blauen Sturzhelm fest. Man konnte sehen, dass er unter seiner Jacke kein Hemd trug.

»Der hat mir heute schon genug Bauchschmerzen gemacht mit seinem Gerede. Nee, dieser gute Onkel möchte nicht mehr Sheriff spielen, dieser gute Onkel hat genug.«

»Wat is denn los, Addy! Wenn man dich so hört!« Pünte konnte Addy Luckenbachs Andeutungen natürlich nicht begreifen.

»Erzähl das noch mal, Hanjo, das mit Pfeil auf Latein! Los, erzähl das diesen Meerschweinchen!«

Hanjo berichtete. »Die Zeitungen spucken immer dicke Töne«, sagte er zum Schluss. »Es ist doch überhaupt nicht raus, dass dieser Einbrecher gefährlich ist. Das haben die vielleicht nur geschrieben, weil's so schön gruselig klingt. Wer fällt denn schon auf Zeitungsüberschriften rein! Ihr vielleicht?«

»Heute Mittag hast du anders geredet«, beharrte Addy.

Heute Mittag! Ja, da hatte auch alles anders ausgesehen. Da hatte er sich noch nicht klargemacht, dass sein Vater sich wahrscheinlich in großer Gefahr befand. »Das war die Überraschung«, log er. »Wenn es nach mir ginge, dann würden wir den Plan nicht aufgeben und dem Knilch erst mal eine anständige Abreibung verpassen, bevor die Polizei sich ihn schnappt.«

»Ich bin müde.«

»Komm Addy, spinn nicht!« Er wandte sich an die beiden anderen und sah heimlich auf die Uhr. Wenn sie jetzt nicht machten, dass sie wegkamen, war die geringe Chance, seinen Vater noch zu treffen, gleich null. »Also?«

»Ich hätte schon Lust«, meinte Mischa. »Aber kannst du mir mal verraten, wo wir diesen Hänfling überhaupt aufreißen sollen? Ich denke, der macht immer die Fliege, wie? Ganz klein und unsichtbar. Der wäre 'n Phantom, hab ich in der Bildzeitung gelesen. Und du, du meinst, der liefe uns so einfach vor die Flinte! Hast du 'ne Meise?«

»Addy und ich, wir waren heute Mittag schon ziemlich dicht dran«, sagte Hanjo.

Addy Luckenbach schnipste seine Kippe weg. »Das bildest du dir bloß ein, Knabe. Hast du ihn gesehen? – Na also! Und was denkst du, wo wir ihn jetzt suchen sollen, wie? Sollen wir vielleicht mal nach Hawaii brausen oder nach Castrop-Rauxel? Wie hätte der Herr es denn gern?«

Die Zeit lief davon. Hanjo sah keine andere Möglichkeit. Er sagte, dass sein Vater wahrscheinlich ›Fliege‹ Sagitta beschattete. Er berichtete auch von dem Telefongespräch. Dass er Angst um seinen Vater hatte, sagte er nicht.

Pünte pfiff durch die Zähne. »Dat sieht ja schon ganz anders aus!«

Wahrscheinlich war es das Wort Feigling, das Addy veranlasste wie ein Wilder die Kawasaki anzuwerfen. Hanjo konnte den Soziussitz nur noch in einer Art Hechtsprung erreichen. Die drei Maschinen donnerten die Bredeneyer Straße hinauf.

Vor dem Friedhof, der sich nördlich der Kirche bis an die Hauptstraße ausdehnte, tippte Hanjo Addy auf die Schulter und zeigte in den kleinen Markuspfad hinein. Addy verstand. Mit geringer Geschwindigkeit tuckerten die Motorräder zwischen den leicht antiquierten Villen mit ihren Kastanienbäumen hindurch.

Kurz vor der Frankenstraße parkten sie die Motorräder und eilten im Schutz der Hainbuchenhecke zum Kirchplatz. Als zwei Sonderbusse mit singenden und kreischenden Mädchen vorbeikamen, nutzten sie die Gelegenheit, um unbemerkt im Gebüsch hinter den Aushängekästen von Cäcilienverein und Pfarrjugendgruppen zu verschwinden. Hanjo kletterte in einen Holunderbusch hinein und spähte über die Mauerkrone.

Er sah das Telefonhäuschen. Er erkannte auch den Mann darin, der den Hörer hielt. Es war sein Vater. Er beobachtete das Gartenlokal auf der anderen Straßenseite. Kurz darauf verließ der Vater das Fernsprechhäuschen, bummelte langsam bis zur Heißmangel, kehrte wieder um und las, scheinbar brennend interessiert, den Veranstaltungskalender der Volkshochschule, der an der Plakatsäule angeschlagen war.

Die Jungen warteten und rauchten.

Eine alte Frau schlurfte über den gepflasterten Kirchplatz, rüttelte an der Kirchentür, die bereits geschlossen war, und wandte sich dann dem Friedhof zu. Als sie die Jungen sah, schüttelte sie missbilligend den Kopf. Wahrscheinlich vermutete sie schlimme Sachen.

Langsam kroch der Schatten von der hohen Hauswand über die drei, vier Dutzend Tische des Lokals schräg gegenüber. Ganz hinten wurden bereits die Stühle auf die Tische gestellt. Eine Wolkenbank schob sich vor die tiefstehende Sonne und beschleunigte die Dämmerung. Hanjo stieg wieder in den Holunderbusch, aber er konnte seinen Vater nicht sehen.

Der tauchte erst wieder auf, als ein kleiner, unscheinbarer Mann mit Hosenträgern über dem weißen Hemd und einer grauen Jacke über dem Arm langsam das Gartenlokal verließ.

»Los, holt die Böcke! Ich warte hier!«, zischte Hanjo aufgeregt. Die anderen verstanden und huschten davon.

Nur undeutlich konnte Hanjo seinen Vater erkennen. Der schien schon wieder zu telefonieren.

Hanjo konnte nicht wissen, dass sein Vater in diesem Augenblick mit Kommissar Katzbach sprach.

Der Mann mit den Hosenträgern schlenderte geruhsam in die mit jungen Linden gesäumte Nebenstraße hinein. Alois Rother, das konnte Hanjo deutlich sehen, folgte ihm kurz darauf auf der anderen Straßenseite.

Hanjo fing an zu zittern.

Sie fuhren bereits mit Licht. Sie fuhren schnell ein Stück die Bredeneyer Straße hinauf und schlugen, als sie das alte Rathaus erreicht hatten, einen Haken. So kamen sie dem Mann in Hosenträgern entgegen. Der ging jetzt mitten auf der Straße. Hatte er Verdacht geschöpft? Von Alois Rother war nichts zu sehen. Der Mann blieb plötzlich stehen.

»Jetzt!«, brüllte Addy.

Die drei Maschinen heulten auf, hatten im Nu den Mann erreicht. Der schaffte es nicht mehr bis zu den Vorgärten. Wie angewurzelt stand er da, presste seine Jacke an sich und schützte seinen Kopf mit den Armen, wie kleine Kinder es tun, die Angst vor Schlägen haben.

In wildem Karussell drehten sich die schweren Maschinen um den Mann. Immer enger wurde der Kreis. Ein ohrenbetäubender Lärmteppich hüllte die Szene ein. Sie konnten den Mann schon mit den Händen greifen. Dass der Mann in panischer Angst nach der Waffe in seiner Jackentasche fingerte, beachteten sie nicht.

Plötzlich schoss mit aufgeblendeten Scheinwerfern ein Wagen heran.

»Achtung!«, schrie Hanjo.

Doch da war es schon zu spät. Püntes Honda erwischte es am Hinterrad, seine Maschine brach aus, riss die Kawasaki mit. Hanjo spürte, wie er aus dem Sattel gehoben wurde und zusammen mit Mischa im Rinnstein landete.

Der Wagen kam quietschend zum Stehen. Kommissar Katzbach

sprang heraus und rannte auf das Knäuel von Leibern und Motor-rädern zu. Auch Alois Rother hetzte heran.

›Fliege‹ Sagitta, der Mann mit den Hosenträgern, war längst ver-schwunden.

Der Anruf hatte den Kater erreicht, als er eben dabei war, den Einsatzplan für die Nacht zu erläutern. Horst Winn nahm den zweiten Hörer. »Ich bin am Münzfernsprecher Ecke Frankenstraße und Bredeneyer Straße«, hörte Katzbach Alois Rother sagen, »gleich neben der Markuskirche.« Horst Winn grapschte sich einen Zettel und schrieb mit. »Sagitta hat gerade das Gartenlokal verlas-sen und entfernt sich in südlicher Richtung . . .«

»Sie sind ein Idiot, Rother!«, bellte Katzbach. »Halten Sie sich in drei Teufels Namen zurück! Wir kommen!«

Es war zum Kotzen. Jeder machte, was er wollte. Nichts lief, wie es geplant war, und jeder dieser Fehler gefährdete das Unterneh-men, dessen Ziel war, einen Mörder zu überführen und ›Fliege‹ Sagitta – endlich! – zur Strecke zu bringen.

Horst Winn chauffierte den Wagen. Katzbach saß neben ihm und zerkaute sein Zigarillo. Im Fond hockte feist Kommissar Pauly und schimpfte ununterbrochen. Ihm gefiel das nicht. Dieser plötzliche Einsatz schon gar nicht.

Die Männer sprachen nicht miteinander. Winn hatte genug mit dem Straßenverkehr zu tun, der zwar nachließ, je weiter sie nach Süden kamen, der aber im Bereich von Kreuzungen trotz der späten Stunde noch zähflüssig rollte.

Als Katzbach die röhrenden Motoren in der Ferne hörte, ahnte er, dass seine schlimmen Befürchtungen noch übertroffen wurden.

Er lockerte die Beretta im Schulterhalfter.

»Gas!«, forderte er. »Geben Sie Gas!«

Pauly reckte sich über Katzbachs Schulter. »Großer Gott, die spielen ja verrückt!« Er zeigte auf das furiose Schauspiel auf der Straße.

Blitzschnell erfasste der Kater die Szene. »Rammen!«, befahl er heiser. Er wusste, wie Sagitta handeln würde.

Horst Winn machte sich ganz klein hinter dem Steuer. Aber er verzog keine Miene und hielt genau auf die Motorradfahrer zu. Er erwischte die eine der Hondas am Hinterrad. Es hörte sich an, als schlüge jemand mit einem Vorschlaghammer einen Abfallkübel zusammen. Der Wagen kam quietschend zum Stehen.

Gleichzeitig mit Alois Rother erreichte er das Knäuel von Leibern und Motorrädern. Überall wurden Stimmen laut. Haustüren flogen auf. Eine Männerstimme schrie schrill nach der Polizei. Im Handumdrehen hatte sich in der stillen Seitenstraße ein Menschenauflauf gebildet.

Addy kam als Erster auf die Beine. Zusammen mit Katzbach wuchtete er seine Maschine hoch, die auf Hanjos Beinen lag.

»Das war ja wohl der Gipfel!«, fauchte Katzbach.

»Was sollen wir tun?«, fragte Alois Rother hilflos.

»Bringen Sie das hier in Ordnung!« Katzbach gab sich viel Mühe, seine Stimme im Zaum zu halten. »Versuchen Sie zu erreichen, dass die Leute nicht nach einem Streifenwagen rufen. Los, beeilen Sie sich!« Als Katzbach sah, dass alle vier Jungen wieder auf den Beinen standen, fügte er hinzu: »Regeln Sie auch das mit den Jungen! Wir müssen weiter.«

Kommissar Pauly dröhnte mit seiner Orgelstimme: »Und vergessen Sie nicht, Rother, Ihrem Filius ein paar hinter die Löffel zu hauen!« Winn hatte zurückgesetzt. »Wohin?«, fragte er.

»Ich kenne mich hier nicht aus. Fahren Sie so, dass wir in einem

Riesenbogen den Brucker Holt erreichen. Und zwar von der nördlichen Seite aus. Wie lange braucht man zu Fuß bis dahin?«

»Knappe halbe Stunde, würde ich sagen.«

Zwei Männer und ein junges Mädchen wollten den Wagen anhalten, aber Katzbach zeigte ihnen seine Dienstmarke. »Der Mann dort, das ist Kriminalhauptwachtmeister Rother, der ist hier zuständig.« Winn fuhr schnell an.

»Nicht zu fassen!«, knurrte Pauly auf dem Rücksitz.

Während sie in hoher Geschwindigkeit durch die abendlichen Straßen des südlichen Randbezirks fuhren, kontrollierte Kommissar Katzbach über das Sprechfunkgerät die Aufstellung der Posten. Mit der Straßenkarte auf den Knien organisierte er die Kette, disponierte um, gab neue Anweisungen, mahnte zur Ruhe. Die letzten Ereignisse hatten es nötig gemacht, dass jetzt improvisiert wurde.

Das Unbehagen blieb. Die viel zitierte Routine war nichts als reine Erfindung. Jeder Fall war anders und erforderte, wenn man sich auf die Psyche des Täters einstellen wollte, völlig neue Gedankenarbeit. Katzbach wusste, dass die geistige Verkrampfung die größte Gefahr war. Aber gerade die Leichtigkeit erwies sich immer wieder als so schwierig.

»Gleich haben wir's«, sagte Winn.

»Heute kommt auch alles auf einmal!«, grollte Pauly.

Ja, es kam alles auf einmal. Katzbach musste unwillkürlich lächeln, aber das konnten die beiden anderen nicht sehen. Ihm fiel eine sibirische Legende ein, die er vor vielen Jahren irgendwo gelesen hatte.

Einmal im Jahr verwandeln sich die Seelen der Menschen in Tiger, fallen übereinander her, schlagen Wunden und zerfleischen sich. Aber die Menschen brennen vor dem Tag des Tigers Kerzen an und beten, dass ihre Seelen verschont bleiben. Sie versuchen

Frieden zu machen mit denen, die ihre Feinde sind; denn am Tag des Tigers bleibt keiner verschont, wenn seine Seele magisch angezogen wird von den bösen Mächten. Madonna von Dudinka, heiliges Mütterchen, bewahre uns vor dem Tag des Tigers! Babuschka, noch eine Kerze!

»Wir sind nah genug dran«, sagte Katzbach.

Hier parkten die Wagen in größeren Abständen vor den ausladenden Grundstücken, in denen, steinwurfweit von der Straße entfernt, die teuren Häuser prunkten.

Der Tag des Tigers war noch nicht vorbei. Es würden noch andere aufeinander treffen.

»Ihre Mütze sitzt schief«, sagte der Kater. Horst Winn zog den Zündschlüssel ab.

Finale

Bewegungslos wie die Figuren, die ihn umgaben, saß Dr. Nesch im Ledersessel hinter seinem Schreibtisch. Die Handflächen hatte er wie zum Gebet gegeneinander gelegt. Im Schliff der Gläser seiner Schildpattbrille brach sich das warme Licht der Wandampeln. Der schmächtige Mann, der an der Wand lehnte, hatte offenbar Mühe, die Waffe zu halten. Sein Atem ging unregelmäßig.

Der Kater nahm den Weg, den ›Fliege‹ Sagitta ihm vorbereitet hatte. Er ließ sich über die Mauer fallen und rannte über den weichen Rasen zur Gartentür, deren Verriegelung für Sagitta so wenig Schwierigkeit bedeutet hatte wie die Alarmanlage. Fauliger Geruch vom Jasmin lag über allem.

Nichts war zu hören. Die Kacheln der Küche knirschten nur ganz leise unter den Schuhsohlen. Katzbach verharrte einen Atemzug lang. Die Baretta in seiner Hand fühlte sich kühl an. Auch die Eichentür zur Diele hatte Sagitta anscheinend mit Leichtigkeit geöffnet.

Ein schmaler Lichtschein zeichnete einen exakten Streifen auf das Parkett. Der Kater fühlte körperlich die Nähe der beiden Männer hinter der Tür. Er wartete. Dann hörte er die Atemzüge, als das Rauschen in seinen Ohren nachließ.

Es dauerte noch fast eine Ewigkeit. Dann sagte Dr. Nesch: »Ich warte. Nehmen Sie sich ruhig Zeit!«

Sagittas Stimme verriet Erschöpfung. »Ich will sofort mein Geld haben.« Und dann: »Ich kann nicht mehr warten.«

»Sie drohen mir?«, fragte der Arzt.

»Lassen Sie die Hände, wo sie sind!«

»Das ist doch unerhört! Sie dringen in mein Haus ein und bedrohen mich! Wissen Sie, was. Ich werde . . .«

Sagittas Stimme wurde lauter. »Sie werden mir jetzt mein Geld geben, Dr. Nesch. Sofort. Die Polizei ist mir auf den Fersen. Ganz dicht schon. Ich kann keine Stunde länger warten. Ich will es auch nicht. Sie haben mir Ihr Wort gegeben . . .«

»Mein Wort! Einem hässlichen kleinen Einbrecher!«

Sagitta stieß einen spitzen Schrei aus. »Haben Sie mich an die Polizei verraten? Sie?«

Dr. Nesch machte pschscht. »Meine Haushälterin schläft oben. Die muss nicht unbedingt wach werden.«

»Mein Geld!«

»Tut mir Leid. Ich kann Sie nicht bezahlen. Und selbst wenn ich es könnte . . .«

Sagittas Stimme war in dem Kichern des Arztes kaum zu verstehen. ». . . werde ich Sie erschießen, wenn Sie mir jetzt nicht das Geld geben. Und die Figur werde ich auch zerstören, sie ist wertlos geworden. Man kann sie nicht mehr verkaufen. Also?«

»Sie sind wahnsinnig, Sagitta!«

Da war das schlimme Wort. Genau dieses Wort hätte Nikolaus Nesch nicht sagen dürfen. Vielleicht spürte er es selbst. »Machen Sie keinen Unsinn, Mensch!«

Katzbach wartete keine Sekunde zu lange. Er stieß die Tür mit dem Knie auf. ›Fliege‹ Sagitta sah er sofort, doch der Körper des Arztes war verdeckt von einem Podest mit der »Mater dolorosa cum lacrimis roseis« darauf. Diese maßlose Arroganz!

»Stopp! Kriminalpolizei!«

›Fliege‹ Sagitta fuhr herum. Ein kleines blasses Gesicht voll jäher Angst. Den Revolver senkte er jedoch nicht.

Da ging plötzlich das Licht aus.

Katzbach warf sich auf den Boden und stieß einen Fluch aus. Dass

Dr. Nesch von seinem Platz aus das Licht betätigen konnte, hatte er nicht einkalkuliert.

»Stehen bleiben!«, rief Katzbach. Nein, er schoss nicht. Die alte Hemmung, auf Menschen zu schießen. Der Schuss, dessen Detonation in den Ohren schmerzte, war vom Schreibtisch hergekommen. Die Leuchtspur schien noch einen Augenblick lang im Raum zu stehen. Der Kater kam auf die Knie. Er fühlte einen leichten Luftzug im Gesicht und wusste, dass ›Fliege‹ Sagitta entwischt war. Katzbach ertastete mit hastiger Hand den Schalter. Als das Licht wieder aufflammte, schaute er auf den breiten Rücken des Arztes. Die andere Tür erreichte Dr. Nesch nicht mehr.

»Es ist aus«, sagte der Kater. »Lassen Sie Ihre Waffe fallen!« In der Wandtäfelung klaffte ein hässliches Loch.

Ganz langsam drehte der Arzt sich um. Grenzenloses Erstaunen im Gesicht. Die Finger hielten schlaff den schweren Armeerevolver, dann polterte die Waffe herab.

»Gehen Sie zur Seite!«, befahl Katzbach scharf. Dr. Nesch gehorchte wortlos. Schwer ließ er sich auf der Kante des Schreibtisches nieder. Katzbach hob die Waffe auf. Er ließ Dr. Nesch nicht aus den Augen.

»So sieht man sich wieder«, sagte der Kommissar.

»Ja«, gab Dr. Nesch zurück und rückte an seiner Brille. »Ich nehme an, Sie haben unser Gespräch mitgehört.«

Der Kater nickte. »Ich verhafte Sie. Ihre Überheblichkeit stinkt zum Himmel. Ich verhafte Sie vor allem wegen des kalt geplanten Mordes an Paul Gerizzen.«

Katzbach konnte es sehen. Es ging wie ein Zucken durch den Körper des Arztes. Als ob er plötzlich alterte, als würde er mit einem Mal kleiner. Etwas in ihm zerbrach und er merkte es wohl selbst.

»Habe ich einen Fehler gemacht?«, fragte Dr. Nesch.

Einen Fehler gemacht! Die Kälte war geblieben. »Sie haben mich angelogen, als hätten Sie einen Halbgescheiten vor sich, Dr. Nesch. Dabei sind Sie nicht mal halb so groß, wie Sie meinen. Solch eine Überheblichkeit!« Katzbach zeigte mit der Beretta auf die Figur. »Sogar die haben Sie offen aufgestellt. Und Sie glaubten, es reichte aus, wenn Sie mir erzählten, Sie sammelten nur moderne Kunst. Für wie beschränkt müssen Sie mich wohl gehalten haben! Der englische Bildhauer, in dessen Kleinplastiken Sie angeblich so vernarrt sind, heißt nicht Harry Moore, sondern Henry. Polizisten sind nicht so primitiv, wie Sie denken. Und mit HAP Grieshabers Farbradierungen haben Sie's auf die Spitze getrieben. Nein, Grieshaber beschäftigt sich nicht fast ausschließlich mit Farbradierungen. Wenn Sie wirklich Ahnung von moderner Grafik hätten, wüssten Sie, dass Grieshaber durch seine Holzschnitte bekannt geworden ist.«

»Ist das alles?« Wirklich, Dr. Nesch lachte.

»Ach was! Das waren nur Kleinigkeiten am Rande. Die Sache mit dem Hund war ausschlaggebend.«

»Das begreife ich nicht!«

»Sie wollten mir den Bären aufbinden, Ihr letzter Kontakt mit Gerizzen läge zwei Jahre zurück. Den Terrier, den Sie mir so genau beschrieben haben, den hatte Gerizzen jedoch noch gar nicht lange. Gehen Sie mal in seinen Garten. Da finden Sie ein Hunde-grab, schön mit Datum und so. Vor zwei Jahren hatte Opa Gerizzen einen Dackel. Und dann . . .«

Kommissar Katzbach wurde unterbrochen, denn Horst Winn und ein weiterer Beamter stürzten mit gezogenen Waffen durch die offene Tür herein.

»Gott sei Dank!«, rief Winn, als er den Kater sah. »Wir hatten den Schuss gehört.«

»Sagitta ist weg«, sagte der Kater.

»Ich weiß. Aber Pauly lässt sagen, seine Leute hätten ihn unter Kontrolle. Sie verfolgen ihn so, wie Sie es angeordnet haben. Keiner geht zu dicht ran.«

»Hoffen wir's!«

Plötzlich flatterte eine Frau im Nachthemd durch die andere Tür herein. »Wer sind Sie?«, schrie sie den Kater an. Dann starrte sie abwechselnd auf die Waffe in Katzbachs Hand und auf das blutleere Gesicht des Arztes.

»Ich bin der Weihnachtsmann«, murmelte Katzbach und zeigte der Frau seine Dienstmarke. »Es wäre mir lieb, wenn Sie ganz schnell wieder verschwinden würden.« Er gab Winn ein Zeichen. Der führte die Frau mit sanfter Gewalt zur Tür.

»Legen Sie ihm Handschellen an!«, sagte Katzbach zu dem anderen Beamten. »Und dann informieren Sie bitte Janusch vom Raubdezernat!«

Es klickte leise, als sich die stählernen Ringe um die Gelenke des Arztes legten. Dr. Nesch leistete keinerlei Widerstand. Er lehnte sich gegen die Wand, wo vorher Sagitta gestanden hatte, und bewegte sich nicht.

»Und welches Motiv sollte ich gehabt haben?«, fragte er.

»Gerizzen erpresste Sie, ganz einfach!«

»Ja!« Dr. Nesch zog das Wort in die Länge, als müsste er darüber nachdenken. »Er wagte es, mich zu erpressen.«

»Und da wollten Sie zwei Menschen, die Ihnen unbequem wurden, mit einem Schlag vernichten. Dass Sie ein paar junge Burschen vor dem Lokal anheuerten und in Ihre schmierige Sache hineinzogen, das machte dann fast nichts mehr aus. Vielleicht«, Katzbach fixierte den Arzt scharf, »vielleicht verachte ich Sie gerade deswegen am meisten.«

Dr. Nesch verzog nur wenig die Lippen. Katzbach hätte viel darum gegeben, seine Gedanken erraten zu können. Er sagte: »Fast mit dem Holzhammer wollten Sie mich darauf bringen, dass man bei den Jungen irgendwas gefunden haben müsste, erinnern Sie sich? Aber was sollte man bei denen schon groß finden? Es sei denn, man wusste, dass sie ein Stück Papier bei sich hatten, auf dem Sagittas Fingerabdruck klassisch sauber zu finden war.

Die Jungen hatten davon keine Ahnung, aber Sie wussten es, Dr. Nesch. Hatten Sie nicht Sagitta das Kunstdruckpapier mit der Abbildung genau richtig in die Hand gespielt, als Sie ihm das Bild der Figur zeigten, die er für Sie aus der Ausstellung stehlen sollte? Und noch eins: Sie wussten nur zu gut, wie krank Gerizzen war. Als Sie mir einreden wollten, alle Welt hätte das gewusst, war ich bereits darüber informiert, dass sich niemand um ihn gekümmert hatte. Gerizzen hatte keinen Kontakt zu anderen Menschen. Er war ein Einzelgänger durch und durch.«

»Sie bluffen!«

»Tu ich das?« Katzbach zögerte und schaute auf die Uhr. Dann flüsterte er ein paar Worte mit Winn. Der verschwand und einen Augenblick später kamen zwei uniformierte Beamte ins Haus und stellten sich neben Dr. Nesch auf.

»Ich bin in Eile«, sagte der Kater. »Wir werden noch viel Zeit haben alles Stück für Stück zu klären. Aber ich will es Ihnen in Stichworten sagen, damit Sie sich keine Illusionen machen. Korrigieren Sie mich, wenn ich mich in wesentlichen Dingen irren sollte!«

Doch Dr. Nesch unterbrach den Kater nicht. Er sagte auch nichts, als Katzbach mit der Geschichte von einem gierigen Mann, der unbedingt einen weltberühmten Kunstschatz für sich allein haben wollte, geendet hatte.

»Sie hatten Verbindung zu Sagitta. War er bei Ihnen in Behandlung gewesen? Egal. Aber es faszinierte Sie, einen gesuchten Verbrecher für sich arbeiten zu lassen. Ihre geniale Idee und sein geniales Talent. War es das? Was hatten Sie ihm geboten? Jedenfalls einen gehörigen Batzen. Dass Sie ihn nicht bezahlen konnten, wussten nur sie, er nicht. Aber Sie hatten ja seinen Fingerabdruck und das Spiel zwischen den Giganten reizte Sie. Mag sein, dass Sie den Nervenkitzel brauchten. Vielleicht war es gar nicht die kostbare Figur selbst, sondern nur der Besitz. Sagitta schaffte es. Er lieferte die Beute ab. Nein, er kam nicht ins Haus. Ware gegen Geld und so. Das geschah raffinierter. Lampenlicht in der Nacht und ein später Gast im Haus: So etwas konnte gefährlich werden. Die Nachbarn, man kennt das ja. Und Leo Sagitta ging Ihnen auf den Leim. Er versteckte die Figur im Garten. Hinter den Ginsterbüschen oder im Abfalleimer oder im Rosenbeet. Was weiß ich! Aber dort machte der Rentner Paul Gerizzen mit seinem neugierigen kleinen Hund seinen Gassigang. Sehr früh, noch ehe Sie die nächtliche Beute ins Haus geholt hatten. Gerizzen wurde aufmerksam, als der Terrier etwas höchst Interessantes ans Tageslicht beförderte. Er kapierte sofort und sah eine hervorragende Möglichkeit, seine kleine Rente erheblich aufzubessern. Dass das sein Todesurteil war, ahnte er nicht. Er knibbelte sich ein paar Farbsplitter von der Figur ab, damit er einen Beweis in der Hand hatte. Hat es Sie sehr erschreckt, als er mit seinen Forderungen kam, Dr. Nesch? Auf jeden Fall zahlten Sie ein paar Hunderter. Sie brauchten Zeit. Und Gerizzen, der kaufte sich erst mal eine Menge Schnaps. Dann machten Sie einen ausgeklügelten Terminplan und schickten ihm die Jungen vors Haus, damit sie ihm mit dem Mummenschanz einen im wahrsten Sinne des Wortes tödlichen Schrecken einjagten. Das klappte erstklassig. Genau nach Zeitplan telefonierten Sie mit der Polizei. Die Jungen hätten es beinahe geschafft, gemeinsam zu verschwinden. In diesem Punkt war Ihr Risiko am größten. Doch immerhin: Einer wurde geschnappt. Das Papier mit dem Fingerabdruck landete bei der Polizei. Alles nach Plan. Zwei Fliegen mit einer Klappe, ja? Gerizzen aus dem Weg und Sagitta als mutmaßlicher Mörder auf der Fahndungsliste der Polizei. Sie als Arzt wussten haargenau, wie Sagitta reagieren würde, wenn man ihn in die Enge trieb . . .«

Sagitta! Der Kater schüttelte sich in der Erinnerung an das, was er vor Jahren erlebt hatte. Ja, Sagitta! Ich rede und rede und irgendwo draußen steckt Sagitta!

»Abführen!«, befahl Kommissar Katzbach.

Doch draußen, als sie das Polizeifahrzeug schon erreicht hatten, hielt der Kater den Arzt noch einmal an. »Erinnern Sie sich, dass Sie mir auf dem Waldspaziergang erklärt haben, Mediziner wären Zyniker? Ich kenne viele Mediziner, die keine Zyniker sind. Im Gegenteil. Sie sind ein Zyniker, Dr. Nesch, nur Sie!«

Aus der Dunkelheit tauchte Kommissar Paulys wuchtige Gestalt auf. »Er hat sich im Wald verkrochen, aber wir wissen, wo er steckt.«

»Gehen wir«, sagte der Kater. Sagittas Zeichen in der roten Asche war von vielen Fußspuren völlig verwischt.

Sie warteten bis zum Morgengrauen. Als die Zeit des Äsens gekommen war, strebten die Hirsche, die unter den Kiefern geruht hatten, der Futterstelle zu. In langen Reihen zogen sie aus allen Richtungen des weitläufigen Geheges heran. Doch vor der überdachten Futterraufe blieben sie stehen, witterten irritiert und bliesen Reifwolken in die kühle Morgenluft. Ein fast schwarzes Schmaltier begann kläglich zu schreien. Die männlichen Tiere, die als Letzte kamen, pflügten mit den jungen Geweihen den Waldboden.

Das Gelände war umstellt. Hier war ›Fliege‹ Sagittas Flucht zu Ende.

»Kommen Sie heraus, Sagitta!«, rief der Kater. Er näherte sich bis auf etwa hundert Schritte dem Heuhaufen in der Futterkrippe. »Hören Sie mich, Sagitta?«

Katzbach wartete. Er hatte aus der Erfahrung gelernt. Hier war der Schlusspunkt, das Finale. Es waren genug Fehler gemacht worden. Noch einmal rief Kommissar Katzbach.

Im Polizeibericht wurde später der genaue Zeitpunkt mit 5 Uhr 58 angegeben. Der Heuhaufen geriet in Bewegung und dann schoss ›Fliege‹ Sagitta sein ganzes Magazin leer. Er schoss ziellos in den Boden. Als er mit erhobenen Händen den Kater erwartete, konnte er sich vor Erschöpfung kaum auf den Beinen halten. Der Kater sah, dass Sagittas Gesicht zu einem Lächeln gefroren war. Dass er schon so alt ist!, dachte der Kater.

Sie mussten ihn stützen. ›Fliege‹ Sagitta war am Ende. Seine Füße gehorchten ihm nicht mehr.

»Wie ein krankes Tier in der Falle«, flüsterte Horst Winn.

»Nein«, sagte der Kater hart, »wie ein kranker Mensch. Sie sollten sich den Unterschied merken, er ist wichtig!«

Hanjo Rother stand sehr früh auf. Trotz der lähmenden Müdigkeit konzentrierte er sich auf den Grammatiktext. Bevor er sich auf den Weg machte, nahm er das Plakat mit der grünen Suzuki von der Wand. Er faltete es sorgfältig zusammen und legte es in eine Schublade.

Er hatte Zeit. Die Straßenbahn ließ er fahren und ging zu Fuß. Er wählte eigens den weiteren Weg durch das Nachtigallental, an dessen Hängen sich der private Wohlstandsmüll türmte und wo er seine erste Zigarette geraucht hatte. Weiter oberhalb des lang gezogenen Waldstreifens, wo dicht der Adlerfarn wucherte und einen Tummelplatz für verschwiegene Liebesspiele der Oberstufe bot, setzte Hanjo sich ins nasse Gras.

Er musste sich entscheiden.

Niemals zuvor war es ihm so klar gewesen, dass sein Leben so nicht weitergehen konnte. Er musste sich zurechtfinden zwischen dem bedrückenden Milieu seines Zuhauses, der hektischen Traumwelt, die er im »Memphis« suchte, und der Gummiwand, die sich ihm – undurchdringlich schier und feindlich – in der Schule entgegenstemmte. Oder sah er das falsch? Kriegte er mal wieder den Moralischen?

Hanjo erinnerte sich deutlich an die Worte des Kommissars aus Düsseldorf, der ihm mitleidlos und offen gesagt hatte: »Wenn Sie es wirklich ernst damit meinen, diese Zustände zu verändern, dann hören Sie auf mit Ihrem verdammten Selbstmitleid. So tragisch sind Sie nicht. Machen Sie es sich nicht zu leicht! Und kriegen Sie keine weichen Knie! Das ist es doch, was Ihre Gegner wollen. Geben Sie nicht anderen die Schuld, wenn Sie den Mut verlieren!«

Der hatte gut reden!

Die Feuchtigkeit drang durch die Jeans. Hanjo stand auf und schlenderte weiter. Er dachte an seine Mutter und er gab sich Mühe, sein Gefühl aus Widerwillen und Mitleid zu deuten. Fast mit Scheu dachte er an seinen Vater. Hatte er jemals über seinen Vater nachgedacht? Der »mittlere« Polizeibeamte, diensteifrig und ohne Hoffnung, fast süchtig das Pensionsalter zu erreichen. Warum kann ich meine Eltern nicht gern haben?, dachte Hanjo. In der Ferne sah er die burgartigen Zinnen seiner Schule. Ein heißer Tag zog herauf.

Immer wieder beschäftigten sich Hanjos Gedanken mit dem dunklen Kommissar aus Düsseldorf. Dieses Lächeln, dachte er, dieses verdammte Lächeln! Woher nahm der Kommissar seine verdammte Gelassenheit? Ob man das trainieren konnte? Oder war es Selbstsicherheit? Gut und schön: Aber woher kam die?

Addy hatte vorgeschlagen, dass sie gemeinsam mit ein paar Mädchen am Abend einen draufmachen sollten . . . Hanjo lachte laut auf. Er dachte an Tina. Er lachte noch, als er das Schulgelände erreichte.

»Ene-mele-mule – wir haben keine Schule! – Warum denn nicht, warum denn nicht? – Frollein hat 'n Kind gekriegt! – Wie soll das Kind denn heißen? – Stefan soll es heißen. – Stefan hat ins Bett geschissen, grade aufs Paradekissen, Mutter hat's gesehn – und – du – kannst – gehn . . .«

Wenigstens die Kleinen hatten ihren Spaß. Hanjo stieg die Treppe hinauf, als die Glocke unbarmherzig den Beginn des Unterrichts ankündigte.

Rolf Mecklenbruch sagte: »Ich wette meinen Stiftzahn, dass Ötsch Vogel heute auf die Zeugniszensuren prüft.«

»Kann schon sein«, antwortete Hanjo.

Kommissar Katzbach musste an Paulys anerkennendes Geröchel denken und hielt das Streichholz an sein Brasilzigarillo. Horst Winn schaute zu, als handelte es sich um eine sakrale Handlung.

»Dass der Nesch alles gestanden hat!«, sagte Winn.

»Jeder ist mal am Ende«, antwortete Katzbach paffend. Er war mit seinen Gedanken bei ›Fliege‹ Sagitta, den sie in eine geschlossene Anstalt überführt hatten. Nur langsam löste sich der Druck. Katzbach wusste, dass so etwas Zeit brauchte. Nach jedem Fall stellten sich bei ihm Depressionen ein. Es war nicht der versäumte Schlaf, es war eine andere Form von Müdigkeit.

»Also dann«, sagte Horst Winn und druckste herum. Er wollte noch dies und das sagen, aber ihm fehlten die Worte. »Also dann«, wiederholte er. Sie hatten die Eingangshalle erreicht. Zwei Polizisten führten einen jungen Mann mit Blut an der Stirn herein.

»Machen Sie's gut«, sagte der Kater.

Horst Winn schob seine lächerliche Mütze in den Nacken, formte die Finger zum Victory-Zeichen und drehte sich schnell um. An der Tür wartete Alois Rother.

»Hallo«, sagte Katzbach.

»Ich – ich wollte mich bedanken . . .« Alois Rother tat sich schwer. »Ich meine, dass alles so kommen musste . . . Leicht war es ja nicht für Sie.«

»Nun ist es ja erledigt«, grinste der Kater. Aber es war natürlich nicht erledigt. Noch nicht. So etwas brauchte seine Zeit. Das schüttelte man nicht einfach aus den Kleidern.

»Diese jungen Leute! Motorräder haben sie im Kopf, Firlefanz. Ich weiß nicht, wenn das so weitergeht . . . Was soll das denn werden? Unser Junge . . . Wir legen uns krumm und was tut er? Es ist beschämend.«

»Ja«, sagte Katzbach, »das ist es. Es ist wirklich beschämend. Wir lassen es zu, dass die jungen Burschen verrückt gemacht werden von einem Konsumterror, der sie verführbar macht für jeden, der mit den Geldscheinchen winkt. Wer nicht dieses und jenes Rasierwässerchen nimmt, ist kein Mann. Wer nicht so und so denkt, ist ein Außenseiter. Wer kein dickes Motorrad fährt, hat bei den Mädchen keine Chance. Über wen wundern Sie sich eigentlich, Rother? Über die Verhältnisse? Oder über Ihren Sohn?«

Katzbach reichte einem sehr verwirrten Kriminalhauptwachtmeister die Hand. Dann stieg er in den Peugeot, dessen Sitze glühend heiß waren von der Mittagssonne.

Vielleicht würde es doch Regen geben. Aber das konnte auch täuschen. Im Westen türmten sich mächtige Wolkenbänke, aber sie bewegten sich nicht. Plötzlich dachte Katzbach an den kleinen Hund.

Als er über die Mintarder Brücke fuhr, sah er auf dem Camping-platz in der Ferne Kinder, die mit einem blauen Nivea-Reklameball spielten. Er kurbelte das Fenster herunter und hörte ihre Stimmen. Ein Mann in Shorts wienerte an einem Mercedes herum. Frauen in Bikinis räkelten sich in der Sonne.

So ein verrücktes Leben!, dachte der Kater und blies den Rauch durch die Nase. Und dann grinste er sein Katerlächeln. Aber das konnte keiner sehen.

Jo Pestum

Detektiv Luc Lucas,
Rätselhafte Fälle

Eigentlich ist Luc Lucas ein Detektiv wider Willen: Was kann er schließlich dafür, daß so viele rätselhafte Dinge geschehen? Er hat nun mal den sechsten Sinn und spürt ganz genau, wenn irgendwo etwas faul ist.

In diesem Sammelband hat Luc Lucas drei ganz besonders rätselhafte Fälle zu lösen. Aber keine Bange: Kunsträuber, Entführer und Diamantenschmuggler haben keine Chance bei Detektiv Luc Lucas – mit List und Tücke überführt er sie alle!

314 Seiten. Gebunden. Ab 10

Arena

Jo Pestum

Detektiv Luc Lucas, Neue rätselhafte Fälle

Obwohl Luc Lucas seine Arbeit bei der Kripo aufgegeben hat, muss er immer wieder neue rätselhafte Fälle lösen.
Ist doch klar, dass er seinen Freund Linus Teerkatz nicht im Stich lassen kann, wenn aus dessen Kinderheim ein Junge verschwindet! Ebensowenig wie die Dame, deren Smaragdring gestohlen wurde und die partout keine Polizeiermittlung will.
Und dann geht es gar Luc Lucas höchstpersönlich an den Kragen: Irgendwer steckt seine Scheune in Brand und greift sogar seinen Sohn Martin an...

308 Seiten. Gebunden. Ab 10

Arena

Jo Pestum

Detektiv Luc Lucas,
Geheimnisvolle Fälle

Mit Kriminalfällen will Luc Lucas nichts mehr zu tun haben. Seit er seine Arbeit bei der Kripo aufgegeben hat, möchte er sich nur noch um seine Pferdezucht kümmern. Aber immer wieder stolpert er urplötzlich über die geheimnisvollsten Fälle.

In diesem Sammelband begegnet Luc Lucas einem schwarzen Panther, er hört einen unheimlichen Schrei im Schilf und empfängt einen SOS-Ruf von einem Wassermann. Und Detektiv Luc Lucas ist neugierig wie immer...

288 Seiten. Gebunden. Ab 10

Arena